抗战时期的西南联合大学校门

抗战时期的西南联合大学校舍

抗战时期的西南联合大学图书馆

西南联大博物馆／供图

西南联合大学校务委员会常委、
清华大学校长梅贻琦

西南联合大学校务委员会常委、
北京大学校长蒋梦麟

西南联合大学校务委员会常委、
南开大学校长张伯苓

陈寅恪

傅斯年

陈梦家

费孝通

西南联大名师课
文化常识

西南联大博物馆 编

陈寅恪 等 著

图书在版编目（CIP）数据

文化常识 / 西南联大博物馆编；陈寅恪等著. -- 北京：东方出版社，2025.8
（西南联大名师课）
ISBN 978-7-5207-3163-8

Ⅰ.①文… Ⅱ.①西…②陈… Ⅲ.①中华文化 Ⅳ.①K203

中国国家版本馆 CIP 数据核字（2023）第 200941 号

文化常识
WENHUA CHANGSHI

作　　者：西南联大博物馆编　陈寅恪等著
责任编辑：杜　烨　姚　伟
责任校对：蔡晓颖
出　　版：东方出版社
发　　行：人民东方出版传媒有限公司
地　　址：北京市东城区朝阳门内大街 166 号
邮　　编：100010
印　　刷：三河市龙大印装有限公司
版　　次：2025 年 8 月第 1 版
印　　次：2025 年 8 月北京第 1 次印刷
开　　本：880 毫米×1230 毫米　1/32
印　　张：11
字　　数：224 千字
书　　号：ISBN 978-7-5207-3163-8
定　　价：59.80 元
发行电话：（010）85924663　85924644　85924641

版权所有，违者必究
如有印装质量问题，我社负责调换，请拨打电话：（010）85924602　85924603

丛书编委会

主　编：李红英
副主编：朱　俊　铁发宪

编　委（按姓氏笔画为序排列）：
马艺萌　王　欢　朱　俊　李红英　李　娅
张　沁　祝　牧　姚　波　铁发宪

序

致敬，怀抱薪火者

走进西南联大旧址，很多人，包括我自己，浸润其中经常是情到深处泪自流。这所在抗战烽火中诞生的高等学校，在短短的8年多时间里，创造了中国乃至世界教育史上一个苦难而又光辉的奇迹：

8年中，在战火纷飞、衣食难继的条件下，联大师生中走出了2位诺贝尔奖获得者、8位"两弹一星"功勋奖章获得者、5位国家最高科技奖获得者、175位院士、9位党和国家领导人以及大批蜚声中外的杰出人才。联大的师生经历了革命、建设、改革的各个历史时期，走过苦难却为历史留下丰碑，为今人留下启迪。

一

西南联大，为国立西南联合大学的简称，是抗战烽火中由国立北京大学、国立清华大学和私立南开大学在云南昆明合组而成的一所综合性大学。

1937年卢沟桥事变发生后，平津沦陷。为保存中国教育的火种，沦陷区高校纷纷内迁。1937年8月，上述三所高校迁至长沙，组成国立长沙临时大学。然而，日军铁蹄步步进逼，长沙很快又岌岌可危。于是，长沙临大师生又分三路奔赴昆明。其中一路由近300名师生组成的"湘黔滇旅行团"，横跨湘、黔、滇三省，历时68天，行程3500里。在这支队伍中，有黄钰生、闻一多、曾昭抡等11名教师。联大师生"刚毅坚卓"的品格，于此可见一斑！

1938年4月，师生陆续抵昆，长沙临时大学改称"国立西南联合大学"，5月4日正式开课。1946年5月4日，西南联大宣告结束，三校胜利复员北返，留师范学院在昆明独立设置，定名国立昆明师范学院，1950年改名昆明师范学院，1984年更名为云南师范大学。

这是一所在一无所有基础上结茅立舍的大学！"昆明有多大，联大就有多大"。联大教授任之恭在《一位华裔物理学家的回忆录》中写道："这个大学在昆明最初创立时，除了人，什么也没有……过了一些时间，都有了临时的住地，或靠借、或靠租。……一旦有了土地，便修建许多茅草顶房屋，用作教室、宿舍和办公室。"

这是一所在躲空袭、"跑警报"中完成教学的战时高校！昆明虽是大后方，但1938年9月后屡遭日本飞机的空袭，"跑警报"成了联大师生的家常便饭。华罗庚在敌机轰炸中差点丧命，金岳霖在"跑警报"中丢失了几十万字的手稿。为了安全，教授们不得不疏散到昆明周边的城郊居住。

即便在如此极度简陋和艰难的环境中，西南联大师生精诚团结，和衷共济，坚持教书救国、读书报国，坚持为国育才，鼎力治学研究，服务抗战救国，引领风气之先，为赓续中华民族的文化血脉创造了中国乃至世界教育史上的奇迹。

梅贻琦、闻一多、朱自清、郑天挺、陈寅恪、钱穆、罗庸、冯友兰、潘光旦、汤用彤、沈从文、唐兰、陈梦家、叶企孙、吴有训、华罗庚、陈省身、吴大猷、王竹溪、赵忠尧、曾昭抡、施嘉炀……大师云集、名家荟萃，真可谓山河破碎时，群星正闪耀。

回望这一个个载入中国教育史、文化史、科学史的名字，他们既是有杰出学术造诣、启迪学生智慧的学问之师，更是操守高洁、能以伟岸人格力量砥砺学生心灵的品行之师。他们以杰出的学识、伟岸的人格力量，以及爱国、科学、民主的精神，影响着那些胸怀读书报国之志的年轻人：杨振宁、李政道、邓稼先、朱光亚、黄昆、郑哲敏、汪曾祺、穆旦、许渊冲、马识途……

大学之"大"，在大师之"大"。西南联大的实际主持者梅贻琦先生有句名言："所谓大学者，非谓有大楼之谓也，有大师之谓也。"西南联大秉持的正是这样的办学理念，凝聚当时的一众教育精英。大师，是大学的灵魂所在。师之所存，道之所在；道之所在，人之所向；英才聚焉，故成其大。

"多难殷忧新国运，动心忍性希前哲。"是爱国主义精神，支撑着联大师生在危难之中能够弦歌不辍，在战火之下依然桃李芬芳。

"千秋耻，终当雪。中兴业，须人杰。"是教育救国的信念，激励他们为国育才，为民族复兴治学，为后人留下了一座座不朽的科学、人文成果的丰碑。

2020年1月20日,习近平总书记考察调研西南联大旧址时指出:"国难危机的时候,我们的教育精华辗转周折聚集在这里,形成精英荟萃的局面,最后在这里开花结果,又把种子播撒出去,所培养的人才在革命建设改革的各个历史时期都发挥了重要作用。"

是的,只有教育"精英荟萃",才有科学与文化"播撒种子、开枝散叶"的可能。有了西南联大的一众名师,才有了国难当头之际,科学与文化的薪火在中华大地上传承不绝的壮观一幕!

致敬,怀抱薪火者!

二

国之大事,在祀与戎。

西南联大旧址及博物馆是西南联大在昆明办学8年的重要物质载体,蕴含着丰厚的历史文化资源,她记载着联大师生的艰难与困苦、成就与辉煌,体现着西南联大在特定的抗战历史条件下为赓续中华民族的文化血脉坚韧不屈的担当与责任。

祀,既是纪念,更要传承。

我们传承和弘扬联大精神,不仅要对西南联大历史文化遗产进行保护,更要通过展陈、宣传、教育、课堂教学等多元、立体方式还原、呈现西南联大的历史,作时代阐释。现在,呈现在读者面前的这套"西南联大名师课"丛书,就是我们整理、编纂和研究西南联大知识分子群体的作品，用各种形式传播他们在极端困难下取得的、至今仍不过时的各种成果。丛书共10册，分为《中国历史》、《中国文学》、《中国哲学》、《诸子百家》、《诗词曲赋》、《文化常识》、《人文精神》、《科学精神》、《世界文学》、《世界哲学》10个主题。编纂这套反映西南联大名师学术思想和精湛教学水平的课程讲义，是为了向大师们致敬，也是为传承和弘扬好西南联大精神，讲好西南联大教育救国故事的一个新成果。

丛书在文章编选上，遵循以下原则：

择师重"名"。丛书精选的名师有52位，他们多为影响力较大、在一个或多个学术领域中富有专长的名师，基本上代表了一个时代的学术文化高峰。

选文重"精"。为尽可能展现名师的学术风貌，丛书文章的收录范围，并不限于联大8年时间。丛书所选文章共300余篇，编辑团队用过的备选底本数量则在此10倍以上，以确保能从这些名师的著述中，筛选出具有通识性、思辨性和时代价值的经典文章。

阅读重"易"。丛书立足于让读者读得精、读得懂，尽量精选联大名师著述中通俗易懂、具有可读性和易读性的文章，让读者能获得更好的阅读体验，更加方便地受到优秀文化的滋养。

按照以上编选原则，我们在尊重并保持原作风格与面貌的基础上，进行了仔细编校，纠正了个别讹误。

历史，是最鲜活的，因为它总能给当下的人带来智慧和启迪。因此，我们认为，本丛书的编选，既是对历史的留存，也是为时代讲述。相信，本丛书的出版，能对大家感知西南联大名师课堂的魅力，感受他们的学术风范、家国情怀和人格魅力，有所助益。

是为序。

西南联大博物馆馆长 李红英

编纂说明

"西南联大名师课"丛书,是为了彰显西南联大学术成果、传承和弘扬西南联大精神而编写。在编纂宗旨上,我们借鉴西南联大"通识为本,专识为末"的教育理念,精选多位西南联大名师留下的经典名篇,编为10册,分别是《中国历史》《中国文学》《中国哲学》《诸子百家》《诗词曲赋》《文化常识》《人文精神》《科学精神》《世界文学》《世界哲学》。

何谓"名师"呢?编者认为,所谓名师,就是指在西南联大工作或学习过的"西南联大知识分子群"中比较有代表性的人物。这些人,既有在西南联大任教时,就已经是其所属学术领域的知名学者,如梅贻琦、陈寅恪、朱自清、闻一多、冯友兰等,又有在西南联大任教时间不长,但名字也保存在"国立西南联合大学教职员录"中,还包括获得西南联大聘任而未到任,但名字印刻在"国立西南联合大学教授名录"上的著名学者,如顾毓琇、胡适等。为了体现西南联大文化薪火的传承不绝,本丛书还收录了在西南联大毕业后留在西南联大任教、后来成为各自领域的名家,如历史学家丁则良、古典文学家李嘉言、哲学家任继愈、翻译家王佐良、诗人和翻译家查良铮(穆旦)等人的作品。

在编纂体例上,丛书采用专题讲述的形式。每一册根据主题分为若干篇，每篇下又分为若干讲，均围绕本篇主题讲授。

丛书所选作品有的来自作者的课堂讲义或演说（如在昆明广播电台的广播演说），有的来自作者较为经典的文章或著作。丛书统一以"课"名之，一是凸显作者的"名师"身份，二是体现本丛书所选内容比较通俗易懂，就像他们课堂授课一般娓娓道来。但不可否认，由于时代原因，文中某些字词的用法，与现今略有差异，同时，每位名师在讲述风格、行文习惯等方面，以及作品的体例、格式等方面，也有所不同。为保证本丛书的可读性、准确性和连续性，以及文字、标点符号用法的规范性，我们按照国家有关编校规程，对入选内容作了仔细编校，纠正了个别讹误，并对原文进行了统一体例的处理。

具体编校方式如下：

1. 坚持尊重原作的原则，确保编校工作只是进行技术性处理，不损害作品的原意。

2. 编者所加注释，均以脚注形式出现，并在结尾处标明"编者注"加以区分；作品的出处及参考文献，以尾注形式出现。

3. 入选的部分作品，编者进行了节选。对节选内容，均在作品标题尾部注明"（节选）"字样，加以说明。

4. 文中表示纪年的数字，皆改为阿拉伯数字。为保持全书体例一致，原作正文中表示公元纪年的名称如"西元"、"纪"、"西"、"西历"等，统一为"公元"。同时，编者对表示公元纪年的方法也进行了统一处理，皆以"公元××××年"表示。文中表示时段的数字，统一为"××××—××××年"形式。

5. 为确保作品原貌，对因语言习惯变迁造成的部分文字差异，除确为硬伤、错别字外，对不影响理解作品原意的文字、半文半白的表述中的中文数字，均未作修改，如"的"、"地"、"得"、"底"的用法，"那末"（今作"那么"）、"长三十公尺"等。

6. 作品中出现的译名，与现今通用译名有不尽一致之处，为忠实原作原貌，皆未作改动。

7. 因各年代版本的不同，有些引文与现今版本文字略有出入。在忠实于作者表述的基础上，依据权威版本进行了核对修改。

8. 为更清晰地表达文章内容，本丛书对部分作品，进行重拟标题和分节的处理。

9. 为保障读者的阅读体验，对原作中的标点符号，在不改变原作内容的前提下，本丛书根据2012年开始实施的《标点符号用法》，对部分作品的标点符号进行了规范。

总之，编者希望本丛书能让广大读者从民族危亡时期这些名师的著述中，窥见那一代学人的奋斗与风貌，传承西南联大师生们铸就的优良传统，汲取增强自身文化基础、提升自我认知水平的有益养分。

编　者

目录 | contents

第一篇 文化要义

中国文化传统三讲

刘文典：中国的精神文明 / 003

钱　穆：中国文化特质 / 009

费孝通：土地里长出来的文化 / 047

第二篇 儒家与儒教

儒家文化三讲

罗　庸：儒家的根本精神 / 055

傅斯年：论孔子学说所以适应于秦汉以来的社会的缘故 / 059

任继愈：儒家与儒教 / 070

第三篇 道家与道教

道家文化四讲

冯友兰：老子哲学 / 087

胡　适：庄子哲学浅释（节选）/ 099

闻一多：道教的精神 / 111

任继愈：道家与道教 / 121

第四篇 诸子百家

诸子学说四讲

冯友兰：论"六家" / 131

朱自清：经典常谈·诸子 / 143

傅斯年：论战国诸子之地方性 / 154

胡　适：墨子哲学的根本方法 / 165

第五篇 佛学与佛教

佛家文化三讲

汤用彤：论中国佛教无"十宗" / 175

任继愈：中国佛教的特点 / 193

陈寅恪：禅宗六祖传法偈之分析 / 202

第六篇 古典新说

中国古代文化常识四讲

钱　穆：中国思想通俗讲话补篇 / 211

陈梦家：认字的方法 / 238

吴　晗：宋元以来老百姓的称呼 / 244

潘光旦：明伦新说 / 248

第七篇 文明互鉴

中外文化交流与调和三讲

钱　穆：中西接触与文化更新 / 257

汤用彤：文化思想之冲突与调和 / 281

张荫麟：论中西文化的差异 / 287

第八篇 文化与人生

中国人的文化修养三讲

钱　穆：中国文化与中国人 / 301

贺　麟：论人的使命 / 318

雷海宗：近代化中的脑与心 / 326

1937—1946

第一篇 文化要义

中国文化传统三讲

1937—1946

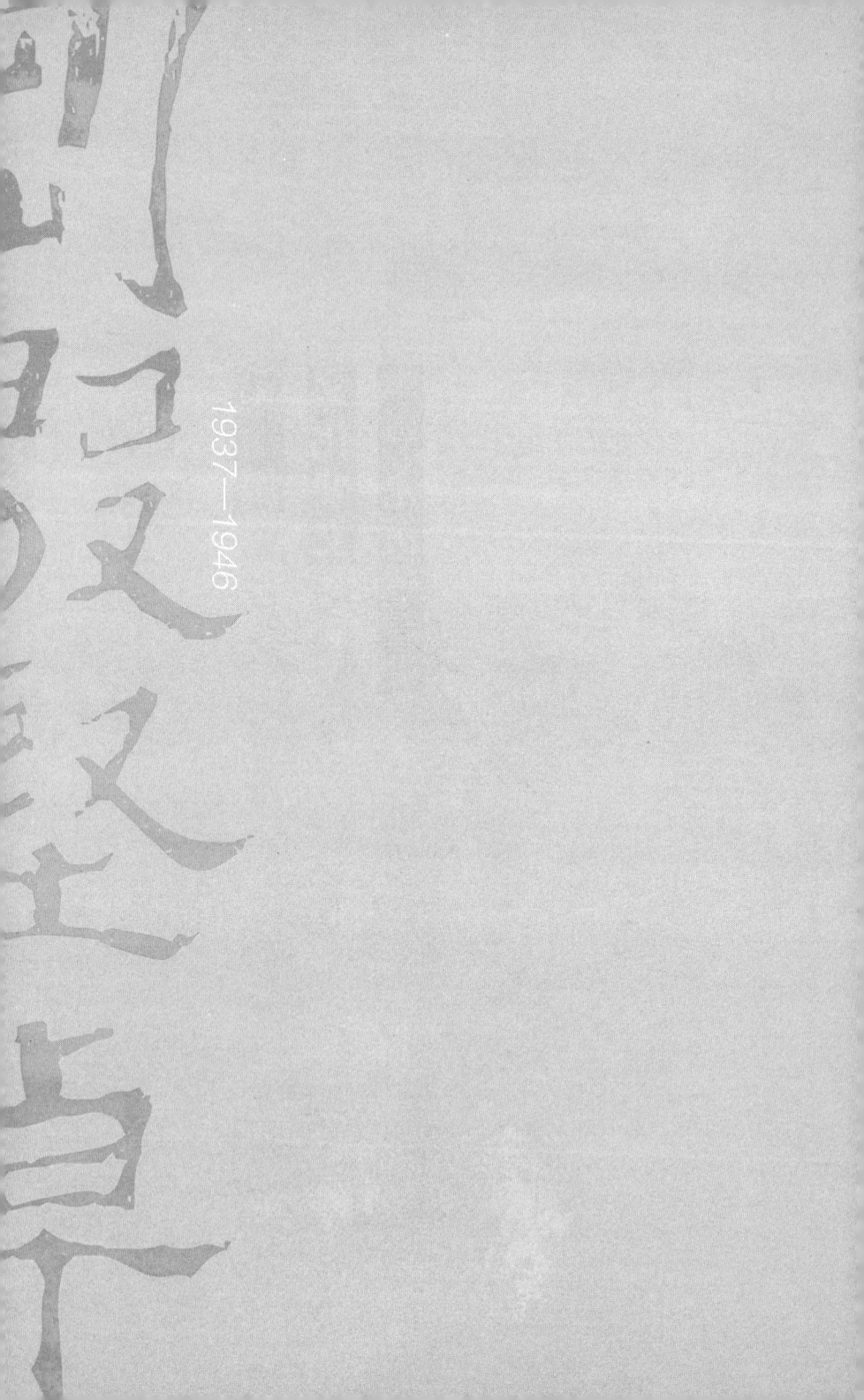

1891—1958

刘文典：中国的精神文明

热河失守之后，卢沟桥炮响以前，我在北平清华园里，和某君有一场激烈的辩论。此公是悲观的，消极的，认为中国是样样都不行的。他说中国绝对不可以和日本打仗，如果不度德，不量力的打起来，简直是自取灭亡。我呢，自幼读过一点宋明先贤的书，相信文天祥、陆秀夫、史可法、张煌言诸公的精神永不会消灭。岳飞、曲端、李定国、郑成功现在仍然活着。从前读匈牙利史学家埃密尔·莱希氏的书，有这样的几句话："自古无以战亡国者。能战者从一时败亡，终有复兴之日，惟不敢一战之国家民族必然灭亡，且永无恢复之期耳。"这几句话我受了极大极深的感动，细看古今中外各国兴亡成败的史迹，确乎是如他所讲的这样，几乎没有一个例外。所以我坚决的说，纵然是战事毫无把握，必定亡国，为后世子孙光复旧物计，也不能不拼命一战。此公又说，他不是用人打你，是用机械打你。说到机械，中国是更加不行了。所以中国是求为南宋、南明而不可得的。辩论到这点上，我更加理直气壮起来了。我说，世间没有天生的机械，机械也不会自己去打人。任何厉害的飞机大炮，都是人发明的，制造的。尤其要紧的是要有智勇足备的人来使用他。譬如我们两个人坐在此地，日本兵从天上投下一个炸弹来，把我们炸死。这件事从结果上看来，固然是机械所发生的物理化学作用，我们是被机械打死了。但是稍一推求原因，投炸弹、驾飞机、造飞机炸弹的全是人，把飞机炸弹从东京运到北平瞄准了他所最恨的清华大学，不偏不斜往下投的更是人，更是人的心，就是人的精神思想。所以现代炮火，虽然猛烈，决战事胜败的到底还是人。如果我们的人是行的。器械虽然差些，仗还是可以打的。可惜那时候我竟无法证明我们的人是真行的。更不料中国人比外国人还行的多。

这一场辩论表面上未分胜负，各有各的确信。各人的信念也就支配了各人的行为。北平沦陷之后，我就学辛稼轩浮海南奔行在，因为才学不如古人，对国家毫无贡献，住在昆明，衣食住行都远不如在北平之舒服。此公则学党怀英之留仕"大金"，自致通显，生活是比从前更加舒服的了。这是机械主义者必然的结果。

这一场辩论和我们两人的分道扬镳，诚然是件小事，不值得多谈。但是从这上面反映出来的真理却是很大很深的。第一件，证明精神确乎重于物质。第二件，中国的精神文明确乎崇高伟大。第三件，国家的兴替固然依赖科学，然而最重要的还是这一国自己的哲学。现在分别略陈如下：

精神重于物质这句话并不是什么最新的学说，也不是什么西洋大哲学家的话。中国自古以来的圣贤都是这样的说，国父给我们的最宝贵的教训也就在此。国民党主义之哲学基础就在这上面。用不着我再去征引古书遗教。只要看这五年来摆在眼前的事实就尽够尽够了。日本兵的飞机、大炮、坦克车，其数量品质固然远在中国之上，其运输的便利，以至兵的被服给养都不是中国所能及的。这在西洋的军事专家，尤其是机械化部队的专家，按照他们专门精密的方式计算起来，中国和日本简直是不能对打的。可是事实怎样呢？战事初期我们诚然是失利的时候多，到一两年后情形渐渐的改观了，两边打个平手。这一两年竟完全倒转过来，总是我们打胜仗了。若论物质上的条件，日本是只有愈加优越的，机械是更精更多的；我们是物质愈加缺乏，交通更加不便的。这在西洋专家的打算法，是更无胜之理的。但是摆在面前铁一般的事实，中国果然是"愈战愈强"，屡次大捷，世界各国一直都惊叹，成为不可思议的奇迹。连日本人自己也承认是出乎意外，有悔不当初之意。军事固然如此，经济文化等各方面又何尝不然。试看前次的欧战，打了四个年头之后，德国的马克、俄国的卢布全成废纸，一个苹果、一支铅笔，要两百万金之多。法国的佛郎，金的和纸的也相差到几十倍，最巩固的英镑也都大跌特跌。我们中国是经济落后的国家，经济机构又很不健全，以近代战争费用之浩大，富源税源都被敌人破坏劫夺，以常理论之，早该破产了。可是五年多的大战之后，国家财政还可以维持，社会上也未发生经济恐慌，建设的事还能进行。这岂不更是一个奇迹。我想这要不是多数国民都能深明大义，牺牲小我，共相维持，恐怕不行吧。至于教育文化机关，这些年来在极艰苦的情况之下，努力向前，进步发展，那更是当然的事，没有什么稀奇的了。这些都是精神重于物质的铁证。如果物质可以支配精神，南京、北平的衣食住行都比重庆、昆明好得多，暂时又不怕空袭，何以稍知自爱的中等人都不肯去呢？我也知道营养不良对人的精神上很有影响，食物里缺乏某种维他命，身体上会生什么病，可是世界上确乎有许多不吃不义之食物、甘心饿死的人。你急需一些物品用,有人送给你,但是以打两个嘴巴为条件,我想十个人中至少有九个是不肯接收的,有这一点就很够,不用更去高谈什么哲理了。

讲到中国精神文明之崇高伟大,必须要把本国的文化深深研究过,又把世界各国的文化都做一番比较研究,然后才可以下个论断,才不是闭着眼一味胡说。这一点我是不配的,并且也不是日报的篇幅所许的。所以我只想举几件事实为证,不多说理论了。如果十年之前,有人说中国的军队比法国的好,中国的民德比法国高,恐怕谁也不肯承认的。可是今天呢,以马奇诺防线修筑得那样坚固,兵士的教育那样高明,一旦德国大军进攻,很快的就溃败下来,一蹶不振。忍受那样可耻的条件,纳土归降。法兰西是欧洲文化的主流,拿他来和我们一比也就足够了罢。再看中国沦陷区域里,游击队的壮烈战绩,老百姓之坚决拥护我们国民政府,使日本和伪官吏五年来□□□□□□一步,至今所占的不过是些线和点。这也不是欧洲被德军侵占的各国所能做到的。上海从前是大家公认为人心风俗最坏的地方,这五年来四周都被敌人占据,成了所谓歹土,区区租界还屹然特立,有孤岛之称。试问在别的国家行么?我所敬佩的亡友鲁迅,为国家民族尽过不少的力。可是我对他极不满意的有一点,就是他的作品在青年的思想上有一种不良的副作用,都认为"中国的一切都是坏的",在不知不觉之中养成了鄙弃祖国文明的谬见。甚至于由鄙视而绝望,以至自暴自弃,堕入了邪路。他以为中国人都是阿Q,何以阿Q居然发扬蹈厉起来,和世界第一等强国死拼了五年之久。他坚决的说中国绝没有希望，唤醒国民，使他们尝亡国灭种的滋味，这是对他们不起，不如让他们在昏睡里灭亡的好，这些话对国民的思想上有多大的毒害啊！我十分的承认中国的文化上有许多处是急待修正的，亟当补充的。可是其本质确乎崇高伟大，经过这五年的严苛的试验，已经得着事实上的证明了。我这些时常常看见苏联的战事宣传刊物，他们的文学美术电影上把古代俄国的英雄又都从地层底下掘出来；极力的赞颂不置。那些历史上的人物都生在马克思先生著唯物史观之前，多半是沙皇的臣仆，有几个确乎拥有很多财产的。千百年前的人哪知道阶级斗争是什么，如果生在第一次欧战之前，说不定是会替沙皇出力，和列宁先生打仗的。可是从抵抗外侮，拥护祖国这一点上说来，这班历史上的英雄确乎值得现在青年的崇拜效法。所以今天仍然把他们又从地层下翻上来奉为偶像了。程明道、伊川、朱晦庵、张横渠（以下缺二十字）是纵他们教训，人才能从容就义。著《三国演义》和《岳传》的人也不知道什么主义，但是许多匹夫匹妇从这类书上养成了正义感，也能以慷慨捐躯。日本在维新之前，学者有过一次辩论，有人提出问题，说大家都崇拜中国的孔子，假使孔夫子做元帅，子路做先锋，带兵来打日本，我们应该怎样办。甲派说，孔子是圣人，如何敢抵抗？那只好投降为是。乙派说，不然，孔子教人执干戈以卫社稷，战阵无勇非孝也，所以假使孔夫子带兵来打日本，我们应当迎头痛击，这才是真服膺孔子的教训，孔门的真信徒。主张后说的就是水户学派，今天侵华的急先锋。我以为我们今天看中国固有的文化，也应该照日本水户学派的看法才对。不能用封建的、农业社会、资产阶级的等类形容词,轻轻的一笔抹倒他。

第三件问题更大,更不是日报的论文所能说得清的。可是我也可以举几个例。……三民主义的哲学基础并不是康德、笛加尔,更不是贝格孙、杜威、罗素,乃是《礼记》上的《礼运》篇、《大学》篇。普鲁士人能和拿破仑奋斗不屈,几乎全是费希特教授的力量。前次欧战后中国人请阿伊铿教授来讲学,他说德国那时候最需要他,不能一刻离开。他所提倡的精神生活的哲学大有助于德国的复兴。法国近来没有大思想家做国民的导师,所以这回崩溃得这样快。反过来看印度,甘地的运动是以印度固有的哲学为基础,所以效力极大。一国特有的哲学是国民本能最高的表现,科学可以由(以下缺十八个字)生活的指导者——哲学——不是假借得来的。日本最大的弱点就在他没有自发的文化,所以吸收的东西洋两种文化都发生了中毒状态。一面要利用野蛮的拜物教、神道教等类可笑的迷信,想去防止赤化,一面又极力的鼓励人研究科学,谋工业和军备的改进。其结果把国民弄得如醉如痴成了手拿最新式枪炮的疯子。从前已经演过"二二六"等类惨痛的喜剧,以后还不知要乱闹到怎样为止。以上反正的例证都是近代的事实,很足以证明一国固有的文化是何等的要紧了。我希望我们的思想家、文学家加倍的努力。

(原载《云南日报》,1942 年 10 月 4 日)

1895—1990

钱穆：中国文化特质

提要

文化即人生，人生有其长成之过程。在此过程中，时时"变"者为"生活"。而有其一不变者贯注其中，此之谓"常"，乃"生命"。唯生命有长有成，乃生活之目的。而生活则仅为生命长成之手段。

此一不变者，中国人谓之"性"。此一过程与其终极目标，中国人谓之"道"。"性、道合一"，乃为中国人生最高理想，亦中国文化一最大特质。

"性"为个人小体生命所各别具有，"道"则人群大生命之共同趋向，由此以成其悠久广大之大生命。

性之合于道者谓之"德"。德具于内，不待外求。食、衣、住、行物质生活，皆须赖于外。苟求之外而忘其内，丧其德，有生活，无生命。生活日变，在今日而已忘其昨日，亦将不知有明日，此之谓"无常"。无常则是人生一大苦痛。生活不能日新又新，而生命能之。生活不能进步无疆，而生命能之。生活只有变，而生命则有常。

生活赖于外，而生命则成于己。生活人相异，而生命则群相同。生活无大小，而生命则有大小之别。生活不能脱离自然，而生命则乃融成人文。中国人言人生，则曰"性命"。此之谓"一天人，合内外"。

中国人在生活中表现其生命者为"礼"。"礼"在外，属人文。"仁"在内，属天性，亦即属自然。由天性自然之仁，演化出人文行为之礼。社会结构，政治组织，皆本于仁而立于礼。

生活维持为手段，生命成长为目的。"知"为手段，"行"为目的。中国人则必言"知行合一"，或言"知易行难"，或言"知难行易"，行以生其知，知以成其行。

孔子仁礼并言，又仁智并言。仁属行，智属知。违于仁为不智，戾于行为无知。故中国人言"德行"。又言"学问"。学与问皆属行。行有常，在外为道，在内成德。

生活是可分别的，生命则是共同和合的。由共同和合的大生命中演化出小生命，非由分别的小生命中可凑合为大生命。大生命属天，属自然。人是小生命，乃有生活。

生活必多欲，生命则多情。欲必向外争取，情亦向外而求和合。中国人生大道有"五伦"，皆本于情，非本于欲。中国文化最重人情，但不重物欲。欲当知足，情无止境。道由情来，不由欲来。日新又新，日进无疆，乃指德言。德亦主情不主欲。多欲即缺德。近代科学进步，乃以供人欲，非以养人情。情愈薄而世愈乱。中国古人早以为戒。

道见于群，德本于己。中国人尚德，为己即以为人。西方人尚欲，欲必求于外，取于外，于是乃为人而失己。虽主个人主义，而成唯物史观；物为主，人为奴。其实人已物化，更何己之有。今人又好分言物质人生与精神人生。其实此心多欲，亦是一种精神状态。唯中国古人言"精神"，则此心之物欲减之又减，达于至精，乃得通神。此乃中国文化一最高境界，亦非今人所谓之精神。

中国人重德不重业，尊品不尊位。尽在抽象虚无处着想，不在具体实有处用力。遂建其道义共通之大，而避免了功利分割之小。中国乃成为五千年广土众民大一统之民族国家。而此即为中国文化一特质。

天地和合是一大生命，道是生命进程。在其进程中，演化出人类小生命。在人类生命中，又演化出中国人。所以说："中国一人，天下一家。"在中国人中，又演化出各别小我个人来。在各别之生命中，明道、行道、传道，即由其小生命来明得此大生命而行之传之，使每一小生命各自获得其大生命。

宋儒张横渠言："为天地立心，为生民立命，为往圣继绝学，为万世开太平。"即此义。

中国文化特质亦此义，无他旨。

一

中国文化特质，可以"一天人，合内外"六字尽之。

何谓"一天人"？"天"指的是自然，"人"指的是人文。人生在大自然中，其本身即是一自然。脱离了自然，又哪里有人生？则一切人文，亦可谓尽是自然。自然、人文会通和合，融为一体，故称"一天人"。

何谓"合内外"？人生寄在身，身则必赖外物而生存。如食、如衣、如住、如行，皆赖外物。若谓行只赖两足，但必穿鞋，鞋亦即身外之物。使无身外之物，又何得保有此一身？故称"合内外"。

但由一般人想来，天是天，人是人，内是内，外是外。所谓"一天人，合内外"，乃是一种思想理论，虚而不实。但就中国传统文化言，则对此两语，已竭实践之可能，非同空论。

如抽象、具体，一般认为具体是实有其物的，抽象是虚有其名而已。中国人想法则不然。如说人，所见乃当面具体一人。但此具体之人，实在太渺小，太短暂了。天地自然太广大，太悠久。那短暂渺小的具体一人，较之天地，哪比得九牛身上一根毛。有此一人不为多，无此一人不为少。虽说是实有，论其意义价值，却等于如虚无。今说抽象的"人"，你是人，我是人，大地五洲皆有人，古往今来千万亿兆年尽有人。那一抽象的"人"，却反而是实有，非空无。这一分别，却甚重要。

具体见其异，抽象则见其同。如天有阴晴寒暑，时时在变。抑且此地晴，那地可阴。此地寒，那地可暑。同一天，又可随地随处有变。在其相异中，究说哪是天的真实呢？今说天有阴晴寒暑，则抽象中有具体，你能说抽象不真实吗？故只能说由抽象中产出具体来，不能说由具体中产出抽象来。亦可说由同中产出异，不能说由异中产出同。一般人都说"异"才是真实的，而中国人则说"同"才是真实的。

人同一"我"，但此我与彼我相异。苟无此同，何来此异？此我、彼我同是人，"人"是相同的，"我"是相异的。一般人都说

"我是我",但中国人则定要说"我是人"。究是我是我可贵呢,还是我是人可贵呢?只知道我是我,同时忘了我是人,那在中国人看来,此人便无意义价值可言。故人不贵在同中见其异,乃贵在异中见其同。这是中国人想法。

故中国人在"我"字外,又造一"己"字。若说我,便有你,你与我对立。若说己,则人各是一己,但无另一名称与己对立;便只见其同,不见其异了。故孔子则教人以"为己"之学,而杨朱则主张"为我"。细细想通了"为己"与"为我"之别,便可悟入中国文化特质里面去。

又如中国人说一"人"字,此字便含有大意义。男女为人中一大异,但中国人说男人女人,便见其同为人。又如说中国人、外国人、欧洲人、非洲人、埃及人、印度人,便见人之大同。外国人能如此说的恐不多,至少西洋人便不能如此说。此亦见中国文化特质之所在了。

自然中,万物各别相异。如有生物、无生物,便是一大相异。无生物中如水与石,即是一大相异。有生物中如植物、动物,又是一大相异。但异中必有同。如水与水相同,石与石相同,而水与石乃仍有其相同。草木虫鱼鸟兽,亦各有其异,各有其同。此一同,则随时随地而见。非有其同,则不成为一物。所谓异,则仅在同中见,实同中有异而已。但"异"则具体,可见、可指、可说;"同"则抽象,无可见、无可指、无可说。中国人则正用心在其无可见、无可指、无可说处来见到,来指定,来说出。

二

中国人用一"性"来说万物之相同处。不论有生无生,每一物则必有其性。此性即是此物之特质,乃其与他物相异之所在。此性又称曰"天性",即自然之性。乃指其自己如此,自生即有,与生俱在,一成而不变。如水有水性,石有石性。这是水与石自己要如此,并非他物能要其如此。此之谓"性",此性则由天命天赋。实则在它之上,并非定有一"天",只是它自己要如此。故中国人又谓之"自然"。乃此物自己在不知不觉无作无为中而即就如此了。但有此物,则便有此性,而又永远不变。只是无为的,但亦是最真实的。《中庸》又称此曰"诚"。

自然便是此一诚,人文则要明此诚。何以能明此诚?则人性自能明。此明亦禀赋于天,亦即是一自然,而乃从自然中演出种种人文来。《中庸》言:"自诚明谓之性,自明诚谓之教。诚则明矣,明则诚矣。""性"指自然,"教"指人文。人中有先知先觉,乃以其所知所觉来教后知后觉。此先知先觉是"自诚明",后知后觉是"自明诚"。故曰:"尧舜性之,汤武反之。"此即从自然展衍出人文,而人文则仍还归于自然。中国孔孟儒家多言人文,庄老道家多言自然。《中庸》《易传》乃晚出书,始会通此两家以为说。

三

由"天"与"性"的观念,而生出"道"的观念来。中国人道的观念,亦属抽象,非具体。孟子曰:"莫之为而为者,天也。"则乌有所谓上帝与天堂?老子曰:"天法道,道法自然。"则天尚在道之下，而此道亦即是自然。《易传》又提出一"气"字，盈天地宇宙大自然皆一气。老子曰："道可道，非常道。名可名，非常名。""同谓之玄，玄之又玄，众妙之门。"既属时时处处同此一气，此气乃亦无可指说，亦一抽象。气又分阴阳，一阴一阳之谓道。"阴"属黑暗面，"阳"属光明面。而凡物之光明可见，则必有黑暗面在其背后。故阴阳实一气，亦即一体。而又分动静、刚柔。动与刚属阳，而阳中亦有静与柔。静与柔则属阴，而阴中亦仍有动与刚。一体则不可分，虽分亦必同归于一体。故凡异，则必归于同。异则有变，同则其常。中国则五千年来常同为一中国，中国人则常同为一中国人，而至今达于十亿之众。此即由中国人之"道"来，亦即由中国人之"性"来。乃亦可谓由中国人之"天"来。

性虽曰天赋，实亦自然。中国人分无生物为金、木、水、火、土五行。实则木已有生，无生、有生同属一体，故不严加分别。木常向外分散，金常向内凝结，火常向上，水常向下，而土则比较中和，难加分别。故向分别处来求中国人之观念与意义，则必多失之。能会通和合融为一体以求之，则庶得之矣。有生物之性，则更复杂多异。人为万物之灵，其性则更多异多变。而终必会通和合，融为一体，以见其同，则唯赖此心之明。

四

中国人言"心"，亦抽象，非具体。西方心理学主言脑，乃属生理学、物理学，非即中国人之所谓心。中国人言心，非指脑，亦非指胸腔内之心，乃一抽象名词。人心相同，己之心则必同于他人之心，并能同于古今后世人之心，又通于万物天地以为心。心即一气，可与宇宙大自然融为一体，而己心为之主。故孟子曰："尽心知性，尽性知天。"则即心而见性见天矣。

孔子五十而知天命，六十而耳顺，七十而从心所欲不逾矩。是则孔子在知得天命后，乃于人事有其更深了解。你为何如此说，你为何如此做，一到孔子耳朵里，是非邪正，得失利害，顺理成章，因果朗然。实则皆是一自然，亦皆即是天命。孔子对人生看得更广泛，更深入，乃于自己心境亦益臻中正和平；至于从心所欲，莫不中规中矩，使其心亦一如自然，一如天命。此一种境界，亦即是后人所谓之"一天人，合内外"，乃为中国人生莫大理想之最高寄托之所在，所谓"高山仰止，景行行之，虽不能至，心向往之"矣。

张横渠言"为天地立心，为生民立命"，则天地本无心，由人为之立心。天地不为人立命，由为天地立心者来为人民立命。此非人类中之大圣大贤莫属。而人类大生命之理想则实寄托于此。故横渠又曰"为往圣继绝学，为万世开太平"也。

以上所言，乃中国人观念中所理想之人心。何由明此心？则反之己而心自在，亦即可以自知而自明之。如孔子五十至七十之一段养心功夫可见。则中国之人文，虽曰还归于自然，而此人文所还归之自然已非洪荒时代展衍出此人文前之自然。自然亦当有变有异，有进步，有发展，否则又何能展衍出此人文来？《中庸》曰："致中和，天地位焉，万物育焉。"此"中和"即人心之至高境界，天地亦位于是，万物亦育于是。是则人类亦即不啻为上帝，而此人世界亦即不啻为天堂矣。此亦所谓"一天人，合内外"。此亦可谓乃中国人之宗教信仰。

五

孔子常言"仁"，仁即是人心。孔子言仁，又常兼言"智"，智即是人心之明。孔子言仁，又常兼言"礼"，礼则是人之生命之体。《诗》曰："相鼠有体，人而无礼。"鼠之生命，必有一体，岂人之生命乃可无体？一般以人身为人生之体。但此身之生至短暂，至渺小，亦何以胜于鼠之体？中国人则以礼为人生之体，人生必寄于礼以为体。礼乃人类大生命之体，身则仅为人类小生命之体。鼠则仅知有小生命，人则应知有大生命。

何谓"礼"？人与人相交始有礼。人之初生即有交，唯父母兄姊。有子曰："孝弟也者，其为仁之本与。"实则此仁即是人之本，亦即是礼之本。人生最先一大别曰长幼。中国人有成人之礼，男二十，女十八，始称为成人。方其幼，则未得为成人。然其时则已有礼。礼尚往来，但未成人，则其与人交乃有来而无往。唯此心之孝悌，对其父母兄姊，则唯有服从，更无反抗。今人不好言服从；但非服从，则幼小又何得成人？及其年长成人，仍得服从。饥欲食，渴欲饮，此乃天命，亦自知服从。故服从亦即人之天性。中国人常言孝顺，顺亦即是服从。中国人之礼，亦多主服从，不主反抗。礼中之反抗成分则甚少。

人生自长幼外，复有男女之异。男女结合以成夫妇，成为一体，乃为人生一大礼。倘以未成年人言，则其生命实以父母之生命为阳面，己之生命则仅为阴面。一阴一阳之谓道，道即人生。非有父母，即不得成其一己之人生。傥以已成年之人言，则夫为其生命之阳，而妇为其生命之阴。夫妇结合，乃始成其两人生命之一体，即是同一生命。独阳独阴，则不成气，不为道，亦不得谓是一正常之人生。故中国人以夫妇为人伦之始。伦者，如丝之有经纶。非有经纶，丝不成物。非有男女结合，则不得谓乃人生之正常体，实则人而非人矣。

人之有男女，乃一自然。男女之结合为夫妇，此乃人文。"人文"者，犹言人生之花样。鸟兽虫鱼皆有生，但其花样少，故不得称鸟文、兽文、虫文、鱼文。无生物之相互间更少花样，故无所谓物文。唯天地大自然，乃可称"天文"、"地文"。人生花样虽多，终不能脱离自然。亦唯有服从自然，不得向之作反抗。斯则自然为阳刚面，而人文只为阴柔面。但人文日进，花样日多，则自然之对人文，有些处亦得服从。此则人文转为阳刚面，而自然则转为阴柔面。"先天而天弗违，后天而奉天时"，此又一阴一阳之谓道，岂得谓在大道之中乃无服从之一义。

礼既出于仁，本于人心之自然，乃于礼中必有乐。中国人生乃一礼乐之人生。人生乃有一至安而无乐可言者，乃为死。生必有死，亦一自然，不可反抗。乃于人文中发明了死生相交之礼，视死如生，慎终追远，有哭有踊，有葬有祭，有坟墓有祠堂。若谓死者已上天堂，而中国人之礼乃若死者时时尚在人间。是则人文为主，而自然转为辅矣。西方宗教信仰，乃谓人死则灵魂回归天堂。此为自然乎？抑为人文乎？人生必有死，此为自然。死后灵魂归天堂，则实是反抗了自然,而亦已脱离了人文。耶稣言"恺撒事恺撒管",则其教虽求脱离自然,但尚未违反及人文,唯置人文于不闻不问而已。中国死生之礼,则并未脱离自然,而显成为一人文,而人心乃于此得安得乐。如孔子死,其门人弟子岂不大悲?然心丧三年,相与庐墓而居,斯则心安,亦可谓一乐矣。尽其心,斯知性,斯知天,此亦依然是一自然,而人心仍亦与此得安得乐。此则不得不谓乃中国人之大智矣。

六

中国人之大智,则莫大于其能为人生制礼作乐。礼似一种规矩束缚,乐则人心共同所求。苟非能有乐,则又何求有礼。但礼何以能连带有乐,则其义深长,须加阐申。

今试分人生为直接、间接之两种。何谓直接人生?因人生必有目的,亦可谓之"目的人生",能直接达到此目的者,始谓"直接人生"。又有各种手段,在求达此目的;此可谓之"手段人生",亦即"间接人生"。

人生又可分为"心生命"与"身生命"两种。身是人类之小生命,仅以维持人类之大生命,故"身生活"实亦一手段人生、间接人生。心寄托在身,依附在身,但"心生活"当为人之真生命所在,故乃直接人生、目的人生。

身生活主要在食衣住行,此事人人知之。心生活则主要在喜怒哀乐,此则人之生命之主要感受,主要表现。此义或反为人所忽。

如婴孩初生,尚不知何为己之身。但一离母胎,即知啼哭,此乃一种悲的感受、悲的表现,即其心的感受与表现。此乃所谓"赤子之心"。但论其心,可谓先知有直接的心生命,却尚不知有间接的身生命。待其日渐长大,才始逐渐知有此身。又如人之既老,其身之活动全衰退,但其心生活则依然,往事全在记忆中。逮其临死,身生活全停止,但心生活则尚有留存。其对病榻旁子孙亲友群相关注之悲哀,尚有感动。举此两例,可证身生活与心生活之分别。方其生,则心先而身后;方其死,则身先而心后。死生之际,心与身孰先孰后?孰为主孰为副?亦显然可知矣。

若论身生活,则各相分别。若论心生活,则共同相通。婴孩初生,先不知有己,但已知有在其旁的父母兄姊。亦可谓限于一己之身的乃其小生命,而通及他人的乃其大生命。待此婴孩逐渐长大,乃始于其大生命中逐渐认识得其一己之小生命。

孔子曰:"性相近也,习相远也。"婴孩出生,其天性即见,这是人人相近的,俗又称之曰"天真"。此即是自然。在其长大中所接触的人生,花样复杂,习惯各异。及其成人,则彼为彼,我为我,始见相远。中国人又分人为大人、小人。其接触多,相通多,不失其大生命,而更能逐渐的长成,则称"大人"。其生命逐渐缩小,对外接触少,又不相通,甚至单知有身生活,斯为"小人"。所分不在其"身"之大小,乃在其"心"之大小。故孟子曰:"大人者,不失其赤子之心者也。"此义甚深,须当好好寻求。

身生活所接触主要在物。如食衣住行,必接触于物。但心生活之所接触,则主要在人,更在心。心与心相通,乃始见其生命之大。而人生所乐即在此。接触的更多,乃能接触到古人,以至接触到后人。非接触其人，乃接触其心。人心则同属此大生命，可以古今无别，可以相通如一，而不易相分别。

孔子梦见周公，周公之死已在五六百年前。孔子未尝见其人，但从书中见其心，而与之相通了。不知孔子梦见周公，其所梦见的，究竟作何形象？但孔子心中则知其为周公。可知日常所见人的身体，不是一真人，不是一真我；心体乃始是一真人真我。身有体，能见能知。中国人言心，乃一抽象，不具体，不能见，不易知，但却是你的真生命，乃是你的真我。你果要知得此真我，实亦不难。

七

西方心理学主要在言脑。脑只是人身上一器官，其作用在间接人生、手段人生的一边。但中国人言心，则超乎身以外。心房之心，其作用实更较重于脑。如脑器官有病，知觉记忆全失，而生命则仍可存在。心器官有病，不再跳动，血液循环停止了，则其人即死，身生活便全部停止了。中国古人则借用此具体的心字来作抽象的心字用。所谓"心"，实非人身上一器官。譬如人之睡眠，全身作用多休息，脑器官亦休息了，但心器官则不能休息，依然跳动，血液依然流行，此则生命并未休息。而又有一抽象之心，则仍可活动，那即是梦。梦则正见人心。西方人亦把种种梦来讲变态心理。但孔子梦见周公，又哪可说是孔子的变态心理呢？可见西方心理学是讲得太浅了，并未真识此心。

庄周乃中国道家始祖。中国道家多注意在自然方面，少注意在人文方面。庄周夜里梦见他自己变成了一只蝴蝶，栩栩然蝴蝶也。及其醒，乃觉是庄周，又蘧蘧然周也。不知庄周之梦为蝴蝶乎？抑蝴蝶之梦为庄周乎？但若论庄周之心，则依然是此庄周之心，并无变，亦并无分别。

今论自然，则万物相异，亦甚复杂了。但庄周又何以不梦为他物，独梦为蝴蝶呢？这正因蝴蝶生命较直接，较接近目的生活，不见其有许多手段，间接以赴。所以蝴蝶的生命，像似很自然，很快乐的。庄周日间时时在想那一种直接人生、目的人生，而于蝴蝶特所欣赏。日有所思，夜有所梦。故庄周梦蝴蝶，与孔子梦周公，所梦虽若大相异，实则周公制礼作乐，亦为求人过一直接人生、目的人生，孔子亦同此想，故乃时时梦见周公了。其与庄周所梦之相异，实乃一在人文，一在自然，如是而已。

今再言直接人生、目的人生，中国人则称之为"道义人生"。间接人生、手段人生，中国人则称之为"功利人生"。愈间接，愈多手段，愈曲折，愈富功利观，则其离道义乃愈远。愈直接，愈不讲手段，愈少曲折，愈不存功利观，斯乃见道义人生之真，而吾心乃愈觉其可乐。

今试以孔子之人生说之。孔子曰："饭疏食，饮水，曲肱而枕之，乐亦在其中矣。"饥欲食，渴欲饮，饥渴既解，欲得一休息，此亦是自然生活。但只是身生活。孔子不在此上过分计较，说只此便亦乐在其中矣。乐亦在其中，非谓只此便是乐。亦如人之生命即在身生活之中，但只以身生活为主，则非即人之真生命，其可乐亦有限了。

人生真乐何在呢？孔子曰："学而时习之，不亦说乎？有朋自远方来，不亦乐乎？"这应是孔子真悦真乐所在了。学则由我来学古人，或学同时他人贤者，使吾心与古人心或同时他人心相通，乃见吾之大生命所在。这不就可乐吗？又有朋友远从他方来，与我同学，那也他人心通于我心，正也吾之大生命所在，不亦可乐吗？故孔子之乐，实更在其与人相接、与心相通处。至于一疏食，一水一枕，那些只是物，借以维持吾生，都是人生中间接的，乃一种维持生活的手段；虽亦有可乐，但若只限于此，更无其他更深更大之乐，那就非人生真乐了。即如赤子之心，其所真乐，乃有父母兄姊亲近在旁，哪里是所乐专在那些乳水、襁褓、摇篮之类呢！所以如乳水，如襁褓，如摇篮，可以各不同，赤子之心并不在此上计较。今人则把赤子初生即寄之托儿所，其乳水，其襁褓，其摇篮，或许比在家中更好，但父母兄姊则不在旁，那赤子的心理习惯便变了。及其长大成人，其心则常在吃的、穿的、安息的一些物上计较；人与人相交，则转在其次。此即孔子所谓之"性相近也，习相远也"。周公制礼作乐，孔门之以孝悌为教，其所理想之人生，则无法达到了。

孔子称颜渊曰："贤哉回也。一箪食，一瓢饮，在陋巷，人不堪其忧，回也不改其乐。贤哉回也。"箪食、瓢饮、陋巷，此是身生活，亦把颜渊的生命维持了。但颜渊生命中，则自有其乐处。即乐在其志学孔子，亦即是孔子所谓"学而时习之，不亦说乎"了。孔子近在身旁，时得相见，此亦即是孔子所谓"有朋不亦乐乎"了。周濂溪教二程兄弟"寻孔颜乐处，所乐何事"，此乃中国人生一最高理想，最高艺术，一大本领处。此亦可谓是中国文化一特质。

故周公制礼作乐，乃教人与人相接。孔子增出一"仁"字，曰："人而不仁如礼何，人而不仁如乐何。"乃教人心与心相通。孔子教其子伯鱼学《诗》、学礼，曰："不学《诗》无以言，不学礼无以立。"礼即教人能在群中立己。己之不立，何以交于人，又何礼之有！言语则为人群相交之最要一端。《诗》言志，故中国之文学亦即中国人之心声。又岂能有礼而无言，有礼而无心？故学《诗》、学礼实是同一种学问。孔子又曰："《诗》可以兴，可以观，可以群，可以怨。"怨亦人心人情之所有。周公之大义灭亲，孔子之"道之不行也我知之矣"，岂不其心亦有怨？能求其可怨，斯亦止矣。

晚清平剧，论其渊源，亦《诗三百》之流。剧中必寓有礼。如《二进宫》，如《三娘教子》，如《四郎探母》。《三娘教子》，乃见一家之礼。《二进宫》，君臣之间，乃见一国之礼。《四郎探母》，华夷①之间，乃见天下之礼。而薛三娘、杨四郎其心之怨亦皆深，充分表达出其怨，使观剧者各能有所兴起，其为功于人群亦大矣。故中国人生亦可谓乃一"文学人生"，亦即一"艺术人生"。文学必在道义中，而道义则求其艺术化。中国之人生乐处即在是矣。此非中国之文化特质乎？

今人言文学，又必主通俗化。但礼乐亦在通俗化。即如《古诗

---

① 我国古时以"夷"、"胡"、"蛮"、"异族"、"外族"等来称呼少数民族，有其时代局限性。本书尊重作者表述，此类问题不一一指出，请读者审慎看待。——编者注

三百首》，诵其《二南》与《豳风》，非也通俗之至乎？故孔子曰："人而不为《周南》《召南》，其犹正墙面而立也与！"即言其不学《诗》则不能通于群，通于俗。唯通俗贵能通于俗之心。礼乐即大公之心，亦即孔子之所谓"仁"。而今人之所谓通俗，则似以己心迎合群俗心，以求一己之名利，仅以文字为手段。此乃一私心，非公心，亦即可谓是不仁之心。如商业有广告，政治有宣传，亦可谓皆求以己私达之对方。皆手段，皆功利，非道义，亦无文学艺术可言。

八

今再从浅近处言。中国以农立国，及丁成年，公家授田百亩，年老退回，则农人实无私财。但五口之家之生活，则赖此百亩之地而无忧矣。如此则可免于间接人生、手段人生、功利人生之种种想法，而径自走上直接人生、目的人生、道义人生之路程上去。春耕夏耘，勤劳备至，但其顺天命，遵地宜，依乎五谷百蔬之性，而生之育之，长之养之，乃不啻如父母之于子女；亦可谓之"仁"，谓之"礼"，谓之"道"，谓之"义"。及其秋收冬藏，则勤劳有成，亦可谓即如生者对死者之有葬祭，一始一终，融成一体。故农事亦可谓一种生与生相接，无背于天道，无背于人道，即此而吾心亦可以得其所乐。故中国之井田制，亦即古人制礼一要端。

其他百工，如丝织，如陶瓷，亦皆公家先授廪俸，使其生活无忧，每年量其能而定其贡；则其晨夕从事，乃为尽其道义，非为谋其功利。而亦如农人之授田，使得世袭其职。幼年后生，自始即亲其业，习以成性，则敬业乐群，一生之勤劳，亦即是其一生之愉乐所在。故中国工业,皆得臻于艺术化,实亦即中国礼乐之所寄。

故农工诸业,虽若各为其私,实亦各为其公。为公之功利,亦即为私之道义。日中为市,各以己有易己所无,交易而退;则商之通有无,亦一公道,非为私利私心作打算。各人之私生活,早得解决,日中之市仅以增加其生活中一方便,非似以商业为手段,乃得解决其生活。至于邦国相交,亦各设商人之官,先授以廪俸,其经商乃以尽公职,非为牟私利。在如此群中,而更有为士者出。士则志于道,专为大群谋,不为一己谋。劳其心,不劳其力。孟子曰:"劳力者食人,劳心者食于人。"则为士即可不忧衣食。孔子曰:"士志于道,而耻恶衣恶食者,未足与议也。"则士亦不当用意于一己之衣食。故中国社会经济乃为一种"通财制",或可称"公产制"。农工商为有产阶级,士为无产阶级;而无产阶级之地位,则远高于有产阶级。亦可谓中国人乃抱有一种"唯心观",或"唯性观",与"唯生观"、"唯道观",绝不抱有"唯物观"。心相通,性相通,则财富亦可相通。故只许有公富,不许有私富,乃决不能有如近代西方资本主义之成立与发展。是则中国古代社会,已为一群体集团,亦即一道义集团,皆在直接人生、目的人生之路程上向前。此则中国之礼乐之大意义大价值所在。

战国秦汉以下,礼乐有变,然仍未失其本源。今试举其大者:一曰婚姻之礼,一曰宾主之礼,一曰丧葬之礼,皆至今犹存。今国人则必求尽废之以为快。自由恋爱,自由结婚,自由离婚,婚姻之礼废,则夫妇不成为夫妇,而旧家庭将不见其存在。酒食征逐,竞为市道交。今人羡称之为"工商社会",而忠信友道则无存矣。丧葬之礼废，则死生不再有和合，死后则尽归于上帝天堂，而子孙养老之礼亦将随而废。子孙养老之礼渐废，而父祖育幼之礼亦将随以废。亦有人言，美国社会乃幼童之天堂，中年人之战场，老年人之坟墓。今则美国社会亦非幼童之天堂矣。当前全世界人类社会几已全成一战场，亦何礼何乐之有！

人生有同有异。方其为幼童未成人时，则多见其同，少见其异。及其老年晚年，精力已衰，人事已尽，其时则多记忆少想望，乃亦多相同，少相异。中国人之人生观，则尤贵同不贵异，故尤重幼年与老年。故曰："老吾老以及人之老，幼吾幼以及人之幼。"而人道可臻于大同。幼年则贵教，老年则贵养。孔子曰："弟子入则孝，出则弟，谨而信，泛爱众，而亲仁。行有余力，则以学文。"此则亦教以孝悌、谨信、爱众、亲仁，与人相交接之种种礼。而文字、文章、文学之教，则转在其后，非其主要之所在。至于养老，尤礼之大者。不仅养其口体，"六十杖于乡"，则为一乡人所敬；"七十杖于国"，则为一国人所敬。虽一国之君亦有敬老之礼。人生至老年而得人敬礼，此则为人生一大安慰。"慎终追远，民德归厚"，则犹在其次。今人谓婆媳之间难处，夫妇平等，则唯有推行小家庭制。但人心贵相通，吾夫之母，则当推夫之心以敬之。吾子之妻，亦当推子之心以爱之。又何难处之有？中国人齐家有礼，婆媳之间有礼。苟无礼，即夫妇之间亦难处，而何论于婆媳。

同则易和，而老幼之间则更易和。含饴弄孙，此是老年人何等乐事。而幼童之爱其祖父母，乃亦有胜于爱其父母者。一家之中，有老有幼，则更易和。故老幼之在一家中，乃占"无用之用"。家有老幼,斯即其一家之福。三代同堂,其福乃难以言语尽。使夫妇成婚,而父母遽亡,又不生育子女,斯诚其一家之不幸。可知人生则决非单人独身之为生,亦非无世传无先无后之谓生。求身生活,则必求有家生活,又必求有世代相传之悠久生活。中国人生贵同,即从此等处求之。

中国人生贵同,则不仅家之外贵有戚族乡党邻里,尤贵有国。而君臣之礼,君民之礼,亦遂以生。而国与国亦贵其同,乃始有天下。孔子有朋自远方来,多来自异国,则朋友一伦之礼,乃可广通之于天下。中国五伦,为人生大礼,亦即人类大同之基础,亦即人类生命之得以和通会合而融成一体广大悠久之所在。谭嗣同《仁学》谓西方人于中国五伦中仅有"朋友"一伦。实则无父母、无兄弟、无夫妇、无君臣,则其为朋友者,亦异乎中国人之所谓朋友矣。人而无礼,鼠之不如,而又何能齐家、治国、平天下?

九

中国以"天地君亲师"并言,始见《荀子》书,亦远起两千年以前。人能对天地有礼,则人文与自然乃融合而一矣。对君亲师之礼,则皆在人文中。学者自称"弟子",则视师当犹如父兄。心丧三年,则师与亲亦无别。中国工人皆称授业者为"师父",则视师如父,其俗普遍流行于中国,亦至今犹存。古人又言:"作之君,作之师。"则君师亦当同其尊。而为君亦必当有师,为太子即无不从师。宋代王荆公、程伊川为经筵讲官,争为师者当坐而讲,君为弟子亦当立而听,其君亦从之。但古代之礼,师弟子亦如朋友。

虽孔子大圣，亦与其门人弟子同坐讲学。故五伦中有"朋友"一伦，而师弟子即在其内。秦汉一统，君臣之礼，人之尊君，尤甚于古。而孔子乃尊为"至圣先师"，于是尊师乃更胜于尊君。此又中国礼中一新兴之大变。荆公、伊川之争，后世亦未有议其非者。中国人言"尊师重道"，但绝不言"尊君重道"。师掌道统，君则仅掌政统。道统当超在政统之上，则师之尊于君无疑矣。孔子为至圣先师，历代帝王无不尊之，而中国道统遂由以定。此则为中国超于五伦之上一大礼。

此事亦与佛教东来有关。僧侣尊释迦，但可不尊君。而为君者，转亦尊释迦。孔子并非一宗教主，但儒学继佛教而再兴，则孔子亦俨如一宗教主。故中国文化传统，宋以后孔子乃亦见其尊严。西方有文艺复兴，中国之有宋代，则亦当为中国之文艺复兴。研讨中国文化特性者，于此一古今之变，尤当深切寻究。

战国时，齐有稷下先生，招揽群徒，著书讲学；公家给以厚廪，居之高第，诸先生则不治而议论。盖为师而不为臣，故不负政治实际之职任，而政治上之是非得失，则亦得贡献其意见。秦代统一，其博士制度即承齐之稷下先生来，亦不治而议论。则秦始皇帝亦不以博士与朝廷群臣同视。咸阳宫酒会，博士议政，力主恢复封建，反郡县制。但秦代之焚书案，亦仅焚一部分民间书，不许民间偶语《诗》、《书》，以古诽今。其于诸博士，则仅免其职而止。此则如朋友绝交，未尝再加以惩处。汉代博士，其所任教课，亦尽博士自主，为君者不得加以干涉。太学课程有改变，亦由诸博士开会自加决定。朝廷卿相，或得参加会议。为君者，亦或亲自列席。但绝不以朝廷政令施之于学校。当时太学亦未闻有校长。则其时风气之重视师位，亦可于此一端觇之。唯博士乃学人，而出仕朝廷为臣者亦皆学人，则君之视其臣，谊亦如朋友，尊卑之间自当有一分寸，而于博士为尤然。若如今日国人所想象之所谓"君主专制"，则非中国历史实况。需读史书自知。而中国人之尊师重道，已远有其渊源。在此一端上，宋代则可谓是中国之文艺复兴。

一〇

中国人言礼，则必兼言"敬"。于人无敬，则又何礼之有。人心有两端：一曰谦卑心，一曰骄傲心。心知谦卑，则对人有敬。自骄自傲，则对人无敬。孟子曰："舜之居深山之中，与木石居，与鹿豕游，其所以异于深山之野人者几希。及其闻一善言，见一善行，若决江河，沛然莫之能御也。"居深山木石中，与鹿豕游，此乃纯是一种自然生活。闻一善言，见一善行，则转为人文人生。孟子又曰："舜善与人同，乐取于人以为善。"人所认以为善者，必人类之所同。人与人相异，则或少见善，或即为恶矣。然取于人以为善，所取多，则必为一善人可知。即其自为善，亦同于人以为善，非异于人以为善。居万人中，而我一人为善，纵其为善，亦至小矣。能同于人，其善始大。抑且人之自然生活，皆取于外物以为生。食衣住行温饱安畅，皆觉有乐。岂有取于人之善，而此心反转有不乐者？故谦卑乃为善之本，亦自乐之本。今若自骄自傲，觉人皆不如己，此实乃人心中一最大苦痛。婴孩初生，其心谦卑，自觉一无能，尽皆赖于人。其视父母兄姊，皆可敬，亦可尊。而婴孩乃为人生中最乐一时期,亦无恶可言。及其渐长成人,自视多能,视其父母兄姊乃皆不如己,其内心自滋生有苦痛之感,亦无待言。及其进入社会,又觉无人及我,唯我独尊,其孤寂、其苦痛又如何?转不如住深山与木石居,与鹿豕游,反有一番自然之乐了。

孔子曰:"若圣与仁,则吾岂敢。"此见孔子之谦卑心。又曰:"学不厌,教不倦。"自觉学而未至,故能学而不厌。自觉学而有得,故能时习而悦。则更见孔子之谦卑心。教不倦,非谓其学之高出于人以为教,乃以其学而时习之悦于心者为教。朋之自远方来,岂不当以己心所悦与朋同之?己有未达未至,乃求有朋与吾同达同至。故曰:"吾无行而不与二三子。"朋之乐学,乃益增己之乐学之心。故以己之学为教,亦犹与人同学,此乃乐与人同。此孔子之教不倦,亦见孔子之谦卑心。苟以己之高出于人者为教,是谓乐与人异,则是一种骄傲心。唯心谦卑,乃求与人同。其心骄傲,则唯求与人异。

释迦牟尼离宫逃俗,遁入空山,菩提树下有悟,乃返以教人。是释迦以其所悟之高出于人者为教。耶稣自信乃上帝独生子,则以其所信之独异于人者为教。其悟其信则在前,其教则在后。而孔子以其所学教,学不厌、教不倦乃同时并进事。孔子未尝自谓其高出于人人。谓孔子高出于人人,则为来学者内心之事。

唯释迦以其所"悟"教,悟释迦之所悟,则亦同得为一释迦。耶稣以其所"信"教,信耶稣之所信,乃不得同为一耶稣。孔子以其所"学"教,学孔子之所学,则不仅得同为一孔子,而亦可得超乎孔子之上。故孔子谓:"后生可畏,焉知来者之不如今也。"孔子非以后生之如我为可畏,乃以后生之亦能好学如我为可畏。是孔子之所畏,亦即孔子之所喜。畏即敬意,是孔子不仅敬古人,亦敬及后人。孟子曰:"人皆可以为尧舜。""有为者亦若是。"孟子之言,非教人以自傲,乃教人以好学。故曰:"乃所愿,则学孔子。"又曰:"人之患在好为人师。"则孟子亦以谦卑教,非以骄傲教。

孔子之高出人人,非孔子所自居,乃其学者之共同尊推之。颜渊则曰:"夫子循循然善诱人,博我以文,约我以礼,欲罢不能。既竭吾才,如有所立卓尔。虽欲从之,末由也已。"曾子则曰:"江汉以濯之,秋阳以暴之,皜皜乎不可尚已。"宰我则曰:"夫子贤于尧舜远矣。"有若曰:"出于其类,拔乎其萃,自生民以来未有盛于孔子也。"而后人则尽以孔子为教。孔子学周公,乃人人以周孔为教。孟子愿学孔子,乃人人以孔孟为教。人皆以其所学教,不敢以己为教,此亦中国一大礼。

魏晋之衰,时风乃转而学庄老。庄老道家言,乃主自然。主自然,则仍主人与人同,不主人与人异。故庄老言人文,亦主慕古,与孔孟同;唯较孔孟所言更推而上之,及于人文之更接近自然处。故庄老以自然教,亦以古人教,亦非谓一己之高出于人人,而即已以为教。然则孔之与老,其分别又如何?"将毋同"三字,乃得为一时人所称许。是则非必斥周孔,乃以见其尊庄老。其对孔与老,仍亦以同之为贵,非异之为贵。佛教东来,一时又改尊释迦,然亦求以孔子老子同之。历代高僧,唯以释迦为教,固未见有斥孔老以为教者。故中国人之谦卑好学,求以己同于人,不求己之异于人。此亦仍是中国礼之一大端,乃文化大统一特质。

近代国人，乃以为中国人唯知好古，唯知守旧，以此乃永不见有进步。然今国人之一意慕效西方，论其实际内情，亦即吾民族古旧相传谦卑好学心之一种表现。乃据此以诟斥古人，一若五千年来之中国人，以及一部中国史，竟无一是处。此则由其对外国人之谦卑心，转而为对本国人之骄傲心。此一转变，似值商讨。如一家中有贤父母，有好婚姻，有好子女，岂不人生一大福？若举家人尽可诟斥，则其心先已不安不乐，其他复何言。民国以来七十年，一国始终在祸乱中，此皆国人不安不乐之心之为祟。① 而其不安不乐，则实出之自骄自傲，相轻相蔑，乃以致之。此乃一种心理现象，幸吾国人宜当深自反省。

一一

西方人好异于人以为人，乃亦好异于学以为学。如科学，其学主向外，主求知，此乃一种间接手段的功利之学。而又必以知人之所不知以为贵。如牛顿发明万有引力，此一原理，其先未为人知，而牛顿先知之，牛顿遂以高出于人人。但万有引力之说，既已同为人知，则必别求其未为人知者，以求高出于人人。但自然界之知识，则无穷无限，迄至今如爱因斯坦之发明四度空间论。自牛顿以至爱因斯坦，科学知识之日新月异，诚可谓其进步之无穷矣。但乌得谓爱因斯坦之为人，乃远较进步于牛顿？故人类对外面物质知识之进步，非即人类内部自身之进步。此两者间之差别，有无可相提

---

① 该观点我们并不认同，但为了保持作品原貌，故予以保留。——编者注

并论者。

一部西洋史，可谓罗马人异于希腊人，现代英法诸国人异于希腊罗马人，但决不能谓英法人较希腊罗马人更进步。凡所进步皆在物，不在人。皆在外，不在内。又岂得谓美国人发明了核子武器，即进步于英国人？又岂得谓今人在电灯下生活，即进步于电灯未发明以前之古代人？故今人之所谓进步，实只物的进步，而非人的进步。或即以物的进步，而其人转见为退步。如核子武器大量杀人，对人类带来大灾祸，亦可谓犯了大罪恶。故其发明人与运使人，决不可谓乃人类中之杰出人。又如太空飞行，及月球登陆，人类对自然界之活动，纵谓有进步；至人类之对人类，则未见有进步。则飞行太空与登陆月球，其人亦不得即谓是人类中之杰出人。故一部西洋史，可谓乃在物变上有进步，而人文方面则未见有进步。人不进步，物转进步，则人不为物之奴，物必为人之敌，亦可想而知矣。近代人在此形势之下，乃力言自由、平等、独立。其实此等口号，皆易滋长人之骄傲心，不易启发人之谦卑心，乃使举世人心日滋其不安不乐。两次世界大战后，人类灾祸迭起，亦胥此之过。

一部中国史，乃人文演进史。夏、商、周三代，专就其人文言，不得不谓其已较唐虞时代为进步，春秋时代，亦较西周时代为进步。战国时代，又较春秋时代为进步。现代欧洲，以人文论，恐尚不能比中国春秋时代，更远不能与中国之战国时代相比。苟非先经一段战国时期之学者群以天下为怀，即甚难有秦汉时代之出现。非先得如秦汉时代广土众民之大一统，又何来有世界人类之大同？故唯中国史之进程，始得谓人类前途理想一目标。而如西洋史，则对人类前途和平相处之理想，相去甚遥。抑且西方自然物变之演进，不仅违反了人文，亦又违反了自然。中国人文化成之演进，则不仅化成了人文，亦又化成此天地，使与人文蕲向同其归趋，此之谓"一天人，合内外"。

继此当论中国古人对"变"、"化"二字所特别提出之分别，《易·系辞》言："化而裁之谓之变。"人文乃一"大化"，如有巢氏、燧人氏，以至庖牺氏、神农氏，以至黄帝、尧、舜、夏、商、周三代，下至于秦汉以下，在此人文大化中，加以裁割，始谓"变"。如人之自婴孩、幼童以至于成年、中年、老年，始终只是此一生之"化"，唯在其过程中加以裁割，始见此婴孩幼童以下种种之"变"。实则即就婴孩至幼童言，时时刻刻在变，瞬息在变，不仅岁月间之有变而已。是则化只是变，积变始成化。变、化二字，本无分别。即此是人文，即此亦是自然。唯自然中物之变，乃有由人变之者，此则变而非化。如电灯、自来水，何尝是电与水之自然。有了电灯与自来水，人类生活亦随而变，但亦何尝是人文之自化。果一意主在物质上求变，则人亦沦而为物，有变而无化矣。今人乃特加以夸奖，称之曰"创造"，称之曰"进步"。实则天地大自然，亦不能长日由人来创造。老子曰："地法天，天法道，道法自然。"则天地又何得有进步？天则永是此天，地则永是此地，人则亦当永是此人始得；又焉可尽求其进步？

中国人必言"同化"。唯其同，始有化。而在其化之过程中，则自见时间观念之重要。春耕、夏耘、秋收、冬藏，此必经历一时间。西方商业社会，则无客观一定之时间过程。其商品能即脱手售出，岂不大佳？故农人不得揠苗助长，而商人则可用种种手段，种种技巧，以使其手中产品之急速出售。故中国人重"化"，而西方人则重"变"。中国人重"同"，而西方人则重"异"。今日国人，则尽力诟病中国人之好古守旧。其实昔日之古旧，即我当前之由来，乃在同一时间过程中，又焉得不好、焉得不守？好之、守之而自化，乃成中国五千年历史之悠久，亦即中国文化特质之所在矣。

向内求同，其社会必趋单纯，而其人则多为通才。尽其德性之所能，则自臻于宏通。向外求异，其社会易趋于复杂，而其人则多为专家。务于标新，则必专择一途以为人所不及，而其德性则多拘窒而狭小。其最大影响，则见于人群之治平大道上。通才能理其大群，专家则仅能治其小。理其大，则能和于外。治其小，而向外则必争。今日之世，论物质成就，则交通便利，四海如一家。论心性团聚，则家与家有争，国与国有争。以各别相异之人，而处大同之世，宜不能知其前途之所届矣。唯中国则致广大而尽精微，极高明而道中庸，尊德性以道问学；中国之文化特性，乃在其能从德性之由精微中庸处，而达于广大高明。其过程乃有一套学问。一部五千年不断之历史，亦即中国人五千年来不断之学问有以造成之。则虽守旧，亦不得谓其无进步。虽好古，亦不得谓其无开新。唯须经一段较悠长之时间。今人争图目前，或所不耐。

一二

在自然中，有同必有异。物皆然，人又甚。孟子曰："圣人先得我心之所同然。"则圣人乃最为得人中之同者。然孟子又曰:"伯夷,圣之清者也;伊尹,圣之任者也;柳下惠,圣之和者也。"孟子分清、任、和为人性中三大别。柳下惠之和,则似较之任与清为更易趋于同,故俗言"和同"。但柳下惠之为圣,则为孟子所特别提出。人人尽知伊尹、伯夷之杰出而不可及,不知柳下惠亦同为杰出而不可及。但苟一意于和,则亦性中一别。孟子又谓孔子为"圣之时",则随时而化,亦清、亦任、亦和,非清、非任、非和,乃始更唯见人性之大同,而不再有分别。换辞言之,孔子乃为更杰出不可及,唯见其异,不见其同矣。孔子曰:"如有用我者,吾其为东周乎。"是孔子虽一生一意求同于周公,而终必有异于周公。此无他,亦时为之耳。今人好言现代化,其实孔子即最能时代化。一部中国史,五千年来,其过程则常在现代化中。至于一部西洋史,希腊、罗马、中古时期乃至现代之英法,正因其不能时时刻刻现代化,才至各自分别,不能一气相承。今日国人已只求美化,苏维埃化,不再求英法化,亦如孔子之为东周矣。

中国人又常"时代"兼言。后一时代替了前一时,宁有只此一时而更无另一时来相替代之理。孔子言时,必言其因革。因者因于前时之旧,革则革成后代之新。中国道家思想较重因,不重革,此其不如儒家处。孔子曰:"殷因于夏礼,周因于殷礼,其或继周者,虽百世可知也。"唯其有继有因,遂成为一部五千年一体相承之中国史。论其大体,则最先实因于自然,此乃人文之不能违背于自然。然如西洋史,不得谓罗马因于希腊,英法因于罗马,美苏因于英法。其有所因,乃在物变上,非在人文上。若使中国古人复生,见后世有汉、唐、宋、明，岂不其心大慰？当前英法人见美苏之崛起，岂亦其心有慰乎？即此以观，可见中国文化特质之所在矣。

一三

今再问，中国人又何以能有此文化特质？则不仅中国人心之有"仁"，亦因中国人心之有"智"。孔子又常"仁智"兼言。此"智"字亦与今人之言"知识"有不同。"知"属具体，"智"则抽象。孔子曰："知之为知之，不知为不知，是知也。"凡有知，同时必有所不知。能知其有所不知，始得为知。今日为知识爆破时代，然其所不知则仍是无穷无限。故人类今日乃不知明日之究将如何。一世人心不安不乐，主要则在此。而孔子所言之智，则不同。故谓"虽百世可知"。

孔子曰："智者乐水，仁者乐山。智者动，仁者静。智者乐，仁者寿。"中国人于"爱"字外，必添造一"仁"字；于"知"字外，又必添造一"智"字。爱与知皆向外，有对象；仁与智则内心之德，亦可谓无特定之对象。亦可谓爱与知皆属动，仁与智则属静。山水乃大自然中之两物，中国人有谦卑心，乃亦对大自然中一切物知所效法，知所乐，则亦时习而悦矣。《诗三百》、《关雎》为首；中国古人乃知效法于雎鸠，以得成其夫妇之乐。天地大自然有两大异：一曰动，一曰静。仁者则乐于山之静，智者则乐于水之动。但中国文化，重仁更过于重智，故重静更过于重动。周濂溪言："主静立人极。"好古守旧，则亦是其心主静之一种表现。但动静实一体，静中亦有动，动中亦有静。故山亦有其动，水亦有其静。言自然则必兼言山水,言人文则必兼言仁智,言事为亦必兼言动静。今日知识进步,乃有核子武器。此则可谓是不仁之至,亦即可谓是不智之尤矣。希腊乃海洋国家,其人乐于水,故西方文化乃亦好动不好静,尚智不尚仁。则孔子之言,亦可通于西方,而无大违背。

中国人又言仁、义、礼、智、信。其实"仁义"并言,"仁礼"并言,"仁智"并言,义与礼与智皆当本于仁。未有不仁之义。核子武器既为不仁,即亦不义。又"礼义"并言,亦必先礼而后义。仁存之心,礼见之行,仁、礼内外一体,故有礼始有义,非有义乃有礼。周公诛管叔,流蔡叔。兄弟乃五伦之一,苟非周公心存大仁,又乌得有灭亲之大义。即"信义"并言,亦先信后义,不得称"义信"。犹"忠义",不得称"义忠"。盖忠信本于人性,义则所以达其忠信,亦已成为一种间接之手段。孟子则曰:"羞恶之心,义之端也。"则义之本于天性者,最先为羞耻之心,有所不为;非若仁、礼、忠、信,其先即是一有为。今人乃多不好言仁、礼、忠、信,而仍犹言义。以为辨是非即是义。由此而多分别、多争。孟子言:"是非之心,智之端也。"智则与仁对立,而不与义并言。智在内,义在外,而义又次于仁与礼,故不得与智并言。

唯"义理"并言,则可理在前,亦可义在前。理则由智乃见。人与物相异,人与人亦有相异。其相异之间,各有程度之不同,此相异之程度谓之理。故理属外在。抑且理亦多主有所不为处。穷理明理,达理守理,凡有不合理处,皆所不为。道家尚自然,始多言及"理"字。此理字则不在儒家言"仁义礼智信"五常之内。宋儒会通儒、道而言之，始多言理。程朱言"性即理"，陆王言"心即理"，此亦求"一天人，合内外"而有意见相歧处。故中国人只言天理、天道，但言人道，不言人理。又严理、欲之分。理属天，欲在人，此则其大别也。

中国人又言"情义"、"情理"，皆情在上，而义、理在下。又言"心情"、"性情"，则心、性在上，情又次之。继是又当知情、欲之辨。中国人亦常连言"情欲"，以欲亦由情流变而来。但不并言"心欲"、"性欲"，则以欲之离心性之本已远。欲与情又别。情则同，故曰"同情"；欲属私，故曰"私欲"。同则公，私则异。中国人尚同不尚异，故重于情而鄙于欲。今人则以满足私欲为人心之大乐，则其所乐亦有不近人情之至者，乃又何得以为乐？

中国人又言"名义"。周武王伐纣，伯夷叔齐叩马而谏，以诸侯伐天子，夷齐谓其不义。但孟子曰："闻诛一夫纣矣，未闻弑君也。"不以纣为君，此亦孔子正名之义。斯则尧舜之禅让，汤武之征诛，皆仁也，亦皆义也。唯夷齐之谏，亦为天下谋，并为万世谋，其心亦仁，其谏亦义。其耻食周粟，而饿死首阳山，此亦夷齐之义，亦即由夷齐之仁来。但其唤起天下后世之人心，则夷齐之仁，其影响效果，终为胜于周武王之伐纣。故孟子亦尊之为"圣之清"。此则义各有当。《易》之书又言"时义"。要之，同一时可以有为、有不为，异一时则又不然。而仁则无时而不同，不可以有不为。此亦仁义之正名，宜有此辨，不可不知。

西方哲学家主在求"真理"。然其所以求之，则本于智，不本于仁。迄今西方盛行个人主义，就中国人观念言，则为不仁。故西方哲学所求之真理，亦多属自然真理，少人文真理。科学家所求则在"物理"。物与物之间有理，人与人之间亦有理。核子武器，可以大量杀人，把人来当物看，此亦有其理。但人与人之间，则无相杀之理，此之谓仁、谓礼。中国人之智，则决不在求多杀人；此即有所不为，乃仁、乃礼，亦即义。故可以有不仁、无礼、不义之"知"，而不能有不仁、无礼、不义之"智"。故智则必有所不为，而后可以有为。今人则又求无所不为，故尚知，唯以法律制之；而其所为则亦可以不仁无礼非义，只不违法即得。但今尚无国际公法，则又乌能有所不为？若以此谓之大智，岂不终将流为大愚？以此来为中西文化作分辨，斯即知中国文化之特质所在矣。

孔子又言："智者乐，仁者寿。"乐则多见于动一边，寿则多见于静一边。但动与静，乐与寿，仍当和合作一体看，不当分别作两事看。乐则自有寿。使常不乐，又何能寿？寿而不乐，斯亦不如短命之为愈矣。西方人似乎好动好乐，但大生命惜不能达于寿。如希腊，如罗马，如现代之英法，皆务求多乐，但皆不寿。盖其所乐皆在外。各务求之外，又易启相争。抑且向外求乐，非即内心真乐。孔颜之乐，则乐在其内心，不在于外物。或疑颜子早夭，则仁而不寿。但此所谓寿，非指个人生命长短言，乃指人类大生命，其人生大道之可长可久言，亦即可乐可寿。中国民族寿长五千年，非常在悲苦不乐中，即其证矣。若徒计当前之乐，而不计其后，则为不仁，亦为不智，实亦无乐可言矣。

乐在心，外物有所不计，故《中庸》言："素富贵行乎富贵，素贫贱行乎贫贱，素夷狄行乎夷狄，素患难行乎患难，君子无入而不自得焉！"所谓"自得"，乃其心自得，亦即自得其乐。即如元、清两代之中国社会，亦所谓素患难、素夷狄，而两代之中国人，亦未尝不自得其乐。故中国人生既为一寿的人生，亦为一乐的人生，其要在能向内求之，向心求之；此之谓能静。西方人则向外求，向物求，故尚动，而每不能自得。唯中国人能由静而动，乃于西方异。今国人一慕西方，求变求新，究不知有何界线，何时乃得停止。岂此之谓广大而悠久，亦岂此之谓能乐能寿乎？中国人则"贫而乐，富而好礼"。好礼则仍是乐。所谓"万变而不离其宗"，有所宗，斯谓静。万变则是动。修身、齐家、治国、平天下，斯亦变，但非治国平天下始是乐，修身齐家即无乐可言。《大学》言："自天子以至于庶人，壹是皆以修身为本。"修身较偏静，向内。齐家治国平天下较偏动，向外。此则由静始有动，凡动皆一静。由内始有外，凡外皆一内。其义深长，但可一反之己心而即得。以此为学，乃大智；以此为教，则大仁。而仁智则近在眼前，只在心中。谁不能睹山水，而此心之仁智亦由是而见矣。

《易》言"乾动坤静"。其实乾亦有其静，坤亦有其动。天之阴晴晦明，即常此阴晴晦明，此即其动中之静。地之山峙水流，即常此山峙水流，而仁智乃由是生，此即其静中之动。《中庸》言："喜怒哀乐之未发谓之中，发而皆中节谓之和。"人情即本于天理，方其未发，即犹仁者所乐之山，常此安定，常此巍峨，而万物殖焉，宝藏兴焉，此即其静中之动。及其已发，即犹智者所乐之水，波涛汹涌，畅流不息，永此浩荡，而不趋于溃决，此亦其动中之静。故亦可谓心之未发则属自然，及其已发，乃始见人文。而自然与人文，则皆于人之一己之心而见之。此诚"致广大而尽精微，极高明而道中庸"，非"尊德性而道问学"而求之，则又何以体会而融悟及于此。

一四

今试追问吾中华民族又何以得天之独厚，以有此大仁大智之心，而完成此文化大传统之特质，为举世其他民族所不逮？孟子曰："天将降大任于是人也，必先苦其心志，劳其筋骨，饿其体肤，空乏其身，行拂乱其所为，所以动心忍性，曾益其所不能。人恒过然后能改。困于心，衡于虑而后作。征于色，发于声而后喻。入则无法家拂士，出则无敌国外患者，国恒亡。然后知生于忧患而死于安乐也。"中国人才兴起，就历史观之，春秋战国时，小国人才反多于大国。秦汉以下，偏远地区反多于中央盛处，乡村反多于城市，乱世反多于治世。孟子之言在战国时。此下秦汉一统，每一朝代历三四百年必亡。此即孟子所谓"出则无敌国外患者，国恒亡"之义。此处孟子谓人才必产生于忧患，与上文言"寻孔颜乐处"，中国人生理想在求此心安乐，两意相反相成，学者所当细阐。

今再言孟子"生于忧患"之意。举世文化先进国家有四：曰埃及、巴比伦、印度与中国。埃及、巴比伦皆沿海，又有尼罗河及幼发拉底与底格里斯双河资其灌溉。此两国地域小而多水，故其民尚知多动，亦尚乐。欧洲古希腊亦海国，其文化多汲源于此两国。印度乃一大陆国，又地处热带，衣食易给，其人乃多恶动，不寿而厌生。中国亦大陆国，又有黄河水患，其民必忧劳辛勤以为生。有巢氏、燧人氏以迄于庖牺氏、神农氏，历时已久远，乃始得业农为生。而农事乃人生中之最忧劳最辛勤者。抑且使非其子丹朱之不肖，则无以成尧让天下之大德。非父顽母嚚弟傲，亦无以成舜之大孝。非鲧之受殛，亦无以成禹之三过其门而不入，以终完其治水之大业。而尧、舜、禹三帝非受洪水之灾，亦无以成其为大圣。但世之既盛则必有衰，世之既治则必有乱，犹之人之有生则必有死。但中国文化又有一特质，则为衰后能复盛，乱后能复治。故桀纣之后有汤武。幽厉之后，周室东迁，又有管仲与孔子。待秦代成其一统大业，乃二世即亡，举世大乱，而有汉高祖，乃始以平民为天子。两汉之盛而衰，有三国两晋，继之以南北朝，而重有隋唐之统一。五代十国可谓中国历史上最黑暗一时期，而继之有宋之崛兴。而又有辽、有夏、有金，而继之以元。蒙古入主，全中国受异族之统治，此尤为旷古未有之大变局。而不久即有明崛起，明太祖乃又得以平民为天子。而又继之以满清①入主，中国全国又再受异族之统治。但政统失于上，道统则依然盛于下。蒙古、满洲不得不受中国文化传统力之同化。此一衰而复盛，乱而复治，天运循环，周而复始，其文化大生命则依然长存。此又为中国文化特质中之更大一特质，乃更为并世古今其他诸民族所不能有。

孟子曰："尧舜性者也，汤武反之也。"尧舜乃自自然中演出人文，故曰"性之"。汤武乃由尧舜而反之己心，则汤武乃由人文中

---

① "满清"、"满洲"的说法有其历史局限性。本书尊重作者表述，此类问题不一一指出，请读者审慎看待。——编者注

演出，但不失其为仍于自然中演出，仍不失其大本大源之所在。中国文化乃本于各人一己之心。故顾炎武谓"天下兴亡，匹夫有责"。如此则中国人乃以文化大生命寄托于每一人之小生命，故其绝大责任，乃可由各自之一小己负之。中国文化之能具有绝大力量，其要端即在此。

晚清之末，又衰而乱。鸦片之战，割地赔款，五口通商，又继之以洪杨之乱，又继之以英法联军，又继之以甲午中日之战，又继之以八国联军；内忧外患，可谓至矣。孙中山先生又继起，创建中华民国，乃不啻以一海外侨民，而完成其开创之大业。则较之汉祖、明祖之以平民为天子者，尤为过之矣。乃此七十年来，治平未见，衰乱益甚。中山先生乃创为"三民主义"，诏告国人以拨乱返治起衰转盛之大本大源所在，而又为"知难行易论"，确告国人以知难之义。汤武反之，则亦唯反之于尧舜。今日吾国人，则亦唯有求反之于吾民族文化之大传统。蒋公偏安来台，乃有"复兴文化运动"之提倡，此即继中山先生"民族主义"之呼声而发。

今吾国家民族诚面临一当大变之局。吸取他人之新，以补益吾传统之旧，此义人人尽知，更无争论。即如中山先生之"五权宪法"，即採取西方之三权分立，而增益之以己所旧有之监察、考试两权。蒋公之"文化复兴运动"，亦採取西方民主、科学两项，而冠之以吾民族所原有之伦理。此皆显可作国人之模楷。①

---

① 文中"海外侨民"、"蒋公偏安来台……"、"即如……国人之模楷"等表述我们并不认同，但为了保持作品原貌，故予以保留。——编者注

中国历史之大变,首推战国。孔子以后,诸子竞起,百家争鸣。下迄西汉,而儒家始定于一尊。今日之群言庞杂,众议纷起,亦固其宜。唯当一本之于爱国家、爱民族一至诚之大仁,而又能济之以一己之一番谦卑心,知所尊,知所敬,勿轻肆讥评,勿轻加反抗,以无违于吾文化大统之一礼字,使能和平相处,安乐相交;而后大智得随以生,大信得随以立,而大义亦于是乎在。此或即天之将降大任于吾当前之国人,动心忍性;能动而又能忍,则吾国家民族前途其庶有重臻安乐之可期。天之特厚于吾国家民族者,其仍将有以慰吾当前国人之此心。而吾文化最大特质之所在,又将当吾之身吾之世而见。企予望之,企予望之。

1983年为阳明山庄专题研究教材写
(原载钱穆:《中国史学发微》,九州出版社2011年版)

1910—2005

费孝通：土地里长出来的文化

要明白中国的传统文化，就得到乡下去看看那些大地的儿女们是怎样生活的。文化本来就是人群的生活方式，在什么环境里得到的生活，就会形成什么方式，决定了这人群文化的性质。中国人的生活是靠土地，传统的中国文化是土地里长出来的。

一、知足常乐与贪得无厌

"知足常乐"是中国传统文化的基本精神。这和现代资本主义文化里的精神——"贪得无厌"刚刚相反。知足常乐是在克制一己的欲望来迁就外在的有限资源；贪得无厌是在不断利用自然的过程中获得满足。这两种精神，两种人与物的关系，发生在两个不同的环境里。从土地里生长出来的是知足常乐。

种田的人明白土地能供给人的出产是有限度的。一块土地上，尽管你加多少肥料，用多少人工，到了一个程度，出产是不会继续增加的（即经济学上的土地报酬递减率）。向土地求生活的人，假若他要不断地提高收入，增加享受，他只有一个法子，那就是不断地增加耕地面积。有荒地时，固然可以开垦，但是荒地是要开尽的，而且有很多的地太贫瘠，不值得开垦。人口一代一代的增加，土地还是这一点。如果大家还是打算增加享受，贪得无厌，他们还是想扩充耕地，那只有兼并了。把旁人赶走，夺取他们的土地；但争夺之上建筑不起安定的社会秩序。如人们还得和平地活下去，在这土地生产力的封锁线下，只有在欲望方面下克己功夫了。知足常乐不但成了个道德标准，也是个处世要诀。因为在人口拥挤的土地上谋生活，若不知足，立刻会侵犯别人的生存，引起反抗，受到打击，不但烦恼多事，甚而会连生命都保不住。

二、科学冲破了土地的经济封锁

西洋在农业的中古时代何尝不如此？《圣经》上的教训是要人"积财宝在天上"，"富人进天堂比骆驼穿过针眼还困难"。勤俭是这时代普遍的美德，是生存的保障。但是科学冲破了土地的经济封锁，情形完全改变了。蒸汽力、电力、内燃力，一直到原子力，一一地发明了利用的方法，使人实在看不到在经济上人类还会有不可发展的限界。这是人类的大解放。机会，机会，到处有机会，只要人肯去开发。在这机会丰富的世界里，妒忌成为不必需了。种田的怕别人发迹，因为别人发了迹会来兼并他的土地。在现代工业里，各门各业是互相提携，互相促成的。铁矿开得好，铁器制造业跟着有办法；铁制的机器发达，其他制造业也得到繁荣。这时代，自然已不像土地一般吝啬，它把人的欲望解放了。享受、舒适，甚至浪费、挥霍，都不成为贬责的对象；相反的，生产力的提高必须和消费量的提高相配合。二者之间有一点龃龉，整个经济机构会脱节麻痹。于是以前所看不见的"广告"也成了经济活动的重要部门。广告是在刺激欲望,联结生产和消费,甚至是提倡挥霍,赞美享受。回想起在乡下被人贱视的"卖膏药"的走江湖,真不免为他们抱屈了。同是广告,而在人们眼中的价值竟相差得这样远。时代的距离!

三、中世纪:从权力去得到财富

　　知足安分是传统的美德,但是即在农业社会里也并不能完全应付人类的经济问题。知足有个生理上的限度。饥饿袭来时,很少人能用克己功夫来解决的。有限的土地上,人口不断地增加,每个人分得到的土地面积,一代小一代,总有一天他们会碰着这被生理决定的饥饿线。土地既已尽了它的力,挤也挤不出更多的粮食来。喂不饱的人,不能不自私一点,为自己的胃打算要紧。贫乏的物资下,为了生存,掠夺和抢劫,成了唯一的出路。掠夺和抢劫要力量,这力量却因为无法用来向土地去争物资,只有用来去剥削别人了。这是人类的悲剧,在这悲剧里不事生产的力量发生了生存和享受的决定作用。有了匪徒,保镖也来了,这样把剥削的特性注入了权力。窃钩者诛,窃国者侯。合法非法,原是一套。暴力也好,权力也好,都成了非生产力量获取别人生产结果的凭借。"从权力到财富"——那是桑巴特给中世纪经济的公式。

四、现代：从财富去争取权力

贪污是这时代的经常官务。被剥削的人民恨官吏，但是他们并不恨贪污，恨的是为什么别人有此机会而自己没有。他们所企求的是有一天可以"取而代之"。在这种文化里谁诅咒过贪污本身？草台戏开场是《跳加官》，接着是《抬元宝》，连城隍爷都喜欢这种联结。权力和财富是不能分的，这是土地封锁线内的逻辑。

官吏变成公仆，衙门变成政府，是中古变成现代，农业变成工业的契机。西洋的历史写得很明白，工业开了一条从生产事业积累财富的大道，形成了一个拥有财力的资产阶级。这个阶级是现代化的前锋，他们拿钱出来逐步赎回握在权力阶级手里的特权。他们的口号："没有投票，不付租税。"这样财富控制了权力，产生了现代政治。

五、自土中拔出　建立新的文化

中国一身还是埋在土地里，只透出了一双眼睛和一张嘴。你看国家的收入还不是靠田赋？民间的收入还不是靠农产？即使有人不直接拖泥带水的下田劳作，但有多少人不直接或间接靠土地生活？我们还在土地的封锁线内徘徊。

眼睛是透出了地面，看见了人生是可以享受的；眼红了。他觉得知足常乐是多可笑和土气？他露在地面上的嘴学会了现代社会的口味和名词。口味是摩登的，名词是时髦的。可是从肩到脚却还埋在土里！

若是我说："把头也埋下去罢"，这是不可能的。可是生活和文化是一套一套的，生活在土里，文化就该土气。土气的文化确是令人不顺眼，但是你得全身从土里拔出来啊。现在这种半身入土的情形是会拖死人的。享受、浪费、挥霍视为应当了，而自己并不能生产给自己享受、浪费、挥霍的物资。于是"从权力去得到财富"的需要更加重了。传统文化中对贪污既没有道德的制裁，于是在享受的引诱下，升官发财怎会不变本加厉？从这官僚机构集中得来的财富，无底地向物资的来源运送。这个贫血的国家哪里还有资本去打破土地的封锁线，建立现代工业呢？齐肩的躯体深深地陷在土里，拔出来的希望也愈来愈少。

自拔，新文化的建立，似乎是件困难的事；但是除了自拔，只有死亡。我们现在正在向死亡的路上跑，那是事实。

1946 年 6 月 20 日于昆明

（原载《现代文丛》第 1 卷第 2 期，1946 年 6 月）

华北大学

第一篇 儒家与儒教

儒家文化三讲

1937—1946

1937—1946

1900—1950

罗庸：儒家的根本精神

一个民族的文化，必有其根本精神，否则这个民族便无法存在和延续。中国民族，两千多年以来，虽然经过许多文化上的变迁，但大体上是以儒家的精神为主。所以，中国民族的根本精神，便是儒家的根本精神。

儒家的根本精神，只有一个字，那就是"仁"。《说文解字》说："仁，相人偶也。从二人。"这个字在西周和春秋初年，还没人特别提出来当作为学做人的标目。到了孔子，才提出来教弟子。所以《论语》一部书里，弟子问仁的话特别多，孔子许多不同的答话，对仁的义蕴，也发挥得最透澈。仁就是孔子的全人格，两千多年以来，中国民族共同的蕲向，也便是这仁的实践。

《论语》里记孔子论仁的话，最简单扼要的莫如答颜渊的一句："克己复礼为仁。"克己就是克去一己之私，复礼就是恢复天理之公。因为人性本善，人格本全，只为一己的私欲所蔽，陷于偏小而不自知，便有许多恶行出现。有志好学之士，欲求恢复此本有之仁，便须时时刻刻做克己复礼的功夫。及至己私克尽，天理流行，自己的本然，也就是人心之所同然，自己的全体大用，也就是宇宙的全体大用。则天下不期同而自同，不期合而自合，所以说："一曰克己复礼，天下归仁焉，为仁由己，而由人乎哉！"

但这为仁的功夫，只在日常的视听言动之中，并非在生活之外，别有所事。所以颜渊请问其目，孔子答他："非礼勿视，非礼勿听，非礼勿言，非礼勿动。"因为"闲邪存诚"，是克己的根本功夫；学而时习之，也便是实习此事。到了大段纯熟绵密，便可以"无终食之间违仁，造次必于是，颠沛必于是"，达于君子的境界了。颜渊在孔门是最纯粹的，所以孔子称赞他："好学，不迁怒，不贰过。""其心三月不违仁。""吾见其进，未见其止。"其实颜渊的得力处，只是让一息不懈地做收敛向里的功夫。这才真是"学问之道无他，求其放心而已矣"了。

克己的功夫，第一在寡欲，《孟子》"养心莫善于寡欲"一章，说得最亲切。因为一切的欲，都是由躯壳起念。心为物累，便会沾滞私小，计较打量，患得患失，无所不至，毁坏了自强不息的刚健之德。所以孔子批评申枨，说："枨也欲，焉得刚？"又说："刚毅木讷近仁。"盖不为物累，便能洒脱摆落，活泼新鲜，使生命成为天理之流行，与宇宙同其悠久。所以曾子说："士不可以不弘毅，任重而道远，仁以为己任，不亦重乎？死而后已，不亦远乎？"

能克去外诱之私，便能深根宁极，卓尔有立，所以木有似于仁。孔子称赞颜渊，说："吾与回言终日，不违如愚；退而省其私，亦足以发，回也不愚。"盖心不外驰，自然有此气象。孔子和左丘明都是讨厌"巧言令色足恭"的，就因为他"鲜仁"，所以仁者必讷。司马牛问仁，子曰："仁者其言也。"曰："其言也，斯谓之仁矣乎？"子曰："为之难，言之得无乎？"因为仁是由力行得来的，所谓先难而后获，所以君子"先行其言，而后从之"，到此才知一切言语，都是浮华了。

克己的最后境界是无我。《论语》说："子绝四：毋意，毋必，毋固，毋我。"意是揣量，必是武断，固是固执，都是意识所行境界中的妄念，因为私欲作主，便尔执持不舍，攀缘转深，把一个活泼无碍的生命，弄得触处成障，而其总根源都由于有我。因为我是因人而有的，人我对立，便是自己浑全之体的割裂，缩小，割裂缩小，便是不仁。所以克己不但要克去外诱之私，而且要克去意念的妄执；不但要克去意念的妄执，而且要克去人我共起的分别见。到了用力之久，而一旦豁然贯通，则大用现前，人我双泯，体用不二，天理流行，这才真是复礼，真是得仁了。

孟子教人在怵惕恻隐之发见处识仁，因为仁以感为体，他是寂然不动、感而遂通的。寂然不动便是静虚，感而遂通便是动直。内外无隔，有感斯应，如水就下，如箭在弦，所以仁者必有勇，仁者必敏。静虚之极至于无我，则死生得失不介于怀。动直之极至于自他不二，则不达于得仁不止。所以君子无求生以害仁，有杀身以成仁，是极从容自然的事。到此境界，只有内省不疚，是唯一大事，此外都无忧惧，心境自然坦荡平愉了。

无忧无惧，便是知命乐天，孔、颜乐处在此。到此境界，岂但富贵不能淫，贫贱不能移，威武不能屈；直是素位而行，无入而不自得，圣人之从容中道盖如此。然究其极，亦只是做到了尽心率性,并非于人生本分外有所增加,极高明亦不过道中庸而已。

这便是儒家的根本精神。我民族二千年来涵濡于这精神之中,养成了一种大国民的风度。那便是寡欲知足、自强不息、爱人如己、敏事慎言的美德。我民族所以出生入死,百折不回,屹然立于不败之地,全靠了这一副哲人精神为其自信力。发扬这一种精神,便成为全人类共同的信念,是我民族的责任,应该当仁不让的。

1942 年 5 月 13 日昆明广播电台讲
(原载《国文月刊》第 21 期,1943 年 4 月)

傅斯年：论孔子学说所以适应于秦汉以来的社会的缘故

一

孟真兄：

弟有一疑难问题，乞兄一决：

在《论语》上看，孔子只是旧文化的继续者，而非新时代的开创者。但秦汉以后是一新时代，何以孔子竟成了这个时代的中心人物？

用唯物史观来看孔子的学说，他的思想乃是封建社会的产物。秦汉以下不是封建社会了，何以他的学说竟会支配得这样长久？

商鞅、赵武灵王、李斯一辈人，都是新时代的开创者，何以他们造成了新时代之后，反而成为新时代中的众矢之的？

弟觉得对于此问题，除非作下列的解释才行：

孔子不是完全为旧文化的继续者，多少含些新时代的理想，经他的弟子们的宣传，他遂甚适应于新时代的要求。

商鞅们创造的新时代，因为太与旧社会相冲突，使民众不能安定，故汉代调和二者而立国。汉的国家不能脱脑封建社会的气息，故孔子之道不会失败。汉后二千年，社会不曾改变，故孔子之道会得传衍得这样长久。

兄觉得这样解释对吗？请批评，愈详细愈好。

弟　颉刚

十五、十一、十八

二

颉刚兄：

18日信到，甚喜。

你提出的这个问题，我对于这个问题本身有讨论。你问："在《论语》上看……何以孔子成了这个时代的中心人物？"我想，我们看历史上的事，甚不可遇事为它求一理性的因，因为许多事实的产生，但有一个"历史的积因"，不必有一个理性的因。即如佛教在南北朝隋唐时在中国大行，岂是谓佛教恰合于当年社会？岂是谓从唯物史观看来，佛教恰当于这时兴盛于中国？实在不过中国当年社会中人感觉人生之艰苦太大（这种感觉何时不然，不过有时特别大），而中国当年已有之迷信与理性不足以安慰之，有物从外来，谁先谁立根基，不论它是佛、是袄、是摩尼、是景教，先来居势，并不尽由于佛特别适于中国。且佛之不适于中国固有历史，远比景教等大。那种空桑之教，无处不和中国人传统思想相反。然而竟能大行，想是因为这种迷信先别种迷信而来，宣传这种迷信比宣传别种迷信的人多，遂至于居上。人们只是要一种"有说作"的迷信，从不暇细问这迷信的细节。耶稣教西行，想也是一个道理。我们很不能说那萨特的耶稣一线最适宜于庞大而颓唐的罗马帝国，实在那时罗马帝国的人们但要一种"有说作"的迷信以安慰其苦倦，而恰有那萨特的耶稣一线奋斗的最力，遂至于接受。我常想，假如耶稣教东来到中国，佛教西去欧洲，未必不一般的流行，或者更少困难些。因为佛教在精神上到底是个印度日耳曼人的出产品，而希伯来传训中，宗法社会思想之重，颇类中国也（*此等事在别处当详说*）。

我说这一篇旁边话，只是想比喻儒家和汉以来的社会，不必有"银丁扣"的合拍。只要儒家道理中有几个成分和汉以来的社会中主要部分有相用的关系，同时儒家的东西有其说，而又有人传，别家的东西没有这多说，也没有这多人传，就可以几世后儒家统一了中等阶级的人文。儒家尽可以有若干质素甚不合于汉朝的物事，但汉朝找不到一个更有力的适宜者，儒家遂立足了。一旦立足之后，想它失位，除非社会有大变动，小变动它是能以无形的变迁而适应的。从汉武帝到清亡，儒家无形的变动甚多，但社会的变化究不曾变到使它四方都倒之势。它之能维持二千年，不见得是它有力量维持二千年，恐怕是由于别家没有力量举出一个 alternative（*别家没有这个机会*）。

儒家到了汉朝统一中国，想是因为历史上一层一层积累到势必如此，不见得能求到一个汉朝与儒家直接相对的理性的对当。

这恐怕牵到看历史事实的一个逻辑问题。

说孔子于旧文化之成就，精密外，更有何等开创，实找不出证据。把《论语》来看，孔子之人物可分为四条。

（一）孔子是个入世的人，因此受若干楚人的侮辱。

（二）孔子的国际政治思想，只是一个霸道，全不是孟子所谓王道，理想人物即是齐桓、管仲。但这种浅义，甚合孔子的时代（此条长信已说）。

（三）孔子的国内政治思想，自然是"强公室，杜私门"主义。如果孔子有甚新物事贡献，想就是这个了。这自然是甚合战国时代的。但孔子之所谓正名，颇是偏于恢复故来的整齐（至少是他所想象的故来），而战国时之名法家则是另一种新势力之发展。且战国时之名法家，多三晋人，甚少称道孔子，每每讥儒家。或者孔子这思想竟不是战国时这种思想之泉源。但这种思想，究竟我们以见之于孔子者为最早。

（四）孔子真是一个最上流十足的鲁人。这恐怕是孔子成为后来中心人物之真原因了。鲁国在春秋时代，一般的中产阶级文化，必然是比那一国都高，所以鲁国的风气，是向四方面发展的。齐之"一变至于鲁"。在汉朝已是大成就，当时的六艺，是齐鲁共之的。这个鲁化到齐从何时开始，我们已不可得而知，但战国时的淳于髡、邹衍等，已算是齐采色的儒家。鲁化到三晋，我们知道最早的有子夏与魏文侯的故事。中央的几国是孔子自己"宣传"所到，他的孙子是在卫的。荀卿的思想，一面是鲁国儒家的正传，一面三晋的采色那么浓厚。鲁化到楚，也是很早的。陈良总是比孟子前一两辈的人，他已经是北学于中国了。屈原的时代，在战国不甚迟，《离骚》一部书，即令是他死后恋伤他的人之作，想也不至于甚后。

而这篇里"上称帝喾，下道齐桓，中述汤武，远及尧舜"四端中，三端显是自鲁来的。又《庄子·天下》篇，自然不是一篇很早的文，但以他所称与不称的人比列一下子，总也不能甚迟，至迟当是荀卿、吕不韦前一辈的人。且这文也看不出是鲁国人做的痕迹。这篇文于儒家以外，都是以人为单位，而于邹鲁独为一 collective 之论，这里边没有一句称孔子的话，而有一大节发挥以邹鲁为文宗。大约当时人谈人文者仰邹鲁，而邹鲁之中以孔子为最大的闻人。孔子之成后来中心人物。想必是凭藉鲁国。

《论语》上使我们显然看出孔子是个吸收当时文化最深的人。大约记得的前言往行甚多，而于音乐特别有了解，有手段。他不必有甚么特别新贡献，只要鲁国没有比他更大的闻人，他已经可以凭藉着为中心人物了。

鲁国的儒化有两个特别的彩色：

（一）儒化最好文饰，也最长于文饰。抱着若干真假的故事，若干真假的故器，务皮毛者必采用。所以好名高的世主，总采儒家，自魏文侯以至汉武帝。而真有世间阅历的人，都不大看得起儒家，如汉之高宣。

（二）比上项更有关系的，是儒家的道德观念，纯是一个宗法社会的理性发展。中国始终没有脱离了宗法社会。世界上自有历史以来，也只有一小部分的希腊及近代欧洲，脱离了宗法社会。虽罗马也未脱离的。印度日耳曼民族中，所以能有一小部分脱离宗法社会的原故，想是由于这些民族的一个最特别的风俗是重女子（张骞的大发明）。因为女子在家庭中有力量，所以至少在平民阶级中，成小家庭的状态，而宗法因以废弛。中国的社会，始终以家为单位。三晋的思想家每每只承认君权，但宗法社会在中国的中等阶级以上，是难得消失的，这种自完其说的宗法伦理渐渐传布，也许即是鲁国文化得上风的由来。

本来宗法社会也但是一个有产阶级的社会，在奴婢及无产业人从来谈不到宗法。宗法的伦理必先严父，这实于入战国以来专制政治之发达未尝不合。那样变法的秦伯，偏谥为孝公。秦始皇统一后，第一举即是到峄山下，聚诸儒而议礼。迨议论不成，然后一人游幸起来。后来至于焚书坑儒，恐俱非其本心。秦王是个最好功喜名的人，儒家之文饰，自甚合他的本味。试看峄山刻石，特提"孝道显明"，而会稽刻石，"匡饬异俗"之言曰，"有子而嫁，倍死不贞，防隔内外，禁止淫佚，男女絜诚，夫为寄豭，杀之无罪，男秉义程，妻为逃嫁，子不得母"。看他这样以鲁俗匡饬越俗的宗旨，秦国的宗法伦理，在上流社会上是不会堕的。故始皇必以清议而纳母归。孝之一字必在世家方有意义，所以当时孝字即等于decency，甚至如刘邦一类下等流氓，亦必被人称为大孝，而汉朝皇帝无一不以孝为谥。暴发户学世家，不得不如此耳。有这个社会情形，则鲁儒宗之伦理传布，因得其凭藉。

封建一个名词之下，有甚多不同的含义。西周的封建，是开国殖民，所以封建是谓一种特殊的社会组织。西汉的封建是割裂郡县，所以这时所谓封建但是一地理上之名词而已。宗周或以灭国而封建，如殷、唐等；或以拓新土而封建，如江汉。其能封建稍久的，在内则公室贵族平民间相影响成一种社会的组织。其中多含人民的组织。人民之于君上，以方域小而觉亲，以接触近而觉密。试看《国风》那时人民对于那时公室的兴味何其密切。那时一诸侯之民，便是他的战卒，但却不即是他的俘虏。这种社会是养成的。后来兼并愈大，愈不使其下层人民多组织（因为如此最不便于虏使）。其人民对于其公室之兴味，愈来愈小。其为政者必使其人民如一团散沙，然后可以为治。如秦始皇之迁天下豪杰于咸阳，即破除人民的组织最显明的事。封建社会之灭，由于十二国七国之兼并，秦只是把六国灭了罢了。封建的社会制早已亡，不待秦。

中国之由春秋时代的"家国"演进为战国时代的"基于征服之义"之国，是使中国人可以有政治的大组织，免于匈奴、鲜卑之灭亡我们的；同时也是使中国的政治永不能细而好的。因为从战国秦的局面，再一变，只能变到中央亚细亚大帝国之局面，想变到欧洲政治之局面是一经离开封建制以后不可能的。（从蒙古灭宋后，中国的国家，已经成了中央亚细亚大帝国之局面了。唐宋的政治虽腐败，比起明清来，到底多点"民气"。）

在汉初年，假如南粤赵氏多传一百年，吴濞传国能到宣元时，或者粤吴重新得些封建社会的组织。但国既那末大，又是经过一番郡县之后，这般想是甚不自然的。汉初封建只是刘家家略，刘邦们想如此可以使姓刘的长久，遂割郡县以为国。这是于社会的组织上甚不相涉的。顶多能够恢复到战国的七雄，决不能恢复到成周春秋之封建。封建之为一种社会的组织，是在战国废的，不是在秦废的。汉未尝试着恢复这社会的组织，也正不能。

我觉得秦国之有所改变，只是顺当年七国的一般趋势，不特不曾孤意的特为改变，而且比起六国来反为保守。六国在战国时以经济之发展，侈靡而失其初年军国之精神（特别是三晋），秦国则立意保存，从孝公直到秦皇。

汉初一意承秦之续，不见得有一点"调和二者"的痕迹。这层汉儒是很觉得的。太史公把汉看得和秦一般，直到王莽时，扬雄剧秦美新，亦只是剧汉美新耳。东汉的儒家，方才觉得汉不是秦。

儒家虽由汉武室为国教，但儒家的政治理想，始终未完全实现。东汉晚年礼刑之辩，实是春秋理想与战国理想之争，鲁国理想与三晋理想之争。鲁国以国小而文化久，在战国时也未曾大脱春秋时封建气。儒家的理想，总是以为国家小应只管政刑，还要有些社会政策。养生送死，乃至仪节。三晋思想总是以为这都非国家所能为，所应为，国家但执柄。其弊是儒家从不能有一种超予ethics的客观思想，而三晋思想家所立的抽象的机作，亦始终不可见，但成君王之督责独裁而已。

近代最代表纯正儒家思想者，如顾亭林，其《封建十论》，何尝与柳子厚所论者为一件事？柳子厚的问题是：封建（即裂土，非成俗）于帝室之保全，国内之秩序为便呢，或是但是郡县？亭林的问题是：封建（即成俗，非裂土）能安民或者郡县？亭林答案，以为"郡县之弊其弊在上"，必层层设监，愈不胜其监。刺史本是行官，旋即代太守；巡按本是行官，旋即代布政，愈防愈腐，以人民之中未有督责也。

中国离封建之局（社会的意义），遂不得更有欧洲政治的局面，此义我深信深持，惜此信中不能更详写下。

商鞅、赵武灵王、李斯实在不是一辈人。商鞅不是一个理想家，也不是一个专看到将来的人。他所行的法，大略可以分做四格：（一）见到晋国霸业时之军国办法，以此风训练秦国；（二）使警察成人民生活的习惯；（三）抑止财富的势力侵到军国。此亦是鉴予晋之颓唐；（四）使法令绝对的实行。商君到底是个三晋人。自孝公以来秦所以盛，我试为此公式"以戎秦之粗质，取三晋之严文"。

商鞅这种变法，是与后来儒家的变成法家，如王莽、王安石等，绝然不同的。

赵武灵王不曾变法，只是想使人民戎俗而好战，以便开拓胡地中山，并以并秦。他是一个甚浪漫的人。但不见得有制度思想。

李斯的把戏中，真正太多荀卿的思想。荀卿所最痛言的"壹天下建国家之权称"，李斯实现之。他的事作与商君的事作甚不类。商君是成俗，李斯是定权衡。

这些人不见得在当时即为"众矢之的"。我们现在读战国的历史，只能靠一部《史记》。《战国策》已佚，今存当是后人辑本（吴汝纶此说甚是），而这部《史记》恰恰是一部儒家思想的人做的。商君的人格，想也是很有力量而超越平凡的。看他答公孙痤之言，何其有见识而有担当。且后来一靠孝公，不为私谋，秦国终有些为他诉冤的人。即令有人攻击他，也必是攻击他的私人，不闻以他之法为众矢之的。至于李斯，后人比忠者每称之。《史记》上有一个破绽"人皆以斯极忠而被五刑死。察其本，乃与俗议之异。不然，斯之功且与周召列矣"。可见子长时人尚皆称许李斯，非子长一人在《史记》上作翻案文章耳。子长最痛恨公孙弘，最看不起卫、霍一流暴发户，最不谓然的是好大喜功，故结果成了一部于汉武帝过不去的谤书。他这"一家之言"，我们要留神的。陈涉造反，尚用扶苏的名义，可见当时蒙将军之死，必是世人歌泣的一件事。蒙氏有大功，而被大刑，不合太史公的脾胃，把他一笔抹杀，这岂能代表当年的舆论哉？如果《史记》有好处，必是它的"先黄老而后六经，退处士而进奸雄，羡货利而羞贱贫"。但头一句尚是它的老子的好处，他的儒家思想之重，但这书但成"一家之言"。假若现在尚有当年民间的著述，必另是一番议论。我们现在切不可从这不充足的材料中抽结论。

到了后世甚远，儒家思想、儒家记载，专利了。当年民间真正的舆论，就不见了。

宋前，曹操在民间的名誉不坏；从宋起，儒家思想普及民间，而曹公变为"众矢之的"。当年何曾是如此的？

以上一气写下，一时想到者，意实未尽也。

弟　斯年
十五、十一、廿八

三

颉刚兄：

兄弟六信提出一事，弟于上次信叙了我的意思很多。我现在补说下列几句：

中国社会的变迁，在春秋战国之交，而不在秦。七国制、秦制、汉制，都差不多。其得失存亡。在政而不在制。

商鞅一般人不见得在当时受恶名。我又举下列两事：（一）李斯上书，举商君以为客之益秦之例；（二）公孙衍、张仪，孟子的学生大称之，大约是当时时论，而遭了孟子大顿骂。孟子是儒家，不见得能代表当时时论。

有一人颇有一部分像商君者，即吴起。在其能制法明令以强国。而吴起所得罪的人，也正是商君所得罪的，即是当时的贵族。大约战国初年的趋势，是以削贵族的法子强国。

弟　斯年

十五、十二、七

（原载《国立第一中山大学语言历史学研究所周刊》第 1 集第 6 期，1927 年 12 月）

1916—2009

任继愈：儒家与儒教

儒这个称号不自孔子始。孔子以前社会上已有一批帮助贵族办丧事或帮助贵族执行相礼以谋生的人，这些人靠专门的知识混饭吃。孔子开始也是靠儒来谋生的，但是他比当时的儒博学，有政治主张，并参与当时的一些政治活动。（如《论语》中记载，孔子告诫他的弟子，"汝为君子儒，无为小人儒"。）孔子开创的儒家是一个学术团体，又是政治团体。由于孔子一生为恢复周代的奴隶制而奔波，他的主张与历史发展方向背道而驰，所以他的活动没有成功，遭到社会和时代的冷遇。社会发展表明，孔子当时所极力主张的事物，后来都被历史所淘汰了；孔子当时极力反对的事物，后来都得到了发展、壮大。历史实践表明孔子是个反历史潮流的人物，他的思想是保守的，他的学说在当时所起的作用也是保守的。春秋时期是奴隶制崩溃、封建制形成的过渡时期。（这个问题在中国学术界有几派的说法，并没有一致的意见。大体上可分为四种说法。我主张春秋时期奴隶制向封建制过渡，战国时封建制确立。）孔子的社会地位并不十分显赫，他的学说也没有得到广泛的重视。孔子晚年不得已退而著书，整理典籍。他又是一个博学的学者、历史家、教育家，对古典文化的整理保存有贡献。孔子一生活动最大的成功处，就是他教育了不少有才干的学生，先后共计达三千人之多。(这个数目后来的人没有提出过怀疑,可能接近真实。在社会大变革时,士这一阶层的人数逐渐扩大,后来战国中期以后,好几个国家的贵族和孟尝君、平原君、春申君,养士风气盛行,甚至一个贵族同时养士二三千人,孔子时代虽较早,一生共收纳弟子三千人,是可能的。)由于孔子的门徒多,势力大,他们又大部掌握文化知识,与被雇佣只会给贵族打仗守卫的武士不同,影响也较大。战国时期,儒家已成为社会上的显学,只有墨家这一派可以与之相抗衡,并先后分为八派。(《韩非子·显学》称儒分为八,与墨家并称显学。这八派是:有子张之儒,子思之儒,有颜氏之儒,有孟氏之儒,有漆雕氏之儒,有仲良氏之儒,有孙氏之儒,有乐正氏之儒。)这些不同的派别各有哪些特点,现在不可详考。从哲学的观点来划分,主要有两派,一派是唯心主义的孟子学派,另一派是唯物主义的荀子学派。

战国时期,各国已走着共同的道路,即由分散割据封建国家,走向统一的中央集权的封建国家。各阶级和阶层都为自己的利益而斗争。反映在思想上,即百家争鸣。百家争鸣的实质,即对当时面临行将统一的中央集权封建国家采取什么态度,由哪个阶级和阶层来执行这一历史任务。墨家代表"农与工肆之人"的利益,反对儒家亲亲的宗法制度,儒家骂墨家是"无父"。法家代表军功贵族和官僚阶层的利益,反对孝悌仁义,主张绝对君权的官僚制度。儒家虽然分为八派,有唯心主义和唯物主义的重大区别,但他们对封建制的宗法、等级制度,孟子和荀子没有两样。孟子主张"父子有亲,君臣有义,夫妇有别,长幼有序,朋友有信"(《滕文公上》)。

其中最重要的是孝悌,"尧舜之道孝弟而已矣"(《告子下》)。以孝道为中心的宗法伦理思想是这种社会政治结构的指导思想。孟子还认为这种社会伦理观念是天赋的本性,从而构造了他的性善说。荀子与孟子处在理论尖锐对立的地位,但他在社会伦理上也主张社会离不开孝悌、忠信、仁义等道德规范。主张维护君臣、上下的等级制。他一再强调维持这封建宗法等级制的必要性,他认为要用人为的手段,即教化的灌输,而不相信这些道德出于人的本性。这是他的性恶论的结论。其他儒家介乎孟、荀之间,其封建伦理思想则是一致的。正因为这一点有它的一致性,所以虽分为八派,毕竟还是儒家。

孔子这个奴隶主的保守派,后来成了封建社会的圣人,这是不难理解的。因为奴隶制和封建制都是贵族等级制,西周以来宗法制度被保留下来。孔子的孝悌忠信的规范略加改造,即可用于封建制。

秦汉统一是中国社会历史上的一大变革。这个变革基本上奠定了中国封建王朝两千多年的格局——即中央集权的封建统一王朝是中国封建社会被中华民族所接受并认为这是正常的状态。遇到暂时的分裂割据政治局面出现,则认为是天下分崩不正常的乱世,一定把它纠正过来,才算拨乱反正,天下大治。

政治的统一,必然伴随着思想上的统一,这是历史所要求的,也是经中外历史所证明了的。秦汉统一后,封建统治者经历了七十多年的探索,终于找到了,也可以说建成了思想统一的精神工具,即儒家。我们要特别指出的是,这时的儒家已不同于先秦时期作为一个学派参与百家争鸣的儒家,而是封建大一统的王权与神权紧密结合的儒家。这个儒家尊奉的代表人物是孔子。但这已不同于先秦时期被人们重视的学者,同时又被人们嘲笑、讽刺、打击的失意政客,而是具有高度尊严的教主。孔子既是高贵的素王,又是任人摆布的偶像,他成了神和人的复合体。封建统治者的意志,无不需要加上孔子的经典中的一言半句来支撑,才显得有权威。

奴隶制社会在欧洲发展得比较完备而典型,欧洲的封建社会则不如中国的完备而典型。中国封建社会的生产力在世界封建社会的历史上发展得很充分。作为统治这个社会的封建地主阶级不断总结统治经验,不断完善它的上层建筑,使它形成一个相当完整的体系,包括哲学、宗教、文学、艺术、法律……各个方面。

西汉和东汉统治者为了进一步巩固中央集权,他们把王权与神权进一步合流,为王权神授制造理论根据。但他们又小心翼翼地使神权限制在王权之下,而不允许平起平坐,更不用说教权凌驾王权之上了。

中国封建统治者,由于和农民起义打交道的经验多(*中国农民起义规模大、次数多,为世界历史所仅见*),他们更懂得自觉地利用宗教来麻痹人民的反抗意志。因此汉代开始采用儒家的经典为政治、法律的措施进行说明。汉武帝时,张汤决狱,要从《春秋》中找根据,其实是捕风捉影,与《春秋》没有关系。东汉以皇帝名义召开的白虎观的会议,更是用政权来推行神权,用神权维护政权的典型例子。这时的儒家的地位已经与先秦的儒家相去更远,孔子地位被抬得更高了。

汉代儒家，先是按照地上王国的模型塑造了天上王国，然后又用天上王国的神意来对地上王国的一切措施发指示。这就是汉代从董仲舒到白虎观会议的神学目的论的实质。天为阳、为君、为父、为夫；地为阴、为臣、为子、为妇。天地自然界的秩序被说成像地上汉王朝那样的社会秩序。自然界也被赋予封建伦理道德的属性。虽然没有西方上帝造人类那样的创世说，但也有类似的地方。儒家定于一尊，儒家的经典成为宗教、哲学、政治、法律、道德、社会生活、家庭生活以及风俗习惯的理论依据。哲学及所有科学虽不像欧洲中世纪那样都成为神学的婢女，但成了"六经"的脚注，则是事实。非圣等于犯法。所谓圣的标准，则不能离开儒家所规定的范围。东汉末年的黄巾大起义，动摇了汉王朝的政治统治基础。王权与神权紧密配合的汉王朝崩溃，代之而起的是分散割据的地方封建势力。政治上出现了三国分立的局面。三国时，商业交换基本停止。停止铸造货币，经济上出现了更典型的自然经济。思想上以王权、神权相结合的儒家正统思想神学目的论也受到致命的冲击。这时已出现了魏晋玄学，在民间和社会上层相继出现佛教、道教。这时，我国北方、南方少数民族也纷纷起来反抗汉族的政治压迫，起来造反。他们有时是被卖的奴隶，后来起义成功，建立了王朝。（如刘聪、石勒等人北方民族的起义。）他们首先冲击的是孔子儒家内中华而外夷狄的思想。他们信奉佛教。汉族农民则信奉道教。五斗米道，太平道在农民中间广泛流行。

由于中国广大地区已具有高度的封建经济、政治和文化，少数民族掌权以后，也由奴隶制社会很快被带进了封建社会。封建社会的统治和被统治的关系,也很快被接受。具有中国特点的封建宗法专制主义也还得被重视。因为这一套统治人民的经验行之有效,而这一套封建伦理道德规范在儒家有深远传统。当然,起决定作用的是中国封建的经济结构和社会结构。中国封建社会的宗法制度是与中国封建社会相终始的,"三纲"、"五常"被儒家说成为万古不变的规范。说"万世不变",这是古人的局限性,因为古人不知道封建社会以外还有其他生产方式。仅就中国的情况而论,说它是封建社会"万世不变"的秩序也未尝不可。

在魏晋南北朝时期,佛教、道教广泛流行,儒家失去独尊的地位,但统治者并未抛弃它,它仍然是封建思想的正统,梁武帝崇奉佛教,但梁武帝的《敕下答神灭论》(《敕答臣下神灭论》)的主导思想仍是儒教而不是佛教。当时的统治者用佛、道为儒教的补充,三者并用,或交替使用。三教之间有斗争,有妥协,也互相吸收。既然封建宗法制度未变,维护封建宗法制度的伦理纲常就不会被抛弃,"三纲"、"五常"的秩序非维持不可。因此,佛教、道教既然为这个制度服务,它也要适应封建宗法制度的要求,才能得到地主阶级的支持。农民不是先进的生产关系的体现者。农民的思想随着生产资料、政治权利的被剥夺,也被迫接受统治阶级的王权神授、天命决定论,也被封建宗法制度所束缚。佛教"五戒十善",采用的善恶道德标准仍然不能超出三纲五常的规定范围,否则为十恶不赦。封建地主以造反为罪大恶极,无父无君也是佛教公认的构成入地狱受精神惩罚的罪行。难怪宋文帝发自肺腑地说佛教虽主张出世,但有助于王化。魏晋玄学否定了神学目的论,但未对儒家的宗法制度、三纲五常触动一根毫毛。当时名教与自然的争论，反映了玄学家们如何对待三纲五常的根本态度。不论哪一派，都不敢说不要名教。玄学最大的代表人物如王弼，还是认为孔子比老子高明。〔裴徽问弼曰："夫无者，诚万物之所资也，然圣人莫肯致言，而老子申之无已者何？"正弼回答说："圣人体无，无又不可以训，故不说也。"（何劭《王弼传》引）〕

由于政治上南北的分裂割据，中国历史这一时期从另一方面有所发展。北方和南方在各自的统治范围内有相对安定的政治局面，于是北方和南方各民族在经济、文化的交流中有了进一步的融合。许多落后的氏族部落和奴隶制初期的少数兄弟民族之间，不断交往、了解、通婚、学习，很快赶上来进入封建社会，这就给以后隋唐建立的多民族繁荣昌盛的封建统一王朝准备了条件。

隋唐时期由于封建经济的进一步繁荣、发展，对世界经济文化交流有过贡献。经济、政治的繁荣发展也带动了哲学、宗教的繁荣发展。南北朝时期分裂割据的影响逐步泯除。佛教结束了南北朝长期分裂的局面，形成了统一的各宗各派；道教也混合南北，形成了统一的唐代道教。佛教、道教各自发展自己的寺院经济和宗派传法世系。儒家的经学也兼采南北经学流派，形成具有唐代特点的经学。儒、释、道三家鼎立，都得到封建王朝的大力支持。〔唐大足元年（701），武则天当政时，已明白宣示，三教有共同的任务。并令人撰写《三教珠英》（《唐会要》卷三六）。〕三家服务的对象却是一家。〔文宗诞日，召秘书监白居易、安国寺沙门义林、上清宫道士杨弘元入麟德殿内道场谈论三教。居易对语中有谓"儒门释教虽名数则有异同，约义立宗，彼此亦无差别，所谓同出而异名，殊途而同归也"（《白氏长庆集》卷六七）。] 朝廷遇有大典，经常让三教中的代表人物在殿上公开宣讲。儒家讲儒家的经典，佛教、道教也各自讲各自的经典，时称儒、释、道三教。[元魏、后周、隋世多召名行广学僧与儒、道对论，悦视王道。唐高宗召贾公彦于御前与道士、沙门讲说经义。德宗诞日，御麟德殿，命许孟容等登座与释老之徒讲论。贞元十二年四月诞日，御麟德殿。诏给事中徐岱，兵部郎中赵需及许孟容、韦渠牟与道士葛参成、沙门谈筵等等二十人讲论三教。文宗九月诞日召白居易与僧惟澄、道士赵常盈于麟德殿谈论。居易论难锋起，辞辩泉注，上疑宿构，深嗟揖之（《僧史略》卷下）。] 儒、释、道所讲论的内容，也逐渐由互相诋毁而变成互相补充。由政府明令禁止道教攻击佛教和佛教攻击道教的文字宣传。唐初朝廷举行公开仪式中，有时规定佛教徒在先，有时规定道教徒在先，中唐以后规定佛、道两教徒齐行并进，不分先后。儒家对佛、道有所攻击，主要说他们不生产、不当兵、不纳税、不负担政府的义务，不符合中国传统的风俗习惯等等。

封建地主阶级的总头目唐朝的皇帝，把三教都看作宗教，而三教的信徒们也自居为宗教。佛教、道教是宗教自然不成问题。宗教都主张有一个精神世界或称为天国、西方净土；宗教都有教主、教义、教规、经典，随着宗教发展形成教派。在宗教内部还会产生横逸旁出的邪说，谓之"异端"。这种状况，佛教、道教都具备。儒家则不讲出世，不主张有一个来世的天国。这是人们通常指出的儒家不同于宗教的根据。

但是我们应当指出，宗教所宣扬的彼岸世界，只是人世间的幻想和歪曲的反映。有些宗教把彼岸世界说成是一种精神境界。在中国的历史上，隋唐以后的佛教、道教，都有这种倾向。以影响最大的禅宗为例，禅宗宣称"菩提只向心觅，何劳向外求玄？听说依此修行，西方只在眼前"（《坛经》）。禅宗主张极乐世界不在彼岸而在此岸，不在现实生活之外，就在现实生活之中，所谓出家、解脱，并不意味着离开这个世界到另一个西天。在当前日常生活之中，只要接受了宗教的世界观，当前的尘世就是西天，每一个接受佛教宗教观的众生即是佛，佛不在尘世之外，而在尘世之中。

这种观点给中国的佛教带来了独特的面貌，它也使中国的儒家逐渐成为具有中国特点的宗教——儒教。

从汉武帝独尊儒术起，儒家已具有宗教雏形。但是，宗教的某些特征，尚有待于完善。经历了隋唐佛教、道教的不断交融，互相影响，又加上封建帝王的有意识地推动，三教合一的条件已经成熟，以儒家封建伦理为中心，吸取了佛教、道教一些宗教修行方法，宋明理学的建立，标志着中国儒教的完成。它信奉的是"天地君亲师"，把封建宗法制度与出世的宗教世界观有机地结合起来。其中君亲是中国封建宗法制的核心。天是君权神授的神学依据，地作为天的陪衬，师是代天地君亲立言的神职人员，拥有最高的解释权，正如佛教奉佛、法、僧为三宝，离开了僧，佛与法就无从传播。宋朝理学兴起的时候，恰恰是释道两教衰弱的时候。佛教，为什么衰微了？因为儒教成功地吸收了佛教。为什么中国没有像欧洲中世纪那样宗教独霸绝对权威？因为中国中世纪宗教独霸的支配力量是儒教。

宗教世界观要求人们过着禁欲的生活，物质欲望是罪恶之源。安于贫困、以贫为乐的人，才算道德高尚、人品卓越。宋明理学所普遍关心并反复辩明的几个中心问题有"定性"问题、义理之性与气质之性的问题、孔颜乐处问题、主敬与主静问题、存天理去人欲问题、理一分殊问题、致良知问题等等。这些问题虽以哲学的面貌出现，却具有中世纪经院神学的实质和修养方法。

程颢的《定性书》被宋明理学家公认为经典性的权威著作。这种"定性"与佛教禅宗的宗教修养方法一脉相承，所谓"动亦定，静亦定，无将迎，无内外"（程颢：《定性书》），即是禅宗的"运水搬柴，无非妙道"。把人性区别为义理之性与气质之性，人欲又是挟气质以具来的罪恶。实质上是宗教的原罪观念。程颐的《颜子所好何学论》是一篇典型的宗教修养方法论，是一篇宗教禁欲主义的宣言书。张载的《西铭》也是一篇歌颂"天地君亲师"的儒教宣言，他认为人生的一切遭遇天地早安排定了，享受富贵福泽是天地对你的关怀，遭受贫贱忧戚，是天地对你的考验。天地与君亲本是一家人。二程教人主敬，程颐终日"端坐如泥塑人"，"存天理，去人欲"更是一切唯心主义理学家全力以赴的修养目标。他们所谓"天理"，无非是封建宗法制度所允许的行为准则，内容不出"三纲"、"五常"这些儒教教条。儒教除了有一般宗教的共同性，又有它的特点。孔子被奉为教主，具有半人半神的地位。它追求的精神境界更偏重于封建道德修养，巩固宗法制度。比如儒教孝道除了伦理义外，还有宗教性质（见《孝经》）。儒教没有入教的仪式，没有明确的教徒数目,但在中国社会的各阶层都有大量信徒。儒教的信奉者绝不限于读书识字的文化人,不识字的渔人、樵夫、农民都逃不脱儒教的无形控制。专横的族权,高压的夫权,普遍存在的家长统治,简直像毒雾一样,弥漫于每一个家庭,每一个社会角落。它简直像天罗地网,使人无法摆脱。

宋明理学体系的建立,也就是中国的儒教的完成,它中间经过了漫长的过程。宗教的教主是孔子,其教义和崇奉的对象为"天地君亲师",其宗教组织即中央的国学及地方的州学、府学、县学,学官即儒教的专职神职人员。僧侣主义、禁欲主义、蒙昧主义,注重心内反省的宗教修养方法,敌视科学、轻视生产,这些中世纪经院哲学所具备的落后东西,儒教(唯心主义理学)也应有尽有。在内部也有个别思想家力图摆脱枷锁、正视现实,提出唯物主义观点的思想家,如宋代的陈亮,明代的王廷相,清代的王夫之、颜元、戴震等人都在不同的领域对儒教的某一方面的问题有所抨击(他们给"人欲"以合法的地位,主张唯物论,反对唯心论,这都不符合儒教的原则),他们可称为儒教的异端。这些进步的思想家,都自称得到孔子的正统真传,假借孔子、孟子的衣冠来扮演革新的角色。他们对孔子这样的教主则不敢怀疑。明代的李贽曾提出过不以孔子之是非为是非,这是他敢于突破藩篱的地方。但他竭力抨击那些口诵圣人之言,败坏封建纲常的假道学,他提倡忠孝仁义,维持封建宗法制,他是爱护这个制度的孤臣孽子。他对佛教五体投地。他是儒教异端,而不是反封建的英雄。

儒教限制了新思想的萌芽,限制了中国的生产技术、科学发明。明以后中国科技成就在世界行列中开始从先进趋于落后。造成这种落后，主要原因在于中国的资本主义没有得到发展的机会，而儒教体系的完善和它对人们探索精神的窒息，也使得科学的步伐迟滞。上层建筑对它的基础绝不是漠不关心的，它要积极维护其基础。中国封建社会特别顽固，儒教的作梗应当是原因之一。

自从五四运动开始提出"打倒孔家店"的口号，当时进步的革新派指出孔子是中国保守势力的精神支柱，必须"打倒孔家店"，中国才能得救。当时人们还不懂得历史地看待历史人物和历史事件，形而上学比较严重，认为好就全好，坏就全坏。由于他们不善于探索事物发展的规律，因而把春秋时期从事政治活动和教育文化事业的孔子和汉以后历代封建统治者抬出来作为教主的孔子混为一谈。孔子只能对他自己的行动承担他的历史功过，孔子无法对后世塑造的儒教教主的偶像负责。作为一个博学的学者、伟大的教育家、政治思想家，先秦儒家流派的创始人，孔子是打不倒的，历史事实不容抹掉，而且也是抹不掉的。孔子这个人在历史上的功过，现在学术界还没有一致的意见，这是一个学术争论的问题，不可能短期取得一致的意见。

儒教的形成曾经历了上千年的过程，孔子的学说共经历了两次大的改造。第一次改造在汉代。它是由汉武帝支持，由董仲舒推行的，这就是中国历史上所谓"罢黜百家，独尊儒术"（这个看法是否成立，还有待于进一步探讨。有人不承认宋明理学是宗教，不承认董仲舒的天人感应的神学目的论是宗教，认为儒家有功，因为它抵制了宗教，事实上它本身就是一种宗教）的措施。汉代大一统的中央集权封建宗法专制国家需要一套意识形态和它紧密配合的宗教、哲学体系。孔子被推到了前台，董仲舒、《白虎通》借孔子的口，宣传适合汉代统治者要求的宗教思想。第二次改造在宋代。宋统治者集团利用机会从唐末五代分散割据的混乱局面中捞到了政权。他们鉴于前朝覆亡的教训，把政治、军事、财政、用人的权力全部集中到中央，宋朝对外可以退让，对内则强化中央集权的封建宗法专制制度，思想文化领域里也要有与它相适应的意识形态相配合。汉唐与宋明都是中央集权的封建宗法专制制度的国家，但中央权力却是越来越集中，思想文化方面的统治方法也越来越周密。为了适应宋朝统治者的需要，产生了宋明理学，即儒教。儒家的第二次改造，虽说从宋代开始，追溯上去，可以溯到唐代。韩愈推重《大学》，用儒教的道统代替佛教的法统。李翱用《中庸》来对抗佛教的宗教神秘主义。到宋代朱熹则把《论语》、《孟子》、《大学》、《中庸》定为"四书"，用一生精力为它作注解。朱熹的《四书集注》被历代封建统治者定为全国通用的教科书。"四书"从"十三经"中突出出来，受到特殊的重视。

朱熹制造了一个庞大的儒教体系，佛教禅宗曾把僧侣变成俗人，以求得与封建宗法制度配合；儒教则把俗人变成僧侣，进一步把宗教社会化，使宗教生活，僧侣主义渗透到每一个家庭。有人认为中国不同于欧洲，没有专横独断的宗教；我们应当看到中国有自己的独特的宗教，它的宗教势力表面上比欧洲松散，而它的宗教势力影响的深度和广度、控制群众的牢固性更甚于欧洲中世纪的教会。欧洲中世纪设有异教裁判所。中国的儒教不用火烧，不用肉刑，它"以理杀人"。被儒教残害的群众，连一点呻吟的权利也被剥夺干净，丝毫同情、怜悯也得不到。千百年来，千千万万男男女女无声无息地被儒教的"天理"判了死刑，"视人之饥寒号呼，男女哀怨，以至垂死冀生，无非人欲"（戴震:《孟子字义疏证》）。"杀人如草不闻声"。精神的镣铐比物质的镣铐不知道严酷多少倍。

董仲舒对孔子的改造，已经使孔子的面目不同于春秋时期的孔丘。汉代中国封建社会正在上升时期，统一的封建王朝继秦朝以后，富有生命力、配合当时的政治要求而形成的儒教虽有其保守的一方面，但它有积极因素。宋朝以后，中国的封建社会已进入后期，有几次资本主义萌芽都不幸没有得到正常发展的机会。宋明封建王朝的统治者推动儒教的发展，朱熹对孔子的改造，与孔子本人的思想面貌相去更远。如果说汉代第一次对孔子的改造，其积极作用大于消极作用，那末宋代第二次对孔子的改造，其消极作用则是主要的，儒教的建立标志着儒家的消亡，这是两笔账，不能混在一起。说孔子必须打倒，这是不对的；如果说儒教应当废除，这是应该的，它已成为阻碍我国现代化的极大思想障碍。

（原载中国哲学编辑部编:《中国哲学》第3辑，生活·读书·新知三联书店1980年版）

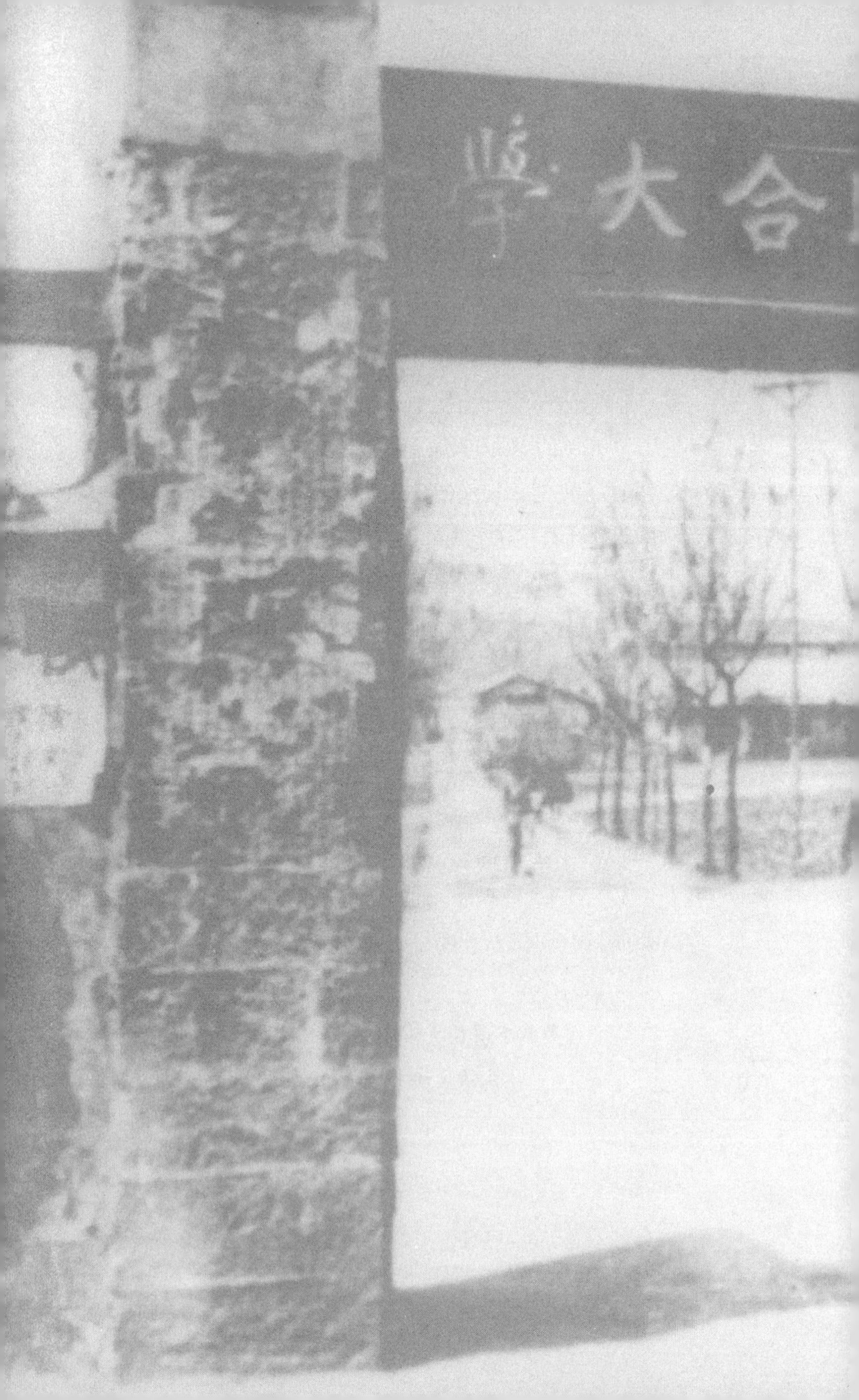
合大学

第三篇 道家与道教
道家文化四讲

1937—1946

1895—1990

冯友兰：老子哲学

一、道德

　　古代所谓天，乃主宰之天。孔子因之，墨子提倡之。至孟子则所谓天已非主宰之天，而为义理之天。然孟子所谓之天，仍含有道德的唯心的意义。特不以之为主持道德律之有人格的上帝耳。《老子》则直谓"天地不仁"，不但取消其道德的意义，且取消其唯心的意义，古时所谓道，均谓人道，至老子乃予道以形上学上的意义。以为天地万物之生，必有其所以生之原理，此原理名之曰道。故《韩非子·解老》云"道者万物之所以成也"。《老子》云：

　　有物混成，先天地生，寂兮寥兮，独立而不改，周行而不殆，可以为天下母。吾不知其名，字之曰道，强为之名曰大。（二十五章）

　　又云：

　　大道泛兮其可左右，万物恃之而生而不辞，功成不名有，衣养万物而不为主。（三十四章）

道之作用，并非有意志的。只是自然如此。故曰："人法地，地法天，天法道，道法自然。"（二十五章）

道即万物所以如此之原理，道之作用，亦即万物之作用。但万物所以能成万物，亦即由于道，故曰："道常无为而无不为。"（三十七章）

由此而言，道乃一抽象的观念，与天地万物之为具体的事物者不同。具体的事物，可名曰有；道非具体的事物，只可谓为无。所以《老子》说："道生一，一生二，二生三，三生万物。"（四十二章）又说："天地万物生于有，有生于无。"（四十章）

道即是无。不过此"无"乃对于具体事物之"有"而言，非即是零。道乃天地万物所以然之原理，岂可谓为等于零之"无"？《老子》曰：

道之为物，惟恍惟惚，惚兮恍兮，其中有象，恍兮惚兮，其中有物。窈兮冥兮，其中有精，其精甚真，其中有信。（二十一章）

恍惚言其非具体事物之有。"有象"、"有物"、"有精"，言其非等于零之无。第十四章"无状之状，无物之象"，王弼注云："欲言无耶，而物由以成，欲言有耶，而不见其形。"即此意。

道为天地万物之所以然之原理，非具体的事物，故难以指具体的事物，或形容具体的事物之名，指之或形容之。盖凡名皆有限制及决定之力。谓此物为此，则即决定其是此而非彼。而道"则周行不殆"，在此亦在彼，是此亦是彼也。故曰："道常无名。"（三十二

章）又曰："道隐无名。"（四十一章）又曰："道可道，非常道，名可名，非常名，无名天地之始，有名万物之母。"（一章）

道本不可以名名之，"字之曰道"，亦强字之而已。

道为天地万物所以然之原理，德为一物所以然之原理。《老子》曰："孔德之容，惟道是从。"（二十一章）又曰："道生之，德畜之，物形之，势成之。是以万物莫不尊道而贵德。道之尊，德之贵，夫莫之命而常自然。"（五十一章）

《管子·心术》上云："德者道之舍，物得以生，生得以职道之精。故德者，得也，其谓所得以然也。以无为之谓道，舍之之谓德。故道之与德无间，故言之者无别也。"此解说道与德之关系，其言极精。由此而言，则德即物之所得于道而以成其物者。《老子》所云"道生之，德畜之"。其意中道与德之关系，似亦如此。特未能以极清楚确定的话说出耳。"物形之，势成之"者，吕吉甫云："及其为物，则特形之而已。……已有形矣，则裸者不得不裸，鳞介羽毛者，不得不鳞介羽毛，以至于幼壮老死，不得不幼壮老死，皆其势之必然也。"物固势之所成，即道德之作用，亦是自然的。故曰："道之尊，德之贵，夫莫之命而常自然。"

二、对于事物之观察

老子以为宇宙间事物之变化，于其中可发现通则。凡通则皆可谓之为"常"。常有普遍永久之义，故道曰常道。所谓："道可道，非常道。"（一章）

自常道内出之德，名曰常德。所谓："常德不忒，复归于无

极……常德乃足,复归于朴。"(二十八章)

言道之不可形容,则曰:"道常无名。"(三十二章)

言道之功用,则曰:"道常无为而无不为。"(三十七章)

言道德之尊贵,则曰:"夫莫之命而常自然。"(五十一章)

至于人事中可发现之通则,则如:

取天下常以无事。(四十八章)

民之从事,常于几成而败之。(六十四章)

常有司杀者杀。(七十四章)

天道无亲,常与善人。(七十九章)

凡此皆为通则,永久如此。吾人贵能知通则,能知通则为"明"。《老子》曰:

夫物芸芸,各复归其根。归根曰静,是谓复命。复命曰常,知常曰明。(十六章)

《老子》中数言"知常曰明",可知明之可贵。"知常"即依之而行,则谓之"袭明"。马夷初云"袭,习古通"(《老子核诂》)。

所谓:"是以圣人常善救人,故无弃人,常善救物,故无弃物。是谓袭明。"(二十七章)

或谓为习常,所谓:"见小曰明,守柔曰强……无遗身殃,是为习常。"(五十二章)

若吾人不知宇宙间事物变化之通则，而任意作为，则必有不利之结果，所谓："不知常，妄作，凶。"（十六章）

事物变化之一最大通则，即一事物若发达至于极点，则必一变而为其反面。此即所谓"反"，所谓"复"。《老子》云："反者道之动。"（四十章）又云："大曰逝，逝曰远，远曰反。"（二十五章）又云："万物并作，吾以观复。"（十六章）

唯"反"为道之动，故"祸兮福之所倚，福兮祸之所伏"，"正复为奇，善复为妖"（五十八章）。唯其如此，故"曲则全，枉则直，洼则盈，敝则新，少则得，多则惑"（二十二章）。唯其如此，故"飘风不终朝，骤雨不终日"。唯其如此，故"以道佐人主者，不以兵强天下，其事好还"。唯其如此，故"天之道其犹张弓欤，高者抑之，下者举之。有余者损之，不足者补之"（七十七章）。唯其如此，故"天下之至柔，驰骋天下之至坚"（四十三章）。"天下莫柔弱于水，而攻坚强者莫之能胜"（七十八章）。唯其如此，故"物或损之而益，或益之而损"（四十二章）。凡此皆事物变化自然之通则，《老子》特发现而叙述之，并非故为奇论异说。而一般人视之，则以为非常可怪之论。故曰"正言若反"（七十八章），故曰"玄德深矣远矣，与物反矣。乃至于大顺"（六十五章）。故"下士闻道大笑之，不笑不足以为道"（四十一章）。

三、处世之方

事物变化既有上述之通则，则"知常曰明"之人，处世接物，必有一定的方法。大要吾人若欲如何，必先居于此如何之反面。南

辕正所以取道北辙。故

将欲歙之，必固张之；将欲弱之，必固强之；将欲废之，必固兴之；将欲夺之，必固与之。（三十六章）
甚爱必大费，多藏必厚亡。（四十四章）

此非《老子》之尚阴谋，老子不过叙述事实耳。反之则将欲张之，必固歙之，将欲强之，必固弱之。故

圣人后其身而身先，外其身而身存，非以其无私耶，故能成其私。（七章）
不自见故明，不自是故彰，不自伐故有功，不自矜故长，夫惟不争，故天下莫能与之争。（二十二章）
以其终不自为大，故能成其大。（三十四章又六十三章）
贵以贱为本，高以下为基，是以侯王自谓孤寡不谷。（三十九章）
大国以下小国，则取小国，小国以下大国，则取大国。（六十一章）
是以欲上民，必以言下之；欲先民必以身后之……以其不争，故天下莫能与之争。（六十六章）
慈故能勇，俭故能广，不敢为天下先，故能成器长。（六十七章）
夫唯病病，是以不病。（七十一章）

凡此皆"知常曰明"之人所以自处之道也。一事物发展至极点，必变为其反面。其能维持其发展而不致变为其反面者，则其中必先包含其反面之分子，使其发展永不能至极点也。故

明道若昧，进道若退，夷道若纇，上德若谷，大白若辱，广德若不足，建德若偷，质真若渝，大方无隅……（四十一章）

大成若缺，其用不弊，大盈若冲，其用不穷，大直若屈，大巧若拙，大辩若讷。（四十五章）

"知常曰明"之人，知事物真相之如此，故"知其雄，守其雌，为天下谿。……知其白，守其黑，为天下式。……知其荣，守其辱，为天下谷。"（二十八章）总之"圣人去甚，去奢，去泰"（二十九章）。

其所以如此，盖恐事物之发展。若"泰"、"甚"，则将变为其反面也，故曰："持而盈之，不如其已。揣而锐之，不可常保。金玉满堂，莫之能守，富贵而骄，自遗其咎，功遂身退，天之道也。"（九章）又曰："保此道者不欲盈。夫惟不盈，故能敝而新成。"（十五章）

四、政治及社会哲学

上述物极则反之通则，无论在何方面，皆是如此。如五色本以悦目，而其极能"令人目盲"。五音本以悦耳，而其极能"令人耳聋"（见十二章）。本此推之，则社会上政治上诸制度，往往皆是以

生相反之结果。故曰："天下多忌讳，而民弥贫。人多利器，国家滋昏。人多伎巧，奇物滋起。法令滋彰，盗贼多有。"（五十七章）

法令本所以防盗贼，然法令滋彰，盗贼反而多有。又如人之治天下，本欲以有所为，然以有为求有所为，则反不足以有所为，故曰："天下神器不可为也；为者败之，执者失之。"（二十九章）又曰："天下之难治，以其上之有为，是以难治。"（七十五章）

又如民之求生，太过者往往适足以求死。故曰："人之生，动之死地，亦十有三，夫何故？以其生生之厚。"（五十章）又曰："益生曰祥。"（五十五章）又曰："民之轻死，以其上求生之厚，是以轻死。"（七十五章）

故圣人之治天下，注重于取消一切致乱之源，法令仁义，皆排除之；以无为为之，以不治治之；无为反无不为，不治反无不治矣。故曰："我无为而民自化，我好静而民自正，我无事而民自富，我无欲而民自朴。"（五十七章）

圣人之养生，亦以不养养之，故曰："夫惟无以生为者，是贤于贵生。"（七十五章）

"人法地，地法天，天法道，道法自然"，是人亦法自然。以上所说，亦与人法自然之理相合也。

然人在天地间，若欲维持生活，亦不可无相当之制作。殆不可使其达于极点而生反面之结果耳。故曰：

朴散则为器，圣人用之，则为官长。（二十八章）

始制有名，名亦既有，夫亦将知止，知止可以不殆。（三十二章）

就宇宙之发生言,则道为无名,具体的万物为有名,所谓"无名天地之始,有名万物之母"也。就社会之进化言,则社会原始为无名,所谓"朴"也;制作为有名,所谓"朴散则为器,圣人用之,则为官长"也。"名亦既有",唯"知止可以不殆",即不使制作太多而生反面之结果也。

五、欲及知

《老子》以为人生而有欲,欲占人生中一重要地位。人之有欲无欲,相当宇宙间之有名无名,故曰"常无欲以观其妙,常有欲以观其徼"。"妙"即"无名天地之始"之状况,"徼"即"有名万物之母"之状况也。有欲,又设种种方法以满足其欲,然满足欲之方法愈多,欲愈不能满足,而人亦愈受其害,所谓"益生曰祥","物或益之而损"也。故与其设种种方法以满足欲,不如在根本上寡欲。欲愈寡即愈易满足,而人亦愈受其利,所谓"物或损之而益","夫惟无以生为者,是贤于贵生"也。寡欲之法,在于减少欲之对象,故《老子》曰:

不尚贤使民不争,不贵难得之货,使民不为盗,不见可欲,使民心不乱。是以圣人之治,虚其心,实其腹,弱其志,强其骨,常使民无知无欲。(三章)

又云:

绝圣弃智，民利百倍，绝仁弃义，民复孝慈。绝巧弃利，盗贼无有。此三者以为文不足，故令有所属，见素抱朴，少私寡欲。（十九章）

又曰：

化而欲作，吾将镇之以无名之朴。镇之以无名之朴，夫将不欲，不欲以静，天下将自定。（三十七章）

三章及三十七章皆言无欲，然无欲实即寡欲。盖《老子》之意，仍欲使民"实其腹"，"强其骨"。人苟非如佛家之根本绝灭人生，即不能绝对无欲也。故即在《老子》之理想社会中，尚须"甘其食，美其服，安其居，乐其俗"，则其民非绝对无欲明矣。《老子》之意，只使人"去甚，去奢，去泰"，其所谓如此者，盖：

知足不辱，知止不殆，可以长久。（四十四章）

罪莫大于可欲，祸莫大于不知足，咎莫大于欲得，故知足之足常足也。（四十六章）

老子曰："治人事天莫若啬。"（五十九章）
寡欲亦即啬也。
为寡欲故，《老子》亦反对知识，盖（一）知识自身本即一欲之对象。（二）知识能使吾人多知欲之对象，因而能使吾人"不知足"。(三)知识能助吾人努力以得欲之对象,因而能使吾人"不知止"。所谓"为学日益"(四十八章)也。《老子》云:"智慧出,有大伪。"(十八章)又曰:"民之难治以其智多,故以智治国,国之贼,不以智治国,国之福。"(六十五章)

唯"不以智治国,国之福",故"绝圣弃智,民利百倍"。"绝学无忧"(二十章)。

老子曰:"是以圣人欲不欲,不贵难得之货;学不学,复众之所过。"(六十四章)

"欲不欲"即欲达到无欲或寡欲之地步,即以"不欲"为欲也。"学不学"即欲达到无知之地步,即以"不学"为学也。以学为学,乃众人之过。以不学为学,乃圣人之教也。

六、理想的人格及理想的社会

婴儿之知识欲望皆极简单,故《老子》言及有修养之人,常以婴儿比之。如云:"我独泊兮其未兆,沌沌兮,如婴儿之未孩。"(二十章)又曰:"常德不离,复归于婴儿。"(二十八章)又曰:"专气致柔,能婴儿乎?"(十章)又曰:"含德之厚,比于赤子。"(五十五章)

圣人治天下,亦欲使天下人皆如婴儿,故曰:

圣人在天下,歙歙焉为天下浑其心。百姓皆注其耳目,圣人皆孩之。(四十九章)

《老子》又以愚形容有修养之人，盖愚人之知识欲望亦极简单也。故曰：

我愚人之心也哉；沌沌兮，俗人昭昭，我独昏昏，俗人察察，我独闷闷；澹兮其若海，飂兮若无止；众人皆有以，而我独顽且鄙。（二十章）

圣人治天下，亦欲使天下人皆能如此，故曰：

古之善为道者，非以明民，将以愚之。（六十五章）

"不以智治国"，即欲以"愚"民也。"为道日损"，"知"与"欲"皆"损之又损以至于无为"（四十八章），则理想的社会，即可成立矣。老子云：

小国寡民；使有什伯之器而不用。使民重死而不远徙。虽有舟舆，无所乘之。虽有甲兵，无所陈之。使民复结绳而用之。甘其食，美其服，安其居，乐其俗。邻国相望，鸡犬之声相闻。民至老死不相往来。（八十章）

此即老子之理想的社会也。

（原载《清华周刊》第32卷第4期，1929年11月）

胡适：庄子哲学浅释（节选）

1891—1962

上章所述的进化论，散见于《庄子》各篇中。我们虽不能确定这是庄周的学说，却可推知庄周当时大概颇受了这种学说的影响。依我个人看来，庄周的名学和人生哲学，都与这种完全天然的进化论很有关系。如今且把这两项分别陈说如下。

（一）庄子的名学。庄子曾与惠施往来。惠施曾说："万物毕同毕异，此之谓大同异。"但是惠施虽知道万物毕同毕异，他却最爱和人辩论，终身无穷。庄周既和惠施来往，定然知道这种辩论。况且那时儒墨之争正烈，自然有许多激烈的辩论。庄周是一个旁观的人，见了这种争论，觉得两边都有是有非；都有长处，也都有短处。所以他说：

道恶乎隐而有真伪？言恶乎隐而有是非？道恶乎往而不存？言恶乎存而不可？道隐于小成。言隐于荣华。故有儒墨之是非，以是其所非，而非其所是。

（《齐物论》）

"小成"是一部分不完全的，"荣华"是表面上的浮词。因为所见不远，不能见真理的全体；又因为语言往往有许多不能免的障碍陷阱，以致儒墨两家，各是其是，而非他人所是；各非其非，而是他人所非。其实都错了。所以庄子又说："辩也者有不见也。"（《齐物论》）又说：

大知闲闲。（简文云，广博之貌。）小知间间。（《释文》云，有所闲别也。）大言淡淡。（李颐云，同是非也。今本皆作炎炎。《释文》云，李作淡。今从之。）小言詹詹。（李云，小辨之貌。）（同上）

因为所见有偏，故有争论。争论既起，越争越激烈，偏见便更深了。偏见越争越深了，如何分得出是非真伪来呢？所以说：

既使我与若辩矣。若胜我，我不若胜，若果是也，我果非也耶？我胜若，若不我胜，我果是也，而果非也耶？其或是也，或非也耶？其俱是也，其俱非也耶？我与若不能相知，则人固受其黮暗，吾谁使正之？使同乎若者正之，既与若同矣，恶能正之？使同乎我者正之，既同乎我矣，恶能正之？使异乎我与若者正之，既异乎我与若矣，恶能正之？使同乎我与若者正之，既同乎我与若矣，恶能正之？然则我与若，与人，俱不能相知也，而待彼也耶？（同上）

这种完全的怀疑主义,和墨家的名学,恰成反对。《墨辩·经上》说:

辩,争彼也。辩胜,当也。《经说》曰,辩,或谓之牛,[或]谓之非牛。是争彼也。是不俱当。不俱当,必或不当。

《经下》说:

谓辩无胜,必不当。说在辩。《经说》曰,谓,非谓同也,则异也。同,则或谓之狗,其或谓之犬也。异,则[马]或谓之牛,牛或谓之马也。俱无胜,是不辩也。辩也者,或谓之是,或谓之非,当也者胜也。

辩胜便是当,当的终必胜,这是墨家名学的精神。庄子却大不以为然。他说,你就是胜了我,难道你便是真是了,我便真不是了吗?墨家因为深信辩论可以定是非,故造出许多论证的方法,遂为中国古代名学史放一大光彩。庄子因为不信辩论可以定是非,所以他的名学的第一步,只是破坏的怀疑主义。

但是庄子的名学,却也有建设的方面。他说因为人有偏蔽不见之处,所以争论不休。若能把事理见得完全透彻了,便不用争论了。但是如何才能见到事理之全呢?庄子说:

欲是其所非而非其所是，则莫若以明。(《齐物论》)

"以明"是以彼明此，以此明彼。郭象注说："欲明无是无非，则莫若还以儒墨反复相明。反复相明，则所是者非是，而所非者非非。非非则无非，非是则无是。"庄子接着说：

物无非彼，物无非是。自彼则不见，自知则知之。故曰，彼出于是，是亦因彼。彼是方生之说也。虽然，方生方死，方死方生。方可方不可，方不可方可。因是因非，因非因是。是以圣人不由而照之于天，亦因是也。是亦彼也，彼亦是也。彼亦一是非，此亦一是非。果且有彼是乎哉？果且无彼是乎哉？

这一段文字，极为重要。庄子名学的精义，全在于此。彼即是"非是"。是与非是，表面上是极端相反对的。其实这两项是互相成的。若没有"是"，更何处有"非是"？因为有"是"，才有"非是"。因为有"非是"，所以才有"是"。故说："彼出于是，是亦因彼。"《秋水》篇说：

以差观之，因其所大而大之，则万物莫不大；因其所小而小之，则万物莫不小。知天地之为稊米也，知毫末之为丘山也，则差数睹矣。

以功观之，因其所有而有之，则万物莫不有；因其所无而无之，则万物莫不无。知东西之相反而不可以相无，则功分定矣。

以趣观之，因其所然而然之，则万物莫不然；因其所非而非之，则万物莫不非。知尧桀之自然而相非，则趣操睹矣。

东西相反而不可相无，尧桀之自是而相非，即是"彼出于是，是亦因彼"的明例。东里面便含有西，是里面便含有非是。东西相反而不可相无，彼是相反而实相生相成。所以《齐物论》接着说：

彼是莫得其偶，谓之道枢。（郭注，偶，对也。彼是相对，而圣人两顺之。故无心者与物冥，而未尝有对于天下。）枢始得其环中，以应无穷。是亦一无穷，非亦一无穷也。故曰，莫若以明。

这种议论含有一个真理。天下的是非，本来不是永远不变的。世上无不变的事物，也无不变之是非。古代用人为牺牲，以祭神求福，今人便以为野蛮了。古人用生人殉葬，今人也以为野蛮了。古人以蓄奴婢为常事，如今文明国都废除了。百余年前，中国士夫喜男色，如袁枚的《李郎曲》，说来津津有味，毫不以为怪事。如今也废去了。西方古代也尚男色，哲学大家柏拉图于所著《一席话》（*Symposium*）也畅谈此事，不以为怪。如今西洋久已公认此事为野蛮陋俗了。这都是显而易见之事。又如古人言"君臣之义无所逃于天地之间"，又说"不可一日无君"，如今便有大多数人不认这话了。又如古人有的说人性是善的，有的说是恶的，有的说是无善无恶可善可恶的。究竟谁是谁非呢？……举这几条，以表天下的是非也随时势变迁，也有进化退化。这便是庄子"是亦一无穷，非亦一无穷"的真义。《秋水》篇说：

昔者尧舜让而帝，之哙让而绝。汤武争而王，白公争而灭。由此观之，争让之礼，尧桀之行，贵贱有时，未可以为常也。……故曰："盖师是而无非，师治而无乱乎？"是未明天地之理万物之情者也。……帝王殊禅，三代殊继。差其时，逆其俗者，谓之篡夫。当其时，顺其俗者，谓之义之徒。

这一段说是非善恶，随时势变化，说得最明白。如今的人，只是不明此理，所以生在20世纪，却要去摹仿四千年的尧舜，更有些人，教育20世纪的儿童，却要他们去学做二三千年前的圣贤！这个变迁进化的道德观念和是非观念，有些和德国的海智尔相似。海智尔说人世的真伪是非，有一种一定的进化次序。先有人说这是甲，后有人说这是非甲。两人于是争论起来了。到了后来，有人说这个也不是甲，也不是非甲。这个是乙。这乙便是甲与非甲的精华，便是集甲与非甲之大成。过了一个时代，又有人出来说，这是非乙，于是乙与非乙又争起来了。后来又有人采集乙与非乙的精华，说这是丙。海智尔以为思想的进化，都是如此。今用图表示如下：

（1）这是甲　　　（2）这是非甲

（3）这是乙　　（4）这是非乙

（5）这是丙　　（6）这是非丙

（7）这是丁

这就是庄子说的："彼出于是，是亦因彼。……是亦彼也，彼亦是也。……彼亦一是非，此亦一是非。……是亦一无穷，非亦一无穷也。"

以上所说，意在指点出庄子名学的一段真理。但是庄子自己把这学说推到极端，便生出不良的效果。他以为是非既由于偏见，我们又如何能知自己所见不偏呢？他说：

庸讵知吾所谓"知"之非"不知"耶？庸讵知吾所谓"不知"之非"知"耶？（《齐物论》）

吾生也有涯，而知也无涯。以有涯随无涯，殆已。（《养生主》）

计人之所知，不若其所不知。其生之时，不若其未生之时。以其至小，求穷其至大之域，是故迷乱而不能自得也。（《秋水》）

是亦一无穷，非亦一无穷。我们有限的知识，如何能断定是非？倒不如安分守己，听其自然罢。所以说：

可乎可，不可乎不可。道行之而成，物谓之而然。恶乎然？然于然。恶乎不然？不然于不然。物固有所然，物固有所可，无物不然，无物不可。故为是举莛与楹（司马彪云，莛，屋梁也。楹，屋柱也。故郭注云,夫莛横而楹纵),厉与西施,恢恑憰怪,道通为一。其分也,成也。其成也,毁也。凡物无成与毁,复通为一。唯达者知通为一,为是不用而寓诸庸。庸也者,用也。用也者,通也。通也者,得也。适得而几矣。因是已。(《齐物论》)

这种理想,都由把种种变化,都看作天道的运行。所以说,"道行之而成,物谓之而然"。既然都是天道,自然无论善恶好丑,都有一个天道的作用。不过我们知识不够,不能处处都懂得是什么作用罢了。"物固有所然,物固有所可。无物不然,无物不可"四句,是说无论什么,都有存在的道理。既然如此,世上种种的区别:纵横、善恶、美丑、分合、成毁……都是无用的区别了。既然一切区别都归无用,又何必去计较呢?又何必要维新革命呢?庄子因为能达观一切,所以不反对固有的社会。所以要"不谴是非以与世俗处"。他说:"惟达者知通为一,为是不用而寓诸庸。"庸即是庸言庸行之庸,是世俗所通行通用的。所以说:"庸也者,用也。用也者,通也。通也者,得也。"既为世俗所通用,自然与世俗相投相得。所以又说:"适得而几矣,因是已。"因即是"仍旧贯",即是依违混同,不肯出奇立异。正如上篇所引的话,"物之生也,若驰若骤,无动而不变,无时而不移。何为乎?何不为乎?夫固将自化"。万物如此,是非善恶也是如此,何须人力去改革呢?所以说:

与其誉尧而非桀也，不如两忘而化其道。(《大宗师》)

这种极端的达观主义，便是极端的守旧主义。

（二）庄子的人生哲学。上文我说庄子的名学的结果，便已侵入人生哲学的范围了。庄子的人生哲学也是一个达观主义。达观本有多种区别。上文所说，乃是对于是非的达观。庄子对于人生一切寿夭、生死、祸福，也一概达观。一概归到命定。这种达观主义的根据，都在他的天道观念。试看上篇所引的话：

化其万物，而不知其禅之者，焉知其所终？焉知其所始？正而待之而已耳。

因为他把一切变化都看作天道的运行，又把天道看得太神妙不可思议了，所以他觉得这区区的我，那有作主的地位。他说：

庸讵知吾所谓"天"之非"人"乎？所谓"人"之非"天"乎？

那《大宗师》篇中说子舆有病，子祀问他："女恶之乎？"子舆答道：

亡。予何恶？浸假而化予之左臂以为鸡，予因以求时夜。浸假而化予之右臂以为弹,予因以求鸮炙。浸假而化予之尻以为轮,以神为马,予因而乘之,岂更驾哉?……且夫物之不胜天久矣,吾又何恶焉?

后来子来又有病了,子犁去看他。子来说:

父母于子,东西南北,唯命是从。阴阳于人,不翅于父母。彼近吾死而我不听,我则悍矣,彼何罪焉?夫大块载我以形,劳我以生,佚我以老,息我以死。故善吾生者,乃所以善吾死也。今大冶铸金,金踊跃曰,"我且必为镆铘!"大冶必以为不祥之金。今一犯人之形,而曰,"人耳!人耳!"夫造化者必以为不祥之人。今一以天地为大炉,以造化为大冶,恶乎往而不可哉?

又说子桑临终时,说道:

吾思夫使我至此极者,而弗得也。父母岂欲我贫哉?天无私覆,地无私载,天地岂私贫我哉?求其为之者而不得也。然而至此极者,命也夫!

这几段,把"命"写得真是《大宗师》篇所说"物之所不得遁"。既然不得遁逃,何如乐天安命?所以又说:

古之真人，不知说生，不知恶死。其出不䜣，其入不距。翛然而往，翛然而来而已矣。不忘其所始，不求其所终。受而喜之，忘而复之。是之谓不以心捐（一本作捐，一本作㨒）道，不以人助天。是之谓真人。

这就是《天下》篇所说"独与天地精神往来……上与造物者游，而下与外死生无终始者为友"。这种达观主义其实只是极端的定命主义。

（三）出世主义。我在上篇说过，庄子的哲学，只是一个出世主义。他虽与世俗处，却不管世上的是非、善恶、得失、祸福、生死、喜怒。一切只是达观。一切只要正而待之。这便是出世主义。虽在人世，却只和不在人世一样。眼光见地，处处总要超出"形骸之外"。所以《人间世》和《德充符》两篇所说的那些支离疏、兀者王骀、兀者申徒嘉、兀者叔山无趾、哀骀它、闉跂支离无脣、瓮㼜大瘿，或是天生，或由人刑，都是极其丑恶残废的人，却都能自己忘其残丑。别人也便忘其残丑，和他们往来，爱敬他们。这都由于他们能超出"形骸之外"。处世的道理，只是如此。《德充符》篇说：

自其异者视之，肝胆楚越也。自其同者视之，万物皆一也。（此即惠施"小同而与大同异，……万物毕同毕异"之旨也。）……物视其所一，而不见其所丧。视丧其足，犹遗土也。

《养生主》篇说庖丁解牛的秘诀，只是"依乎天理因其固然"八个字。庄子的人生哲学，也只是这八个字。所以老聃死时，秦失说：

适来，夫子时也。适去，夫子顺也。安时而处顺，哀乐不能入也。(《养生主》)

《人间世》篇又说蘧伯玉教人处世之道，说：

彼且为婴儿，亦与之为婴儿。彼且为无町畦，亦与之为无町畦。彼且为无崖，亦与之为无崖。达之入于无疵。

这种出世主义，只是要人安时而处顺，与人无忤，与世无争。

（原载《东方杂志》第 15 卷第 11、12 号，1918 年 11、12 月）

闻一多：道教的精神

1899—1946

自东汉以来，中国历史上一直流行着一种实质是巫术的宗教，但它却有极卓越的、精深的老庄一派的思想做它理论的根据，并奉老子为其祖师，所以能自称为道教。后人爱护老庄的，便说道教与道家实质上全无关系，道教生生的拉着道家思想来做自己的护身符，那是道教的卑劣手段，不足以伤道家的清白。另一派守着儒家的立场而隐隐以道家为异端的人，直认道教便是堕落了的道家。这两派论者，前一派是有意袒护道家，但没有完全把握着道家思想的真谛，后一派，虽对道家多少怀有恶意，却比较了解道家，但仍然不免于"皮相"。这种人可说是缺少了点历史眼光。一个东西由一个较高的阶段退化到较低的，固然是常见的现象，但那较高的阶段是否也得有个来历呢？较高的阶段没有达到以前，似乎不能没有一个较低的阶段，我常疑心这哲学或玄学的道家思想必有一个前身，而这个前身很可能是某种富有神秘思想的原始宗教，或更具体点讲，一种巫教。这种宗教，在基本性质上恐怕与后来的道教无大差别，虽则在形式上与组织上尽可截然不同。这个不知名的古代宗教，我们可暂称为古道教，因之自东汉以来道教即可称之为新道教。我以为如其说新道教是堕落了的道家，不如说它是古道教的复活。不，古道教也许本来就没有死过，新道教只是古道教正常的、自然的组织而已。

这里我们应把宗教和哲学分开，作为两笔账来清算。从古道教到新道教是一个系统的发展，所以应排在一条线上。哲学中的道家是从古道教中分泌出来的一种质素。精华既已分泌出来了，那所遗下的渣滓，不管它起什么发酵作用，精华是不能负责的。古道教经过一个时期的酝酿，后来发酵成天师道一类的形态，这是宗教自己的事，与那已经和宗教脱离了关系的道家思想何干？道家不但对新道教堕落了的行为可告无罪，它并且对古道教还有替它提炼出一些精华来的功绩。道教只有应该感谢道家的。但道家是出身于道教，恐怕是千真万确的事实，它若嫌这出身微贱，而想避讳或抵赖，那却是不应当的。

我所谓古道教究竟是什么样的东西呢？详细的说明，不是本文篇幅所许的，我现在只能絜要提出几点来谈谈。

后世的新道教虽奉老子为祖师，但真正接近道教的宗教精神的还是庄子。《庄子》书里实在充满了神秘思想，这种思想很明显的是一种古宗教的反影。《老子》书中虽也带有很浓的神秘色彩，但比起《庄子》似乎还淡得多。从这方面看，我们也不能不同意于多数近代学者的看法，以为至少《老子》这部书的时代，当在《庄子》后。像下录这些《庄子》书中的片段，不是一向被"得意忘言"的读者们认为庄子的"寓言"，甚或行文的词藻一类的东西吗？

藐姑射之山有神人居焉，肌肤若冰雪，淖约若处子，不食五谷，吸风饮露，乘云气，御飞龙，而游乎四海之外；其神凝，使物不疵疠，而年谷熟。……之人也，物莫之伤，大浸稽天而不溺，大

旱金石流,土山焦而不热。(《逍遥游》)

夫道有情有信,无为无形,可传而不可受,可得而不可见,自本自根,未有天地,自古以固存,神鬼神帝,生天生地,在太极之先而不为高,在六极之下而不为深,先天地生而不为久,长于上古而不为老。狶韦氏得之,以挈天地,伏戏氏得之,以袭气母,维斗得之,终古不忒,日月得之,终古不息,堪坏得之,以袭昆仑,冯夷得之,以游大川,肩吾得之,以处大山,黄帝得之,以登云天,颛顼得之,以处玄宫,禺强得之,立乎北极,西王母得之,坐乎少广,莫知其始,莫知其终,彭祖得之,上及有虞,下及五伯,傅说得之,以相武丁奄有天下,乘东维,骑箕尾而比于列星。(《大宗师》)

至人神矣,大泽焚而不能热,河汉沍而不能寒,疾雷破山,飘风振海而不能惊。若然者,乘云气,骑日月,而游乎四海之外,死生无变于己。(《齐物论》)

以上只是从《内篇》中抽出的数例,其余《外杂篇》中类似的话还不少。这些决不能说是寓言(庄子所谓"寓言"有它特殊的含义,这里暂不讨论),即是寓言,作者自己必先对于其中的可能性及真实性毫不怀疑,然后才肯信任它有阐明或证实一个真理的效用。你是决不会用"假"以证明"真"或用"不可能"以证明"可能"的,庄子想也不会采用这样的辩证法。其实庄子所谓"神人"、

"真人"之类,在他自己是真心相信确有其"人"的。他并且相信本然的"人"就是那样具有超越性,现在的人之所以不能那样,乃是被后天的道德仁义之类所斫丧的结果。他称这本然的"人"为"真人"或"神人"或"天",理由便在于此。

我们只要记得灵魂不死的信念,是宗教的一个最基本的出发点,对庄子这套思想,便不觉得离奇了。他所谓"神人"或"真人",实即人格化了的灵魂。所谓"道"或"天"实即"灵魂"的代替字。灵魂是不生不灭的,是生命的本体,所以是真的,因之,反过来这肉体的存在便是假的。真的是"天",假的是"人"。全套的庄子思想可说从这点出发,其他多多少少与庄子接近的,以贵己重生为宗旨的道家中各支派,又可说是从庄子推衍下来的情绪。把这些支派次第的排列下来,我们可以发现神秘色彩愈浅,愈切近实际,陈义也愈低,低到一个极端,便是神仙家,房中家(此依《汉志》分类)等低级的,变态的养形技术了。冯芝生①先生曾经说,杨朱一派的贵生重己说仅仅是不伤生之道,而对于应付他人伤我的办法只有一避字诀。然人事万变无穷,害尽有不能避者。老子之学,乃发现宇宙间事物变化之通则,知之者能应用之,则可希望"没身不殆"。庄子之《人间世》亦研究在人世中,吾人如何可入其中而不受其害。然此等方法,皆不能保吾人以万全。盖人事万变无穷,其中不可见之因素太多故也。于是老学乃为打穿后壁之言曰:

---

① 冯友兰,字芝生。——编者注

> 吾所以有大患者，为吾有身。及吾无身，吾有何患？

此真大彻大悟之言。庄学继此而讲"齐死生，同人我"。不以害为害，于是害乃真不能伤。由上面的分析，冯先生下了一个结论："老子之学，盖就杨朱之学更进一层，庄子之学，则更进二层也。"冯先生就哲学思想的立场，把杨老庄三家所陈之义，排列成如上的由粗而精的次第，是对的。我们现在也可就宗教思想的立场，说庄子的神秘色彩最重，与宗教最接近，老子次之，杨朱最切近现实，离宗教也最远。由杨朱进一步，变为神仙房中诸养形的方技，再进一步，连用"渐"的方式来"养"形都不肯干，最好有种一服而"顿"即"变"形的方药，那便到了秦皇汉武辈派人求"不死药"的勾当了。庄和老是养神，杨朱可谓养生，神仙家中一派是养形，另一派是变形——这样由求灵魂不死变到求肉体不死，其手段由内功变到外功，外功中又由渐以至顿——这便包括了战国、秦、汉间大部分的道术和方技，而溯其最初的根源，却是一种宗教的信仰。

除道家神仙家外，当时还有两派"显学"，便是阴阳与墨家了。这两家与宗教的关系，早已被学者们注意到了，这里无须申论。我们现在应考核的，是二家所与发生关系的是种什么样的宗教——即上文所谓古道教，还是另一种或数种宗教。关于这一点，我们首先可以回答，他们是不属于儒家的宗教。由古代民族复杂的情形看去，古代的宗教应当不只一种。儒家虽不甘以宗教自命，其实也是从宗教衍化或解脱出来的，而这种宗教和古道教截然是两回事。什么是儒家的宗教呢？胡适之先生列举过古代宗教迷信的三个要点：

（一）一个有意志知觉，能赏善罚恶的天帝；

（二）崇拜自然界种种质力的迷信如祭天地日月山川之类；

（三）鬼神的迷信，以为人死有知，能作祸福，故必须祭祀供养他们。

胡先生认为这三种迷信"可算得是古中国的国教，这个国教的教主是'天子'"，并说"天子之名，乃是古时有此国教的铁证"。胡先生以这三点为古中国"国教"的中心信仰是对的，但他所谓"古中国"似乎是包括西起秦陇，东至齐鲁的整个黄河流域的古代北方民族，这一点似有斟酌的余地。傅孟真①先生曾将中国古代民族分为东西两大系，是一个很重要的观察。（不过所谓东西当指他们远古时的原住地而言，后来东西互相迁徙，情形则较为复杂。）我以为胡先生所谓"国教"，只可说是东方民族的宗教，也便是儒家思想的策源地。至于他所举的三点，其实只能算作一点，因为前二点可归并到第三点中去。所谓"以人死有知，能作祸福"的"鬼神迷信"确乎是宗教信仰的核心。其实说"鬼神迷信"不如单说"鬼的迷信"，因为在儒家的心目中，神只是较高级的鬼，二者只有程度的悬殊，而无种类的差异。所谓鬼者，即人死而又似未死，能饮食，能行动。他能作善作恶，所以必须以祭祀的手段去贿赂或报答他。总之事鬼及高级鬼——神之道，一如事人，因为他即生活在一种不同状态中的人，他和生人同样，是一种物质，不是一

---

① 傅斯年，字孟真。——编者注

种幻想的存在。明白了这一层,再看胡先生所举的第一点。既然那作为教主的人是"天子"——天之子,则"天"即天子之父,天子是"人",则天子之父按理也必须是"人"了。由那些古代帝王感天而生的传说,也可以推到同样的结论。我们从东方民族的即儒家的经典中所认识的天,是个人格的天,那是毫不足怪的。这个天神能歆飨饮食,能作威作福,原来他只是由人死去的鬼中之最高级者罢了,天神即鬼,则胡先生的第一点便归入第三点了。

《鲁语》载着一个故事,说吴伐越,堕开会稽山,得到一块其大无比的骨头,碰巧吴使聘鲁,顺便就在宴会席上请教孔子。孔子以为那便是从前一位防风氏的诸侯的遗骸。他说:

山川之灵石足以纪纲天下者,其守为神,社稷之守为公侯,皆属于王者。

吴使又问:"防风所守的是什么?"他又答道:

汪芒氏之君也,守封嵎之山者也,为漆姓,在虞、夏、商、周为汪芒氏,于周为长狄,今为大人。

这证明了古代东方民族所谓山川之神乃是从前死去了的管领那山川的人,而并非山川本身。依胡先生所说祭山川之类是"崇拜自然界种种质力的迷信",那便等于说儒家是泛神论者了。其实他们的信仰中毫无这种意味。胡先生所举的第二点也可以归入第三点的。

儒家鬼神观念的真相弄明白了，我们现在可以转回去讨论道家了。上文我们已经说过道家的全部思想是从灵魂不死的观念推衍出来的，以儒道二家对照了看，似乎儒家所谓死人不死，是形骸不死，道家则是灵魂不死。形骸不死，所以要厚葬，要长期甚至于永远的祭祀。所谓"祭如在，祭神如神在"之在，乃是物质的存在。唯怕其不能"如在"，所以要设尸，以保证那"如在"的最高度的真实性。这态度可算执着到万分，实际到万分，也平庸到万分了。反之，道家相信形骸可死而灵魂不死，而灵魂又是一种非物质的存在，所以他对于丧葬祭祀处处与儒家立于相反的地位。《庄子·列御寇》篇载有庄子自己反对厚葬的一段话，但陈义甚浅，无疑是出于庄子后学的手笔。倒是汉朝"学黄老之术"而主张"裸葬以反真"的杨王孙发了一篇理论，真能代表道家的观念。

且夫死者终身之化，而物之归者也。归者得至，化者得变，是物各反其真也。反真冥冥，亡声亡形，乃合道情。夫饰外以华众，厚葬以鬲真，使归者不得至，化者不得变，是使物各失其所也。且吾闻之：精神者天之有也，形骸者地之有也。精神离形，各归其真，故谓之鬼，鬼之言归也，其尸块然独处，岂有知哉？裹以币帛，鬲以棺椁，支体络束，口含玉石，欲化不得，郁为枯腊，千载之后，棺椁腐朽。乃得归土，就其真宅，繇是言之，焉用久客？

这完全是形骸死去，灵魂永生的道理，灵魂既是一种"无形无声"超自然的存在，自然也用不着祭祀的供养了。所以儒家的重祀祭祀，又因祭祀而重视礼文，在道家看来，真是太可笑了。总之，儒家是重形骸的，以为死后，生命还继续存在于形骸，他们不承认脱离形骸后灵魂的独立存在。道家是重视灵魂的，以为活时生命暂寓于形骸中，一旦形骸死去，灵魂便被解放出来，而得到这种绝对自由的存在，那才是真的生命。这对于灵魂的承认与否，便是产生儒道二家思想的两个宗教的分水岭。因此，二派哲学思想中的宇宙论，人生论，或知识论，以至于政治思想等，无不随着这宗教信仰上先天的差别背道而驰了。

作为儒道二家的前身的宗教信仰既经判明了，我们现在可以回到阴阳家与墨家了。阴阳家的学说本身是一种宇宙论，就其性质讲，与儒家远而与道家近，是一望而知的。至于他们那天人相应的理论，则与庄子返人于天之说极相似，所以尽可以假定阴阳家与道家是同出于一个原始的宗教的，司马谈论道家曰：

其为精也，因阴阳之大顺，采儒墨之善，撮名法之要。

这里分明是以阴阳家思想为道家思想的主体或间架，而认儒墨名法等只有补充修正的副加作用。这也许要受阴阳家影响之后的道家的看法。然即此也可见阴阳家与道家的血缘，本来极近，所以他们的结合特别容易。钱宾四[①]先生曾说"墨氏之称墨，由于薄葬"，我认为称墨与薄葬的关系如何还难确定。薄葬为墨家思想的最基本

---

① 钱穆，字宾四。——编者注

的核心,却是可能的,若谓"薄葬"之义生于"节用",那未免把墨家看得太浅薄了。何况节用很多,墨子乃专在丧葬上大做文章,岂不可怪?我疑心节葬的理论是受了重灵魂轻形骸的传统宗教思想的影响,把节葬与节用连起来讲,不如把它和墨家重义轻生的态度看作一贯的发展,斤斤于"身体发肤,受之父母,不敢毁伤"的儒家,虽也讲"杀身成仁",但那究竟是出于不得已。墨家本有轻形骸的宗教传统,所以他们蹈汤赴火的姿态是自然的,情绪是热烈的,与儒家真不可同日而语。墨家在其功利主义上虽与儒家极近,但这也可说是墨子住在东方,接受了儒家的影响,在骨子里墨与道要调和得多,宋钘、尹文不明明是这两派间的桥梁吗?我疑心墨家也是与道家出于那古道教的。《庄子·天下》篇的作者把墨翟、禽滑厘也算作曾经闻过古之道术者,与宋钘、尹文、彭蒙、田骈、慎到、关尹、老聃、庄周等一齐都算作知"本数"的,而认"邹鲁之士,搢绅先生"所谈的只是"末度",《天下》篇的作者显然认为墨家等都在道家的圈子里,只有儒家当除外。他又说"道术将为天下裂",然则百家(对儒而言)本是从一个共同的道分裂出来的,这个未分裂以前的"道"是什么?莫非就是所谓古道教吧!这古道教如果真正存在的话,我疑心它原是中国古代西方某民族的宗教,与那儒家所从导源的东方宗教比起来,这宗教实在超卓多了,伟大多了,美丽多了,姑无论它的流裔是如何没出息!

(原载昆明《中央日报》副刊"人文科学"第2、3期,1941年1月)

任继愈：道家与道教

世界有三大宗教，即佛教、基督教、伊斯兰教；中国也有三大宗教，即佛教、道教、儒教。中国的佛教与世界三大宗教有交叉。

佛教与道教主张出世，宗教职业者、专一的信奉者要出家，不过世俗人的生活。儒教主张入世。儒教、道教是中国自己的土壤里生长起来的，具有中国特色，佛教为外来宗教，其生活习惯、服装、礼仪与儒、道不同。儒、释、道三教并称，并得到社会广泛认可，那是在隋唐时期。南北朝已有三教的说法，但不普遍。国家每逢重大节日，诏三教公开辩论，北周已开始，唐代成为制度。大文学家白居易有好几次在三教辩论中代表儒教发言，《白氏长庆集》还保留有他参加辩论的发言提纲。佛教的著作和教义比较明确，唯独对道教的意义的理解比较含混，道教内部和反对道教的人士也没有讲清楚。

先说道家。学术界长期流行一种见解，认为老子、庄子为道家，这是一种误解。春秋战国时期，只有老子学派、庄子学派。老子与庄子没有直接的传授关系。老子或庄子从未自称为"道家"，只在儒家自称为儒，墨家自称为墨。儒墨两家各有自己一派的传承关系。孔子、子思、曾子、子夏、孟、荀均有传授关系，墨家有巨子相袭制度。儒墨两家，系统清楚，号称显学。汉代司马谈《论六家之要指》第一次提出"道家"名称。司马谈的道家反映了汉朝政治统一后，思想界趋向统一的思潮趋势。秦及汉初有许多学派反映统一的趋势，秦朝有《吕氏春秋》，汉初有《淮南子》，后来有董仲舒的哲学思想。汉初道家是吸收儒、墨、阴阳、名、法各家思想的长处而创立的新体系。老子、庄子都是阴阳、名、法出现以前的人，前人怎能吸收他们死后的人的思想？这个"道家"乃是黄老思想的一个分支，与先秦老子、庄子关系不大。

老子是哲学家，不是宗教家，也未创立宗教，与古印度的释迦牟尼一开始就是宗教家，创立佛教的情况不同。老子的著作是学术性的，不是宗教性的，也与佛教经典不同。老子被拉进道教，并奉为教主，那是很晚的事了。东汉末年，汉中张鲁信奉五斗米道，令信徒们念《老子》五千文。念《老子》的也只是巴蜀的五斗米道，影响地区仅限于汉中地区。中原广大地区的道教徒信奉《太平经》，这是一百多卷的大书，内容庞杂，没有多少老子的思想。

道教是中国本土的宗教，它形成于东汉末年，方术、巫术是它的前身。神仙方术信仰由来已久，古代巫、史、祝、卜是与神打交道的专家，他们处在国家的领导层。民间巫术用符水治病，借卜筮占吉凶。战国以后，神仙方士宣传不死之药可以长生，投合上层贵族要求长期享乐的欲望，得到他们的支持；广大群众缺医少药，方士们用符水治病，驱鬼祭神，在下层群众中也得到推广。早期道教还没有系统的理论。到了东汉末年，天下大乱，民生困苦，于是出现了《太平经》。此书成书时间约在东汉安帝、顺帝统治时期,此书为集体创作,书成于于吉、宫崇等人之手。(参见熊德基:《〈太平经〉的作者和思想及其与黄巾和天师道的关系》,《历史研究》1962年第2期。)

关于老子如何被道教捧上教主的地位,现在还无法做出准确的说明。从时间推断,应在东汉时期。首先出现在宫廷和上层贵族阶层。光武帝儿子楚王刘英,"晚节喜黄老,学为浮屠斋戒祭祀"。明帝诏书也说"楚王诵黄老之微言,尚浮屠之仁祠"(《后汉书·光武十王列传》)。到桓帝时(在位时间是147—167年),延熹八年(165年)正月遣中常侍左悺赴苦县祠老子,十一月使中常侍管霸赴苦县祀老子,九年(166年)在濯龙宫祠老子。桓帝"好神,数祀浮屠老子。百姓稍有奉者,后遂转盛"(《后汉书·西域传》)。这里透露老子被道教奉为神,与先秦的老子无甚关系,而是与西方的佛教与本土的黄老信仰搭伴,以教主的形象出现的。求神佛保佑,祈福延年,是少数上层贵族享有的奢侈品,然后再普及到下层社会,"后遂转盛"。

道教建立后,沿着两条路线传播。上层路线与历代朝廷、官方相配合,可以称为正统的官方道教。还有在社会下层广大群众中传播的道教,它与民间巫术、符咒结合得比较紧。农民起义也往往利用道教这个组织形式。黄巾起义就是第一次道教与农民运动相结合的例子。宋代的方腊,清末的义和团也大体归为这一类。

理论研究,典籍著作,教义发挥,与佛教之间长期互相争辩,也属于官方道教。从北宋开始编辑道教全集《道藏》，多达七千多卷。

官方道教与民间道教并不是绝对对立。如符咒、炼丹、气功等民间与官方的道教都很重视。佛教到后期，大乘兴起，崇拜的偶像越来越多，引出了许多佛，不止释迦牟尼一位。道教到了南北朝时，老子已不占重要地位，老子这个形象也被塑造得更加神秘，演变成"太上老君"。道教的神也越来越多，有等级品位。道教的神与佛教不同处，还在于除了男神之外，还有许多女神，女神也不像庄子寓言中的藐姑射之山的不食人间烟火的女神，更多的神是结了婚的某某夫人。

历代反对道教的学者，对作为思想家的老、庄和作为宗教组织的说教不甚区别。唐朝的韩愈反对佛老，"佛"是宗教的佛，明显无误；"老"是太上老君，还是《道德经》作者老子，他没有讲清楚。宋代的大哲学家朱熹，直接继承了韩愈的道统说，崇儒家，排佛老，佛老并称"二氏"。朱熹驳斥佛教也指明是释迦氏之教，他驳斥的道教更多的情况下指的是老庄。这种长期的误解，连清代大思想家王夫之也未能避免。他批判"二氏"，涉及道教系统时，重点没有放在道教上，而是指向老庄哲学。老子哲学讲无为、清静、抱一，与道教的宗教修养有关，但老子的哲学思想体系，与道教毕竟有所不同。"道家"、"道教"长期混用，成为习惯，如近人陈垣先生搜集历史道教碑刻，汇编成集，名为《道家金石略》。陈先生是研究宗教史的专家，老庄哲学与东汉以后的道教，他是清楚的，他也把"道教"写作"道家"。可见积重难返。

为了避免长期积累下来的观念含混,有必要把道家与道教严格区别开来。总括起来,有以下四点值得注意:

(1)先秦无道家,只有老子哲学、庄子哲学,以及与他们的哲学相应的老子学派、庄子学派。

(2)汉代的道家代表西汉时期融合各派的一种思潮,它以黄老清静无为思想为基础,包括儒、墨、阴阳、名、法各家的部分内容。

(3)学术界习惯把老庄学派称为道家,是后起的一种学派分类观念。东汉时期严君平《老子指归》开始有了以老庄为道家的倾向。魏晋玄学早期"老庄"联称,后期"庄老"联称。魏晋以后,以老庄为道家的分类法得到承认。这个"道家"不同于司马谈的道家,仍属于哲学。

(4)道教是宗教。它有团体、教派、教义、宗教规范仪式、宗教组织、固定数量的信徒、固定的教派传授系统、共同信奉的经典、固定的传布地区等。以上这些特点,使它区别于道家,与儒、佛并称为三教。(三教中儒教算不算宗教,学术界有争论。我在1980年《中国社会科学》第1期有专文论述,这里不重复。)

以上四点是用来区别道家与道教的标志。

道教是中国土生土长的宗教,不像佛教那样有广泛的国际影响。但也不能说道教作为宗教的影响只限于中国,道教对日本影响就很大。日本的神道教与日本天皇及朝廷的制度,有不少道教的影子。最近日本道教研究专家指出：（1）日本天武十三年（685年），为行使中央集权，制定"八色之姓"，八姓中"真人"列为第一等级，"真人"为道教术语。"天皇"一词也源于道教。（2）象征天皇的两种神器，镜和剑，都是道教的法器，用以照妖降魔，天皇传位时，以镜和剑授予新天皇。（3）天皇宫廷尚紫色，道教称上帝居紫微垣，天皇宫殿门称"紫门"。推古女帝即位第十一年（603年），圣德太子制定六色十二阶冠位，大化三年（647年）制定七色十三阶冠位，只有最高官位阶得用紫色。唐宋规定紫色为高级官员的服色，和尚、道士中有声誉、地位的得赐紫衣。唐文化习尚，也影响到日本宫廷贵族。（4）祝天皇长寿的祝词，据《延喜式》载："谨请皇天上帝，三极大君，日月星辰，八方诸神，司命司籍，左东王父，右西王母，五方五常，四时四气，捧以银人，请除灾祸。捧以金刀，请延帝祚。咒曰：东至扶桑，西至虞渊，南至炎火，北至弱水，千城百国，精治万岁，万岁。"这完全是抄自道教的祠祀词句。只有在中国方位才好说东至扶桑，日本即扶桑，不必称东至。（5）天皇拜四方仪式，据《江家次第》载："圆融天皇天禄四年（974年）元旦拜四方仪式，天皇朝北遥拜北斗七星中的本命星，并念咒文曰'贼寇之中，过度我身，毒魔之中，过度我身……魔魅之中，过度我身，万病除愈，所欲随心。急急如律令'。"这咒文也是照抄道教的。（6）神道教。《日本书纪》在《孝德纪》中"惟神也者，随神道也"，"天皇信佛法，亦尊神道"，"佛法"与"神道"对置。从奈良到江户，把天皇家族的始祖天照皇大神当作国家神祭祀，立伊势神宫。日本是神国，天皇是神的子孙，是人间神。(参见福永光司教授《日本文化与道教》，该文发表于1982年中日学术座谈会《世界宗教研究》1982年第2期，有中文本。)

道教的宗教影响，除日本外，朝鲜及越南也有经过改变的道教信仰。

近三十年学术界道教研究的风气遍布全世界。北美洲、澳大利亚、法国、意大利、西德、英国，都有研究道教的学者及研究组织，也出版了不少有价值的著作，日本学者的研究成绩尤为显著。

（原载《文史知识》第5期，1987年）

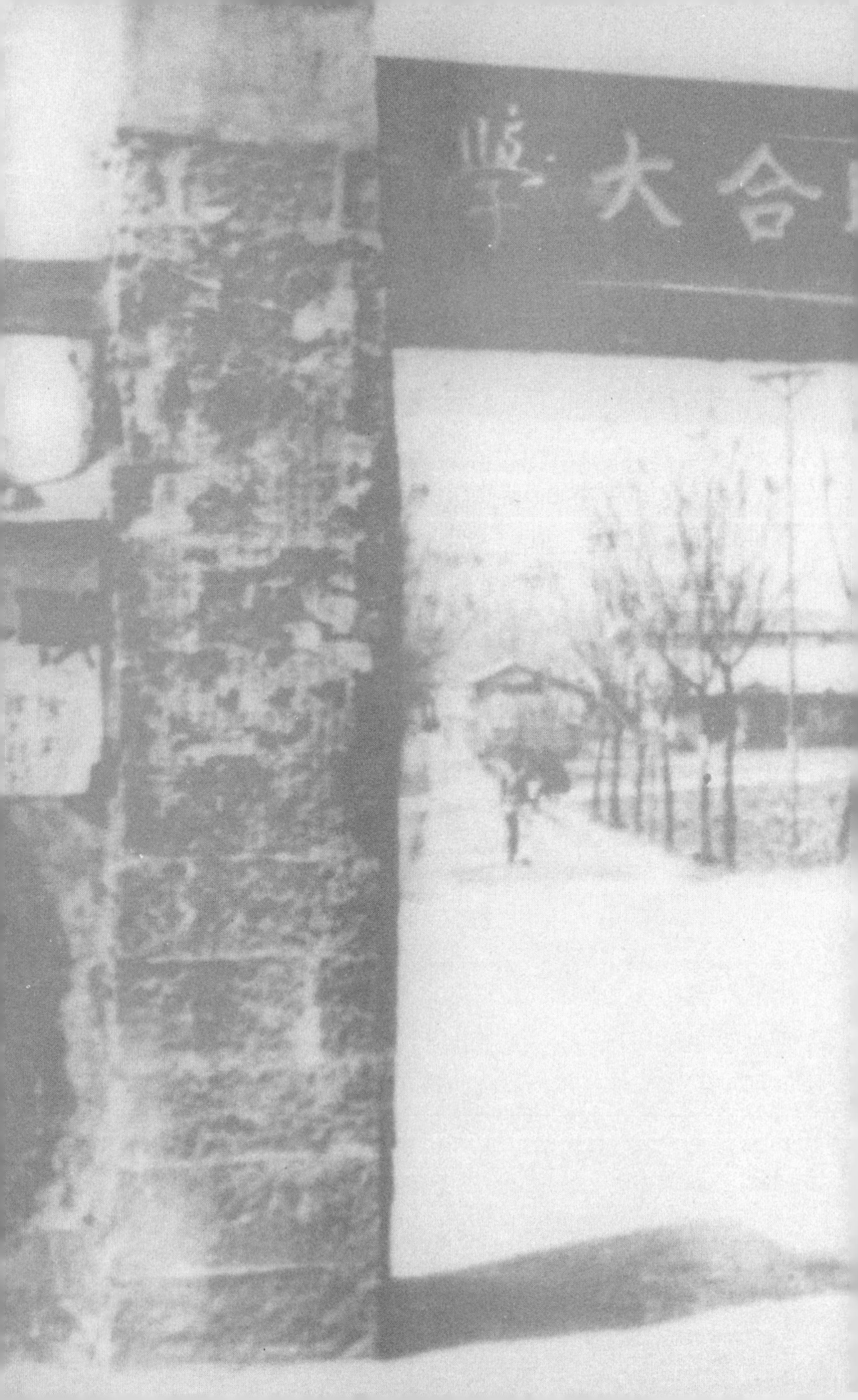
学大合

第四篇 诸子百家

诸子学说四讲

1937—1946

1895—1990

冯友兰：论"六家"

春秋战国在中国历史上是一个大转变的时代。在这个时代，旧的统治阶级的社会秩序已经崩坏了，新的统治阶级的社会秩序还没有建立起来。社会上的各个阶级，在激烈的斗争中，都表示了它们的要求和愿望。这种情况，反映在思想界里，就成为一个百家争鸣的时代。在这个时代，哲学思想的派别特别众多，内容特别丰富。以后中国封建社会里面所有的哲学思想体系，除外来佛教思想外，都在这个时代有了萌芽。

汉朝的历史学家，对于先秦的哲学思想，做了不少整理和研究的工作。对于先秦哲学思想的派别源流，提出了一些看法和解释。他们的这番工作，是中国哲学史研究的第一步。

我们现在研究先秦哲学史，首先要用马克思主义的立场、观点和方法，直接研究先秦哲学家遗留下来的思想资料，对于他们作出科学的分析和估价。同时，我们也要审查以前的历史学家所已经做的工作，看其中哪些是我们应该接受的财产，哪些是我们应该扔掉的包袱。

汉朝的历史学家第一个对先秦哲学思想做整理研究工作的是司马谈。《史记·太史公自序》里保留有他创作的《论六家之要指》。他认为先秦有六个学派，称为六家：即儒、墨、名、法、阴阳、道德（道家）。

在西汉末年，刘歆和他的父亲刘向替皇帝管图书。他们把这些图书整理了之后，作了一个目录叫作《七略》。其中除了图书目录外，他们还对于先秦学术思想的来源和派别，作了一些分析。《七略》现在虽然是没有了，但它的主要内容还保存在班固的《汉书·艺文志》里。

刘歆认为先秦思想有十家。这十家是在司马谈所说的六家之外，又加了四家，即农、纵横、杂、小说。他又说：虽然有十家，但"其可观者"只有九家。小说这一家是比较次要的。把小说家去掉，就是九家。

司马谈和刘歆对于先秦的学术思想派别的看法，在后来中国封建社会的历史学界有很高的权威。六家或九家的名称，一直到现在，还普遍地沿用。

这个六家或九家的说法，也是我们现在中国哲学史工作者所要审查的一个对象。我们要问：（一）这个说法，是不是有一定的根据？（二）这个说法是科学的或非科学的？（三）这个说法，在我们现在中国哲学史工作里，是一份可以接受的财产，或者是应该扔掉的包袱？以下就这三个问题，分别讨论。

关于第一个问题，我认为司马谈和刘歆的说法，是有根据的。那就是说，在先秦事实上是有这些派别，司马谈和刘歆所做的工作，不过是在历史的纪录中，把它们明确起来，并且对于它们的思想内容和源流，从他们的观点，加以分析和说明。他们的分析和说明不一定都是正确的，但是不能说他们的说法没有根据。

说先秦本来有这些派别，是从两方面说的。第一，在先秦的学术界和知识分子中，本来有各种的人，他们自称，或者被称为某种人，或者某种专家。第二，这些某种人或某种专家，在他的思想中间，确有一些自己的中心问题，对于这些问题的回答和解决，有一个共同的倾向，因此他们成为哲学上一个流派。每一个流派，都围绕着自己的中心思想，同别的流派进行斗争。一方面捍卫自己的中心思想，一方面驳斥跟这个中心思想不同的思想；一方面是"立"，一方面是"破"。

在先秦的典籍里，我们常看见有"儒"或"儒者"、"墨者"、"隐者"、"辩者"、"法术之士"、"轻物重生之士"等名称。这些名称都专指一种人。这些名称，有些是被别人给予的，有些也是以此自称的。这些不同的人，都有不同的思想。

他们的思想发展成为体系，就成为各种学术流派。这些流派是本来有的，司马谈和刘歆在记录中把他们明确起来，给以相当的名字，其中有些名字，是沿用原来有的名称，例如儒家和墨家，有些是他们给的新名称，例如名家、法家、阴阳家、道家。

这些家是不是都有一些中心问题和共同倾向？我认为是有的。在这里我不能把这些问题和倾向一一列举出来。这样做差不多就等于写一篇中国先秦哲学小史，在下边我只举道家作一个例，因为从"五四"以来，有些人认为，道家不成为一家，认为先秦本来没有道家。

上面说过，一个哲学派别之所以成为一个派别，在于它有一个中心思想。先秦道家是不是有一个中心思想呢？我认为是有的。这个中心思想就是"为我"。

杨朱是道家的创始人之一。在孟子的时候，他的影响最大，所以孟子就把他作为道家的领袖，进行批判。孟子说，"杨氏为我"（《孟子·滕文公》），他这一句话确是抓住了道家思想的中心。由此他断定，主张"为我"的意义和结果，就是"无君"。从当时的统治阶级的观点看，这种批判也是很中肯的。

"为我"，就是把自己的个人利益放在第一位。主张"为我"的人，把追求个人最大的利益作为人生的目的。但是什么是个人最大利益呢？这可能有很多不同的看法。因此，道家中间又分为许多派别。

第一派认为人生最重要的东西就是生命，认为这是人生一切的基础，个人最大的利益，就是保全自己的生命（"全生"）。要想保全生命，就要适当地限制欲望，轻视外界的利益。人与人之间保持和平的关系，人不犯我，我不犯人。这样，生命就可以保全。杨朱本人思想，可能就是这个样子，《吕氏春秋》所记载的詹何和子华子的思想，也是这个样子。

第二派认为个人最大的利益，不在于生命的延长，而在于欲望的满足。如果为了保全和延长生命，而限制欲望的满足，甚至于否定一些欲望，这种办法，即使能够达到延长生命的目的，也是得不偿失的。人并不是为生存而生存，人是为享受而生存。《庄子·盗跖》篇有这种思想。后来《列子·杨朱》篇就发挥这种思想，并把它挂在杨朱的名下，《荀子·非十二子》篇所说的它嚣、魏牟的思想，也是这样的。

第三派人认为个人最大的利益在于生命的延长，但是延长生命，专靠限制欲望是不够的，还可以用一种修养的方法，使生命不但可以"终其天年"，而且可以无限制地延长，以至于"长生久视"。宋尹学派（《管子》的《内业》、《白心》、《心术》上、《心术》下等四篇）的思想就是这样。

第四派认为要想全生，就得避害，有来自自然方面的害，也有来自社会方面的害；要思避害，就必须了解自然界中和社会中的事物发展的规律，即所谓"天道"、"人道"。了解了这些规律，照着这些规律行事，自然可以免害，如果不了解这些规律，盲目地行动，那就一定要受害。《老子》一派的思想，基本上就是这样。

第五派认为即使了解了自然界中和社会中事物发展的规律，也还是不能保证人必定不受害。因为，在自然界中和社会中，事物的发生，除了有必然性之外，还有偶然性，了解事物发展的规律，可以避免由事物发展的必然性所发生的害，但是不能避免由事物发展的偶然性所发生的害。所以还是不能保险。最好的办法，就是"忘我"，或者"无我"。用一种阿Q式的办法，不以害为害，这就完全可以避害了。这样，忘我正是所以为我，忘生正是所以全生，庄子一派的思想基本上就是这样。

这些派别，虽然有一些不同，但是有一个共同的中心思想："为我"。

因此它们有一个共同的倾向，那就是，怎样才能使"我"得到最大的利益。上面所说的这些派别都围绕这个中心思想，提出它们自己的看法。因此，它们就构成了一个大的派别。这个派别就是道家。

　　道家确是可以成为一家,如上面所说。至于儒、墨、法各有中心思想,都确是一家,我觉得是不待证明的了。

　　这些家有中心思想和共同倾向,因此,每一家的思想家在思想体系上都有必然的联系,这是因为他们所代表的大体上是同一阶级或同一社会集团,其思想体系上的联系,正是这种阶级关系的反映。先秦的几个重要派别,确实在当时的思想战线上代表一个阶级的利益,反映一个阶级的要求和希望。

　　在春秋战国这个社会大转变时期,原来作为统治阶级的奴隶主逐渐失去了统治的地位,最后这个阶级也归于消灭。新兴地主阶级逐渐成长壮大起来,最后取得了统治的地位。

　　在地主阶级中,有一个阶层是由奴隶主贵族转化过来的。他们由奴隶主贵族转化为封建贵族。儒家就是在当时的思想战线上代表地主阶级中这一阶层的利益。儒家的思想基本上就是这一阶层的要求和希望的反映。

　　地主阶级中的另一个阶层是由工商业者和其他私有小生产者转化过来的。法家就是在当时的思想战线上代表地主阶级中这一阶层的利益。法家的思想就是这一阶层的要求和希望的反映。

　　从事于手工业和农业的小私有生产者,在奴隶社会中是被压迫、被剥削的阶级。在新兴的地主阶级看来,他们仍然被视为小人或贱人,可是他们在奴隶主贵族的统治崩溃的过程中,地主阶级的统治还没有建立起来的时候,他们也取得了对于自然和社会的问题的发言权。墨家就是在当时思想战线上代表这个阶级的利益。墨家的思想就是他们的要求和希望的反映。

在奴隶占有制的崩坏过程中,小奴隶主贵族和已经破产没落的奴隶主贵族受到两方面的压迫。他们一方面受还在当权的大贵族的压迫,一方面又受新兴地主阶级的威胁。旧的和新的制度与他们的利益都有矛盾。他们的主要的要求和希望,就是怎样在这种局势中保全他们自己。郑国有个小贵族公孙黑肱,他在有病将死的时候把他受封的土地交还郑君,并且告诉他的后人说:"吾闻之:生于乱世,贵而能贫,民无求焉,可以后亡。"(《左传·襄公二十二年》)他所谓"乱世"就是奴隶主贵族阶级日趋衰亡的时代。他不敢说不亡,只希望后亡。这正是当时小贵族"朝不保夕"的心理的一个例证。道家就是在当时思想战线上代表这些小奴隶主贵族和没落贵族的利益,道家的思想就是他们的要求和希望的反映。

这些不同阶级的代言人,各本着自己阶级的利益,进行了剧烈的思想斗争,构成了中国历史第一个"百家争鸣"的时代。

我们还是以道家思想为例,说明各家思想怎样反映它们所代表的阶级的意识。

没落贵族已经没落了。还没有没落的小贵族也意识到自己一定要没落的命运。他们失掉或将要失掉他们过去所有的一切,除了他们自己的身体。于是他们自己安慰自己说:身体是最宝贵的东西,身外之物,本来是无足轻重的。因此,他们致力于"养生",认为保全自己的生命是人生最后的目的。

没落的贵族,在没落的过程中,认识到事物的矛盾性,认识到事物都是向相反方面转化;一个事物,如果发展到极点,就要转化为它的反面。这是他们本身所经历的过程，因此，反映没落阶级意识的道家，对于客观辩证法有一定程度的认识。《老子》书里的辩证法思想，在中国哲学史中，成为光辉的一页。

没落贵族对于奴隶主贵族的社会秩序（礼）表示憎恨，因他们已经失掉了在其中的特权地位。他们对于新兴地主阶级的社会秩序（法）也表示憎恨，因为正是这种新秩序使他们丧失了原有的特权地位。他们一方面说，"夫礼者忠信之薄而乱之首"（《老子》三十八章）；一方面也说，"法令滋彰，盗贼多有"（《老子》五十七章）。他们幻想一个没有"礼"也没有"法"的社会。作为一个没落阶级，他们不能向前看，只能向后看。他们认为过去的原始公社社会，就是他们所幻想的社会。他们想把历史的车轮向后倒转。这种社会思想，在当时，或在以后，都是反动的。

《老子》书的思想，一方面向原来的奴隶主贵族表示不满，一方面也讥嘲新统治者，并向他们讲些"多少凶险的预言"。这个思想，正像是马克思、恩格斯在《共产党宣言》里所说的"封建的社会主义，其中半是哀怨，半是讥讽；半是过去的余音，半是未来的恫吓"（《马克思恩格斯全集》第四卷，人民出版社1958年版，第492页）。

当然，这些阶级分析，是司马谈和刘向、刘歆所不能知道的，他们所根据的只是一些现象。因此，他们把所谓六家或九家平列起来，认为有同等的重要，这是不正确的。照我们在上面所分析的，儒、墨、道、法这四家是当时相应阶级的代言人。可是其他各家虽各为一定的阶级服务，但不一定都分别地单独代表一个阶级。

这是他们只抓着一些现象的缘故。但是现象也是本质的表现。他们的这种说法，照我们现在看起来，在阶级分析上有一定的根据。这就是有一定的科学性。

但是这种说法又似乎是不科学的，因为它显然不照唯物主义和唯心主义斗争的阵线划分流派。同一家中，有些人是唯物主义者，也有些人是唯心主义者。这又应当如何解释呢？

在六家的有些家中，有从唯物主义转化到唯心主义的情况，也有从唯心主义转化到唯物主义的情况。经过具体分析，这些情况，也还是可以理解的。

就道家说吧，为了要保全和延长自己的生命，上面所说的第三派和第四派，对于宇宙的本质、生命来源和自然界社会中事物发展的规律，在一定程度上，都作了一些研究。由于要求这些研究能够实际上解决一些问题，他们的研究也在一定程度上有唯物主义的精神，所得到的结论，按当时的标准说，也基本上是唯物主义的。

《老子》发展了这个自然观，但是一个反映没落阶级意识的思想，是不能坚持唯物主义的。它迟早要倒向唯心主义。在《老子》的思想中，虽然发展了早期道家的唯物主义自然观，但是同时也有了唯心主义的萌芽。

《老子》的认识论和社会思想，跟它的素朴唯物主义思想，或自发辩证法思想中的正确部分是相矛盾的。在《老子》本身，这个矛盾是不能解决的。但是哲学史的发展，这个矛盾必须要解决。解决的办法有两种，一种是把它的思想从唯物主义转化为唯心主义，把它的辩证法思想转化为相对主义或诡辩。另外一种办法，是把它的唯物主义思想和辩证法思想吸取过来，跟进步的社会思想相结合，使其能为历史的进步趋势服务。前者是庄子一派道家所做的事情，后者是儒家的荀子和法家的韩非所做的事情。

儒家的思想，正是跟道家相反，它是从唯心主义转向唯物主义。孔子的自然观基本上是唯心主义的，孟子接着建立了一个完整的唯心主义体系。荀子在儒家内部跟孟子展开了斗争，建立了一个唯物主义的自然观。儒家思想的这种转变正是它所代表的社会阶层转变的反映。

在春秋时期，有一部分奴隶主贵族，开始向地主阶级转化。在开始转化的时候，他们是向地主阶级转化的奴隶主贵族。到后来他们就是从奴隶主贵族转化过来的地主阶级了。这个阶层中的人的意识也是在转化中的。在开始的时候，他们的奴隶主贵族意识的比重大于地主阶级意识。到后来，他们的地主阶级意识的比重大于奴隶主贵族意识。因此，孔子和孟子的思想，跟法家的距离很大，甚至相反；到荀子这种距离就缩小，而且几乎接近了。因此，到了荀子，儒家的自然观就从唯心主义转到唯物主义。

墨家的思想，也是从唯心主义向唯物主义转化。

上边已经说过，墨家的思想，是小私有生产者的要求和愿望的反映。小私有生产者，就其当时的政治地位、经济地位和阶级利益说，与当时的社会是对立的。在当时的社会大转变中，他们要乘机表示他们对于社会的态度，提出他们的政治的和经济的要求。墨子执行了这个任务。但是，小私有生产者这个阶级是分散的、不稳定的。他们在这个转变中，不能成为一个独立的政治力量。因此，墨子的思想，固然主要的是对于当时社会的批判和抗议，但在有些方面有维持现状肯定当时社会制度的意义。他虽然对于当时社会的现状提出了在当时说来是激烈的批判和抗议，但至于如何实行改革，他却把希望寄托于人民道德的提高。他希望用兼爱的道德理想改善当时社会上的情况，"除天下之害，兴天下之利"。但是怎么样实行兼爱呢？他又把这种希望寄托在一个理想的政治上，他的这种社会观是唯心主义的。

他也知道这些寄托是很靠不住的，因此，他又把这些希望最后寄托于传统宗教中的有意志的"天"上。这样，墨子就在他的唯心主义社会观上加上宗教的形式，于是他的自然观也成为唯心主义的了。

这种唯心主义成分，在墨子本身的思想中，占很大的比重。但是就墨家整个的学派来看，这只是一种传统影响的残余。在后期，《经上》《经下》等六篇中，就没有关于"天志"的问题了。墨家思想是向唯物主义的方向发展的。后期墨家抛弃了墨子思想中的唯心主义成分，而将其中的唯物主义的科学的成分大加发挥。

法家的思想，从始至终是坚持唯物主义的。因为法家所代表的是新兴地主阶级，是要代替奴隶主贵族专政的阶级。它在当时，是新的生产关系的体现者，也是破坏旧的上层建筑的主要社会力量。他们有一系列的措施，打击或消灭奴隶主贵族，一部分法家的人正是这些措施的推行者。他们的思想是这些要求的反映。作为新兴的阶级的代言人，他们对于旧的上层建筑的攻击特别猛烈，对于旧制度的改革也特别彻底。旧的"礼"完全是要推翻的，替代它的就是法。

他们的哲学思想，也是比较彻底的唯物主义。他们认为物质的天和地是自然界的根本，客观的规律是人的行为的准绳。在这个思想里，我们看不出有宗教的残余和唯心主义的杂质，这在古代是很少有的。

至于儒、墨、道三家的思想，是在唯物主义与唯心主义之间互相转化，这些转化，有一定的阶级根源。这四家的划分，基本上是以他们的阶级根源为线索的。根据这个线索，我们也可以对于他们的唯物主义或唯心主义思想有比较深一点的了解。

哲学史的规律是这样的：唯物主义和辩证法思想总是为当时进步阶级或社会集团服务的，唯心主义和形而上学思想总是为当时的反动阶级或社会集团服务的。如果专就个别哲学家说，有的时候，这个规律似乎很难适用，但是就整个的哲学史发展说，这是一个完全正确的规律。根据阶级根源的线索，正使我们能够更具体地说明这个规律。

司马谈和刘歆的六家或九家的说法，在一定程度上提供了这个线索。因此，这个说法是中国哲学史研究工作中应该接受的一项财产，而不是应该扔掉的一个包袱。

（原载《哲学研究》第 11、12 期合刊，1959 年）

1898—1948

朱自清：经典常谈·诸子

春秋末年，封建制度开始崩坏，贵族的统治权，渐渐维持不住。社会上的阶级，有了紊乱的现象。到了战国，更看见农奴解放，商人抬头。这时候一切政治的社会的经济的制度，都起了根本的变化。大家平等自由，形成了一个大解放的时代。在这个大变动当中，一些才智之士对于当前的情势，有种种的看法，有种种的主张；他们都想收拾那动乱的局面，让它稳定下来。有些倾向于守旧的，便起来拥护旧文化、旧制度，向当世的君主和一般人申述他们拥护的理由，给旧文化、旧制度找出理论上的根据。也有些人起来批评或反对旧文化、旧制度；又有些人要修正那些；还有人要建立新文化、新制度来代替旧的；还有人压根儿反对一切文化和制度。这些人也都根据他们自己的见解各说各的，都"持之有故，言之成理"。这便是诸子之学，大部分可以称为哲学。这是一个思想解放的时代，也是一个思想发达的时代，在中国学术史里是稀有的。

诸子都出于职业的"士"。"士"本是封建制度里贵族的末一级；但到了春秋、战国之际，"士"成了有才能的人的通称。在贵族政治未崩坏的时候，所有的知识、礼、乐等等，都在贵族手里，平民是没份的。那时有知识技能的专家，都由贵族专养专用，都是在官的。到了贵族政治崩坏以后，贵族有的失了势，穷了，养不起自用的专家。这些专家失了业,流落到民间,便卖他们的知识技能为生。凡有权有钱的都可以临时雇用他们;他们起初还是伺候贵族的时候多,不过不限于一家贵族罢了。这样发展了一些自由职业;靠这些自由职业为生的,渐渐形成了一个特殊阶级,便是"士农工商"的"士"。这些"士",这些专家,后来居然开门授徒起来。徒弟多了,声势就大了,地位也高了。他们除掉执行自己的职业之外,不免根据他们专门的知识技能,研究起当时的文化和制度来了。这就有了种种看法和主张,各"思以其道易天下"(语见章学诚《文史通义·言公上》)。诸子百家便是这样兴起的。

第一个开门授徒发扬光大那非农非工非商非官的"士"的阶级的,是孔子。孔子名丘,他家原是宋国的贵族,贫寒失势,才流落到鲁国去。他自己做了一个儒士;儒士是以教书和相礼为职业的,他却只是一个"老教书匠"。他的教书有一个特别的地方,就是"有教无类"(《论语·卫灵公》)。他大招学生,不问身家,只要缴相当的学费就收;收来的学生,一律教他们读《诗》、《书》等名贵的古籍,并教他们《礼》、《乐》等功课。这些从前是只有贵族才能够享受的,孔子是第一个将学术民众化的人。他又带着学生,周游列国,说当世的君主;这也是从前没有的。他一个人开了讲学和游说的风气,是"士"阶级的老祖宗。他是旧文化、旧制度的辩护人,以这种姿态创始了所谓儒家。所谓旧文化、旧制度,主要的是西周的文化和制度,孔子相信是文王、周公创造的。继续文王、周公的事业,便是他给他自己的使命。他自己说,"述而不作,信而好古"(《论语·述而》);所述的,所信所好的,都是周代的文化和制度。《诗》、《书》、《礼》、《乐》等是周文化的代表,所以他拿来作学生的必修科目。这些原是共同的遗产,但后来各家都讲自己的新学说,不讲这些;讲这些的始终只有"述而不作"的儒家,因此《诗》、《书》、《礼》、《乐》等便成为儒家的专有品了。孔子是个博学多能的人,他的讲学是多方面的。他讲学的目的在于养成"人",养成为国家服务的人,并不在于养成某一家的学者。他教学生读各种书、学各种功课之外,更注重人格的修养。他说为人要有真性情,要有同情心,能够推己及人,这所谓"直"、"仁"、"忠"、"恕";一面还得合乎礼,就是遵守社会的规范。凡事只问该作不该作,不必问有用无用;只重义,不计利。这样人才配去干政治,为国家服务。孔子的政治学说,是"正名主义"。他想着当时制度的崩坏,阶级的紊乱,都是名不正的缘故。君没有君道,臣没有臣道,父没有父道,子没有子道,实和名不能符合起来,天下自然乱了。救时之道,便是"君君,臣臣,父父,子子"(《论语·颜渊》);正名定分,社会的秩序、封建的阶级便会恢复的。他是给封建制度找了一个理论的根据。这个正名主义,又是从《春秋》和古史官的种种书法归纳得来的。他所谓"述而不作",其实是以述为作,就是理论化旧文化、旧制度,要将那些维持下去。他对于中国文化的贡献,便在这里。

孔子以后,儒家还出了两位大师,孟子和荀子。孟子名轲,邹人;荀子名况,赵人。这两位大师代表儒家的两派。他们也都拥护周代的文化和制度,但更进一步的加以理论化和理想化。孟子说人性是善的。人都有恻隐心、羞恶心、辞让心、是非心；这便是仁义礼智等善端，只要能够加以扩充，便成善人。这些善端，又总称为"不忍人之心"。圣王本于"不忍人之心"，发为"不忍人之政"（《孟子·公孙丑》），便是"仁政"、"王政"。一切政治的经济的制度都是为民设的，君也是为民设的——这却已经不是封建制度的精神了。和王政相对的是霸政。霸主的种种制作设施，有时也似乎为民，其实不过是达到好名好利好尊荣的手段罢了。荀子说人性是恶的。性是生之本然，里面不但没有善端，还有争夺放纵等恶端。但是人有相当聪明才力，可以渐渐改善学好；积久了，习惯自然，再加上专一的功夫，可以到圣人的地步。所以善是人为的。孟子反对功利，他却注重它。他论王霸的分别，也从功利着眼。孟子注重圣王的道德，他却注重圣王的威权。他说生民之初，纵欲相争，乱得一团糟；圣王建立社会国家，是为明分息争的。礼是社会的秩序和规范，作用便在明分；乐是调和情感的，作用便在息争。他这样从功利主义出发，给一切文化和制度找到了理论的根据。

儒士多半是上层社会的失业流民；儒家所拥护的制度，所讲所行的道德也是上层社会所讲所行的。还有原业农工的下层失业流民，却多半成为武士。武士是以帮人打仗为职业的专家。墨翟便出于武士。墨家的创始者墨翟，鲁国人，后来做到宋国的大夫，但出身大概是很微贱的。"墨"原是作苦工的犯人的意思，大概是个浑名；"翟"是名字。墨家本是贱者，也就不辞用那个浑名自称他们的学派。墨家是有团体组织的，他们的首领叫作"巨子"；墨子大约就是第一任"巨子"。他们不但是打仗的专家，并且是制造战争器械的专家。

但墨家和别的武士不同,他们是有主义的。他们虽以帮人打仗为生,却反对侵略的打仗;他们只帮被侵略的弱小国家做防卫的工作。《墨子》里只讲守的器械和方法,攻的方面,特意不讲。这是他们的"非攻"主义。他们说天下大害,在于人的互争;天下人都该视人如己,互相帮助,不但利他,而且利己。这是"兼爱"主义。墨家注重功利,凡与国家人民有利的事物,才认为有价值。国家人民,利在富庶;凡能使人民富庶的事物是有用的,别的都是无益或有害。他们是平民的代言人,所以反对贵族的周代的文化和制度。他们主张"节葬"、"短丧"、"节用"、"非乐",都和儒家相反。他们说他们是以节俭勤苦的夏禹为法的。他们又相信有上帝和鬼神,能够赏善罚恶;这也是下层社会的旧信仰。儒家和墨家其实都是守旧的;不过一个守原来上层社会的旧,一个守原来下层社会的旧罢了。

压根儿反对一切文化和制度的是道家。道家出于隐士。孔子一生曾遇到好些"避世"之士;他们着实讥评孔子。这些人都是有知识学问的。他们看见时世太乱,难以挽救,便消极起来,对于世事,取一种不闻不问的态度。他们讥评孔子"知其不可而为之"(《论语·宪问》),费力不讨好;他们自己便是知其不可而不为的,独善其身的聪明人。后来有个杨朱,也是这一流人,他却将这种态度理论化了,建立"为我"的学说。他主张"全生保真,不以物累形"(《淮南子·泛论训》);将天下给他,换他小腿上一根汗毛,他是不干的。天下虽大,是外物;一根毛虽小,却是自己的一部分。所谓"真",便是自然。杨朱所说的只是教人因生命的自然,不加伤害;"避世"便是"全生保真"的路。不过世事变化无穷,避世未必就能避害,杨朱的教义到这里却穷了。老子、庄子的学说似乎便是从这里出发,加以扩充的。杨朱实在是道家的先锋。

老子相传姓李名耳,楚国隐士。楚人是南方新兴的民族,受周文化的影响很少;他们往往有极新的思想。孔子遇到那些隐士,也都在楚国;这似乎不是偶然的。庄子名周,宋国人,他的思想却接近楚人。老学以为宇宙间事物的变化,都遵循一定的公律,在天然界如此,在人事界也如此,这叫作"常"。顺应这些公律,便不需避害,自然能避害,所以说,"知常曰明"(《老子》十六章)。事物变化的最大公律是物极则反。处世接物,最好先从反面下手。"将欲歙之,必固张之;将欲弱之,必固强之;将欲废之,必固兴之;将欲夺之,必固与之。"(《老子》三十六章)"大直若屈,大巧若拙,大辩若讷。"(《老子》四十五章)这样以退为进,便不至于有什么冲突了。因为物极则反,所以社会上政治上种种制度,推行起来,结果往往和原来目的相反。"法令滋彰,盗贼多有。"(《老子》五十七章)治天下本求有所作为,但这是费力不讨好的,不如排除一切制度,顺应自然,无为而为,不治而治。那就无不为,无不治了。自然就是"道",就是天地万物所以生的总原理。物得道而生,是道的具体表现。一物所以生的原理叫作"德","德"是"得"的意思。所以宇宙万物都是自然的。这是老学的根本思想;也是庄学的根本思想。但庄学比老学更进一步。他们主张绝对的自由,绝对的平等。天地万物,无时不在变化之中,不齐是自然的。一切但须顺其自然，所有的分别，所有的标准，都是不必要的。社会上政治上的制度，硬教不齐的齐起来，只徒然伤害人性罢了。所以圣人是要不得的；儒墨是"不知耻"(《庄子·在宥》、《庄子·天运》)的。按庄学说，凡天下之物，都无不好；凡天下的意见，都无不对；无所谓物我，无所谓是非；甚至死和生也都是自然的变化，都是可喜的。明白这些个，便能与自然打成一片，成为"无入而不自得"的至人了。老庄两派，汉代总称为道家。

庄学排除是非，是当时"辩者"的影响。"辩者"，汉代称为名家，出于讼师。辩者的一个首领郑国邓析，便是春秋末年著名的讼师。另一个首领梁相惠施，也是法律行家。邓析的本事在对于法令能够咬文嚼字地取巧，"以是为非，以非为是"(《吕氏春秋·审应览·离谓》)。语言文字往往是多义的；他能够分析语言文字的意义，利用来作种种不同甚至相反的解释。这样发展了辩者的学说。当时的辩者有惠施和公孙龙两派。惠施派说，世间各个体的物，各有许多性质；但这些性质，都因比较而显，所以不是绝对的。各物都有相同之处，也都有相异之处。从同的一方面看，可以说万物无不相同；从异的一方面看，可以说万物无不相异。同异都是相对的：这叫作"合同异"(语见《庄子·秋水》)。

公孙龙，赵人。他这一派不重个体而重根本，他说概念有独立分离的存在。譬如一块坚而白的石头，看的时候只见白，没有坚；摸的时候只觉坚，不见白。所以白性与坚性两者是分离的。况且天下白的东西很多，坚的东西也很多，有白而不坚的，也有坚而不白的，也可见白性与坚性是分离的，白性使物白，坚性使物坚；这些虽然必须因具体的物而见，但实在有着独立的存在，不过是潜存罢了。这叫作"离坚白"（《荀子·非十二子》）。这种讨论与一般人感觉和常识相反，所以当时以为"怪说"、"琦辞"，"辩而无用"（语见《韩非子·孤愤》）。但这种纯理论的兴趣，在哲学上是有它的价值的。至于辩者对于社会政治的主张，却近于墨家。

儒、墨、道各家有一个共通的态度，就是托古立言；他们都假托古圣贤之言以自重。孔子托于文王、周公，墨子托于禹，孟子托于尧、舜，老、庄托于传说中尧、舜以前的人物；一个比一个古，一个压一个。不托古而变古的只有法家。法家出于"法术之士"（《韩非子·定法》），法术之士是以政治为职业的专家。贵族政治崩坏的结果，一方面是平民的解放，一方面是君主的集权。这时候国家的范围，一天一天扩大，社会的组织也一天一天复杂，人治、礼治，都不适用了。法术之士便创一种新的政治方法帮助当时的君主整理国政，做他们的参谋。这就是法治。当时现实政治和各方面的趋势是变古——尊君权、禁私学、重富豪。法术之士便拥护这种趋势，加以理论化。

他们中间有重势、重术、重法三派，而韩非子集其大成。他本是韩国的贵族，学于荀子。他采取荀学、老学和辩者的理论，创立他的一家言；他说势、术、法三者都是"帝王之具"（《韩非子·定法》），缺一不可。势的表现是赏罚：赏罚严，才可以推行法和术。因为人性究竟是恶的。术是君主驾驭臣下的技巧。综核名实是一个例。譬如教人做某官，按那官的名位，该能作出某些成绩来；君主就可以照着去考核，看他名实能相副否。又如臣下有所建议，君主便叫他去做，看他能照所说的做到否。名实相副的赏；否则罚。法是规矩准绳，明主制下了法，庸主只要守着，也就可以治了。君主能够兼用法、术、势，就可以一驭万，以静制动，无为而治。诸子都讲政治，但都是非职业的，多偏于理想。只有法家的学说，从实际政治出来，切于实用。中国后来的政治，大部分是受法家的学说支配的。

古代贵族养着礼、乐专家，也养着巫祝、术数专家。礼、乐原来的最大的用处在丧、祭。丧、祭用礼、乐专家，也用巫祝；这两种人是常在一处的同事。巫祝固然是迷信的；礼、乐里原先也是有迷信成分的。礼、乐专家后来沦为儒士；巫祝、术数专家便沦为方士。他们关系极密切，所注意的事有些是相同的。汉代所称的阴阳家便出于方士。古代术数注意于所谓"天人之际"，以为天道人事互相影响。战国末年有些人更将这种思想推行起来，并加以理论化，使它成为一贯的学说。这就是阴阳家。

当时阴阳家的首领是齐人邹衍。他研究"阴阳消息"（《史记·孟子荀卿列传》），创为"五德终始"说（《吕氏春秋·有始览·名类》及《文选·左思〈魏都赋〉》李善注引《七略》）。"五德"就是五行之德。五行是古代的信仰。邹衍以为五行是五种天然势力，所谓"德"，每一德，各有盛衰的循环。在它当运的时候，天道人事，都受它支配。等到它运尽而衰，为别一德所胜所克，别一德就继起当运。木胜土，金胜木，火胜金，水胜火，土胜水，这样"终始"不息。历史上的事变都是这些天然势力的表现。每一朝代，代表一德；朝代是常变的，不是一家一姓可以永保的。阴阳家也讲仁义名分，却是受儒家的影响。那时候儒家也在开始受他们的影响，讲《周易》，作《易传》。到了秦汉间，儒家更几乎与他们混和为一；西汉今文家的经学大部便建立在阴阳家的基础上。后来"古文经学"虽然扫除了一些"非常"、"可怪"之论（何休《春秋公羊经传解诂·序》说《春秋》中"多非常异议可怪之论"），但阴阳家的思想已深入人心，牢不可拔了。

战国末期，一般人渐渐感着统一思想的需要，秦相吕不韦便是作这种尝试的第一个人。他教许多门客合撰了一部《吕氏春秋》。现在所传的诸子书，大概都是汉人整理编定的；他们大概是将同一学派的各篇编辑起来，题为某子，所以都不是有系统的著作。《吕氏春秋》却不然；它是第一部完整的书。吕不韦所以编这部书，就是想化零为整，集合众长，统一思想。他的基调却是道家。秦始皇统一天下，李斯为相，实行统一思想。他烧书，禁天下藏《诗》、《书》百家语》（《史记·秦始皇本纪》）。但时机到底还未成熟，而秦不久也就亡了，李斯是失败了。所以汉初诸子学依然很盛。

到了汉武帝的时候，淮南王刘安仿效吕不韦的故智，教门客编了一部《淮南子》，也以道家为基调，也想来统一思想。但成功的不是他，是董仲舒。董仲舒向武帝建议："'六经'和孔子的学说以外，各家一概禁止。邪说息了，秩序才可统一，标准才可分明，人民才知道他们应走的路。"（原文见《汉书·董仲舒传》）武帝采纳了他的话。从此，帝王用功名利禄提倡他们所定的儒学，儒学统于一尊；春秋战国时代言论思想极端自由的空气便消灭了。这时候政治上既开了从来未有的大局面，社会和经济各方面的变动也渐渐凝成了新秩序，思想渐归于统一，也是自然的趋势。在这新秩序里，农民还占着大多数，宗法社会还保留着，旧时的礼教与制度一部分还可适用，不过民众化了罢了。另一方面，要创立政治上社会上各种新制度，也得参考旧的。这里便非用儒者不可了。儒者通晓以前的典籍，熟悉以前的制度，而又能够加以理想化、理论化，使那些东西秩然有序，粲然可观。别家虽也有政治社会学说，却无具体的办法，就是有，也不完备，赶不上儒家，在这建设时代，自然不能和儒学争胜。儒学的独尊，也是当然的。

（原载朱自清：《经典常谈》，生活·读书·新知三联书店1980年版）

1896—1950

傅斯年：论战国诸子之地方性

凡一个文明国家统一久了以后，要渐渐的变成只剩了一个最高的文化中心点，不管这个国家多么大。若是一个大国家中最高的文化中心点不止一个时，便要有一个特别的原因，也许是由于政治的中心点和经济的中心点不在一处，例如明清两代之吴会；也许是由于原旧国家的关系，例如罗马帝国之有亚历山大城，胡元帝国之有杭州。但就通例说，统一的大国只应有一个最高的文化中心点的。所以虽以西汉关东之富，吴梁灭后，竟不复闻类于吴苑梁朝者。虽以唐代长江流域之文华，隋炀一度之后，不闻风流文物更炽于汉皋吴会。统一大国虽有极多便宜，然也有这个大不便宜。五季十国之乱，真是中国历史上最不幸的一个时期了，不过也只有在五季十国那个局面中，南唐西蜀乃至闽地之微，都要和僭乱的中朝争文明的正统。这还就单元的国家说，若在民族的成分颇不相同的一个广漠文明区域之内，长期的统一之后，每至消磨了各地方的特性，而减少了全部文明之富度，限制了各地各从其性之特殊发展。若当将混而未融之时，已通而犹有大别之间，应该特别发挥出些异样的文华来。近代欧洲正是这么一个例，或者春秋战国中也是这样子具体而微罢？

战国诸子之有地方性，《论语》《孟子》《庄子》均给我们一点半点的记载，若《淮南子·要略》所论乃独详。近人有以南北混分诸子者，其说极不可通。盖春秋时所谓"南"者，在文化史的意义上与楚全不相同（详拙论《南国》），而中原诸国与其以南北分，毋宁以东西分，虽不中，犹差近。在永嘉丧乱之前，中国固只有东西之争，无南北之争（晋楚之争而不决为一例外）。所以现在论到诸子之地方性，但以国别为限不以南北西东等泛词为别。

齐燕附 战国时人一个成见，或者这个成见正是很对，即是谈到荒诞不经之人，每说他是齐人。《孟子》："此齐东野人之语也。"《庄子》："齐谐者，志怪者也。"《史记》所记邹衍等，皆其例。春秋战国时，齐在诸侯中以地之大小比起来，算最富的（至两汉尚如此），临淄一邑的情景，假如苏秦的话不虚，竟是一个近代大都会的样子。地方又近海，或以海道交通而接触些异人异地；并且从早年便成了一个大国，不像邹鲁那样的寒酸。姜田两代颇出些礼贤下士的侯王。且所谓东夷者，很多是些有长久传说的古国，或者济河岱宗以东，竟是一个很大的文明区域。又是民族迁徙自西向东最后一个层次（以上各节均详别论）。那么，齐国自能发达他的特殊文化，而成到了太史公时尚为人所明白见到的"泱泱乎大国风"，正是一个很合理的事情。齐国所贡献于晚周初汉的文化大约有五类（物质的文化除外）。

甲，宗教。试看《史记·秦始皇本纪》《封禅书》，则知秦皇、汉武所好之方士，实原自齐，燕亦附庸在内。方士的作祸是一时的，齐国宗教系统之普及于中国是永久的。中国历来相传的宗教是道教，但后来的道教造形于葛洪、寇谦之一流人，其现在所及见最早一层的根据，只是齐国的神祠和方士。八祠之祀，在南朝几乎成国教；而神仙之论，竟成最普及最绵长的民间信仰。

乙，五行论。五行阴阳论之来源已不可考，《甘誓》、《洪范》显系战国末人书（我疑《洪范》出自齐，伏生所采以入廿八篇者），现在可见之语及五行者，以《荀子·非十二子》篇为最多。荀子訾孟子、子思以造五行论，然今本《孟子》、《中庸》中全无五行说，《史记·孟子荀卿列传》中却有一段，记邹衍之五德终始论最详：

齐有三邹子。其前邹忌，以鼓琴干威王，因及国政，封为成侯，而受相印，先孟子。其次邹衍，后孟子。邹衍睹有国者益淫侈，不能尚德，若《大雅》整之于身施及黎庶矣，乃深观阴阳消息，而作怪迂之变，《终始》、《大圣》之篇十余万言。其语闳大不经，必先验小物，推而大之，至于无垠。先序今以上至黄帝，学者所共术，大并世盛衰，因载其机祥度制，推而远之，至天地未生，窈冥不可考而原也。先列中国名山、大川、通谷、禽兽，水土所殖，物类所珍，因而推之及海外，人之所不能睹。称引天地剖判以来，五德转移，治各有宜，而符应若兹。以为儒者所谓中国者，于天下乃八十一分居其一分耳。中国名曰赤县神州，赤县神州内自有九州，禹之序九州是也，不得为州数。中国外如赤县神州者九，乃所谓九州也，于是有裨海环之。人民禽兽莫能相通者，如一区中者，乃为一州。如此者九，乃有大瀛海环其外，天地之际焉。其术皆此类也。然要其归必止乎仁义节俭，君臣上下六亲之施，始也滥耳。王公大人初见其术，惧然顾化，其后不能行之。是以邹子重于齐。适梁，梁惠王郊迎，执宾主之礼；适赵，平原君侧行撇席。如燕，昭王拥彗先驱，请列弟子之座而受业，筑碣石宫，身亲往师之，作《主运》。

邹子出于齐，而最得人主景仰于燕，燕齐风气，邹子一身或者是一个表象。邹子本不是儒家，必战国晚年他的后学者托附于当时的显学儒家以自重，于是谓五行之学创自子思、孟轲。荀子习而不察，遽以之归罪子思、孟轲，遂有《非十二子》中之言。照这看来，这个五行论在战国末很盛行的，诸子《史记》不少证据。且这五行论在战国晚年不特托于儒者大师，又竟和儒者分不开了。《史记·秦始皇本纪》：

卢生说始皇曰："臣等求芝奇药仙者常弗遇，类物有害之者。方中，人主时为微行，以辟恶鬼，恶鬼辟，真人至。至人主所居，而人臣知之，则害于神。真人者，入水不濡，入火不蓺，陵云气，与天地久长。今上治天下，未能恬惔。愿上所居宫毋令人知，然后不死之药殆可得也。"于是始皇曰："吾慕真人，自谓真人。不称朕。"乃令咸阳之旁二百里内宫观二百七十，复道甬道相连，帷帐钟鼓美人充之，各案署，不移徙。行所幸，有言其处者，罪死。始皇帝幸梁山宫，从山上见丞相车骑众，弗善也。中人或告丞相，丞相后损车骑。始皇怒曰："此中人泄吾语。"案问，莫服。当是时，诏捕诸时在旁者，皆杀之。自是后莫知行之所在。听事，群臣受决事，悉于咸阳宫。侯生、卢生相与谋曰："始皇为人，天性刚戾自用，起诸侯，并天下，意得欲从，以为自古莫及己。专任狱吏，狱吏得亲幸，博士虽七十人，特备员弗用。丞相诸大臣皆受成事，倚辨于上。上乐以刑杀为威，天下畏罪，持禄莫敢尽忠。上不闻过而日骄，下慑伏谩欺以取容。秦法，不得兼方，不验，辄死。然候星气者至三百人，皆良士，畏忌讳谀、不敢端言其过。天下之事无小大皆决于上，上至以衡石量书，日夜有呈，不中呈，不得休息。贪于权势至如此，未可为求仙药。"于是乃亡去。始皇闻亡，乃大怒曰："吾前收天下书不中用者尽去之，悉召文学方术士甚众，欲以兴太平，方士欲练以求奇药。今闻韩众去不报，徐市等费以巨万计，终不得药，徒奸利相告日闻。卢生等吾尊赐之甚厚，今乃诽谤我，以重吾不德也。诸生在咸阳者，吾使人廉问，或为妖言，以乱黔首。"于是使御史悉案问诸生。诸生传相告引，乃自除犯禁者四百六十余人，皆坑之咸阳，使天下知之，以惩后。益发谪徙边，始皇长子扶苏谏曰："天下初定，远方黔首未集，诸生皆诵法孔子，今上皆重法绳之，臣恐天下不安。惟上察之。"始皇怒，使扶苏北监蒙恬于上郡。

这真是最有趣的一段史料，分析之如下：

（一）卢生等只是方士，决非邹鲁之所谓儒；

（二）秦始皇坑的是这些方士；

（三）这些方士竟"皆诵法孔子"，而坑方士变做了坑儒。

则侈谈神仙之方士，为五行论之诸生，在战国末年竟儒服儒号，已无可疑了。这一套的五德终始阴阳消息论，到了汉朝，更养成了最有势力的学派，流行之普遍，竟在儒老之上。有时附儒，如儒之齐学，《礼记》中《月令》及他篇中羼入之阴阳论皆是其出产品；有时混道，如《淮南鸿烈》书中不少此例，《管子》书中也一样。他虽然不能公然的争孔老之席，而暗中在汉武时，已把儒家换羽移宫，如董仲舒、刘向、刘歆、王莽等，都是以阴阳学为骨干者。五行阴阳本是一种神道学（Theology），或曰玄学（Metaphysics），见诸行事则成迷信。五行论在中国造毒极大，一切信仰及方技都受他影响。但我们现在也不用笑他了，19世纪总不是一个顶迷信的时代罢？德儒海格尔以其心学之言盈天下，三四十年前，几乎统一了欧美大学之哲学讲席。但这位大玄学家发轫的一篇著作是用各种的理性证据——就是五德终始一流的——去断定太阳系行星只能有七，不能有六，不能有八。然他这本大著出版未一年，海王星之发现宣布了！至于辨氏 Dialektik，还不是近代的阴阳论吗？至若我们只瞧不起我们二千年前的同国人，未免太宽于数十年前的德国哲学家了。

丙，托于管晏的政论。管晏政论在我们现在及见的战国书中并无记之者（《吕览》只有引管子言行处，没有可以证明其为引今见《管子》书处），但《淮南子》、《史记》均详记之。我对于《管子》书试作的设定是：《管子》书是由战国晚年汉初年的齐人杂著拼合起来的。《晏子》书也不是晏子时代的东西，也是战国末汉初的齐人著作。此义在下文殊方之治术一篇及下一章《战国子家书成分分析》中论之。

丁，齐儒学。这本是一个汉代学术史的题目，不在战国时期之内，但若此地不提明此事，将不能认清齐国对战国所酝酿汉代所造成之文化的贡献，故略说几句。儒者的正统在战国初汉均在鲁国，但齐国自有他的儒学，骨子里只是阴阳五行，又合着一些放言侈论。这个齐学在汉初的势力很大，武帝时竟夺鲁国之席而为儒学之最盛者，政治上最得意的公孙弘，思想上最开风气的董仲舒，都属于齐学一派。公羊氏《春秋》，齐《诗》，田氏《易》，伏氏《书》，都是太常博士中最显之学。鲁学小言詹詹，齐学大言炎炎了。现在我们在西汉之残文遗籍中，还可以有出这个分别。

戊，齐文辞。战国文辞，齐楚最盛，各有其他的地方色彩，此事待后一篇中论之（《论战国杂诗体》一章中）。

鲁　鲁是西周初年周在东方文明故域中开辟一个殖民地。西周之故域既亡于戎，南国又亡于楚，而"周礼尽在鲁矣"。鲁国人揖让之礼甚讲究，而行事甚乖戾（太史公语），于是拿诗书礼乐做法宝的儒家出自鲁国,是再自然没有的事情。盖人文既高,仪节尤备,文书所存独多,又是个二等的国家,虽想好功矜伐而不能。故齐楚之富,秦晋之强,有时很足为师,儒之学发展之阻力,若鲁则恰成发展这一行的最好环境。"儒是鲁学"这句话,大约没有疑问罢?且儒学一由鲁国散到别处便马上变样子。孔门弟子中最特别的是"堂堂乎张"和不仕而侠之漆雕开,这两个人后来皆成显学。然上两个人是陈人,下两个人是蔡人。孔门中又有个子游,他的后学颇有接近老学的嫌疑,又不是鲁人(吴人)。宰我不知何许人,子贡是卫人,本然都不是鲁国愿儒的样子,也就物以类聚跑到齐国,一个得意,一个被杀了。这都是我们清清楚楚的认识出地方环境之限制人。墨子鲁人(孙诒让等均如此考定),习孔子之书,业儒者之业(《淮南子·要略》),然他的个性及主张,绝对不是适应于鲁国环境的,他自己虽然应当是鲁国及儒者之环境逼出来的一个造反者,但他总要到外方去行道,所以他自己的行迹,便也在以愚著闻的宋人国中多了。

宋 宋也是一个文化极高的国家,且历史的绵远没有一个可以同他比:前边有几百年的殷代,后来又和八百年之周差不多同长久。当桓襄之盛,大有殷商中兴之势,直到亡国还要称霸一回。齐人之夸,鲁人之拘,宋人之愚,在战国都极著名。诸子谈到愚人每每是宋人,如《庄子》"宋人资章甫而适诸越,越人断发文身,无所用之";《孟子》"宋人有闵其苗之不长而揠之者";《韩非子》宋人守株待兔。此等例不胜其举，而《韩非子》尤其谈到愚人便说是宋人。大约宋人富于宗教性，心术质直，文化既古且高，民俗却还淳朴，所以学者倍出，思想疏通致远而不流于浮华。墨家以宋为重镇，自是很自然的事情。

三晋及周郑 晋国在原来本不是一个重文贵儒提倡学术的国家，"晋所以伯，师武臣之力也"。但晋国接近周郑，周郑在周既东之后，虽然国家衰弱，终是一个文化中心，所以晋国在文化上受周郑的影响多（《左传》中不少此例）。待晋分为三之后，并不保存早年单纯军国的样子了，赵之邯郸且与齐之临淄争奢侈，韩魏地当中原，尤其出来了很多学者，上继东周之绪，下开名法诸家之盛，这一带地方出来的学者，大略如下：

太史儋，著所谓《老子》五千言（考详后）。关尹不知何许人，然既为周秦界上之关尹，则亦此一带之人。

申不害、韩非，刑名学者。管、晏、申、韩各书皆谈治道者，而齐晋两派绝异。

惠施、邓析、公孙龙，皆以名理为卫之辩士。据《荀子》，惠施、邓析，一流人；据《汉·志》，则今本《邓析子》乃申韩一派。

魏牟，放纵论者。

慎到，稷下辩士。今存《慎子》不可考其由来，但《庄子》中《齐物论》一篇为慎到著十二论之一，说后详。

南国 "南国"和"楚"两个名辞断不混的。"南国"包陈、蔡、许、邓、息、申一带楚北夏南之地，其地在西周晚季文物殷盛（详说论《周颂》篇），在春秋时已经好多部分入楚，在战国时全入楚境之内了。现在论列战国事自然要把南国这个名词放宽些，以括楚吴新兴之人众。但我们终不要忘楚之人文是受自上文所举固有之南国的。胜国之人文，新族之朝气，混合起来，自然可出些异样的东西。现在我们所可见自春秋末年这一带地方思想的风气，大略有下列几个头绪：

厌世达观者，如孔子适陈、蔡一带所遇之接舆、长沮、桀溺、荷蓧丈人等。

独行之士，许行等。

这一带地方又是墨家的一个重镇，且这一带的墨学者在后来以偏于名辩著闻。

果下文所证所谓苦县之老子为老莱子，则此一闻人亦是此区域之人。

秦国　秦国若干风气似晋之初年，并无学术思想可言，不知《商君书》一件东西是秦国自生的政论，如管晏政论之为齐学一样？或者是六国人代拟的呢？

中国之由分立进为一统，在政治上固由秦国之战功，然在文化上则全是另一个局面，大约说来如下：

齐以宗教及玄学统一中国（汉武帝时始成就）。

鲁以伦理及礼制统一中国（汉武帝时始成就）。

三晋一带以官术统一中国（秦汉皆申韩者）。

战国之乱，激出些独行的思想家；战国之侈，培养了些作清谈的清客。但其中能在后世普及者，只有上列几项。

（原载傅斯年：《史料论略及其他》，辽宁教育出版社1997年版）

1891—1962

胡适：墨子哲学的根本方法

儒墨两家根本上不同之处，在于两家哲学方法的不同，在于两家的"逻辑"不同。《墨子·耕柱》有一条最形容得出这种不同之处。

叶公子高问政于仲尼，曰："善为政者若之何？"仲尼对曰："善为政者，远者近之，而旧者新之。"（《论语》作"近者悦，远者来。"）

子墨子闻之曰："叶公子高未得其问也。仲尼亦未得其所以对也。叶公子高岂不知善为政者之远者近之，而旧者新之哉？问所以为之若之何也。"……

这就是儒墨的大区别。孔子所说是一种理想的目的。墨子所要的是一个"所以为之若之何"的进行方法。孔子说的是一个"什么"，墨子说的是一个"怎样"。这是一个大分别。

《公孟》又说：

子墨子问于儒者，曰："何故为乐？"曰："乐以为乐也。"子墨子曰："子未我应也。"今我问曰："何故为室？"曰："冬避寒焉，夏避暑焉，室以为男女之别也。"则子告我为室之故矣。今我问曰："何故为乐？"曰："乐以为乐也。"是犹曰："何故为室？"曰："室以为室也。"

儒者说的还是一个"什么"。墨子说的是一个"为什么"。这又是一个大分别。这两种区别，皆极重要。儒家最爱提出一个极高的理想的标准，作为人生的目的。如论政治，定说"君君、臣臣、父父、子子"，或说"近者悦，远者来"，这都是理想的目的，却不是进行的方法。如人生哲学（人生哲学，或译伦理学。伦理学之名不当，但可以称儒家之人生哲学耳。故不用），则高悬一个"止于至善"的目的，却不讲怎样能使人止于至善。所说细目，如："为人君，止于仁；为人臣，止于敬；为人父，止于慈；为人子，止于孝；与国人交，止于信。"（《大学》）全不问为什么为人子的要孝，为什么为人臣的要敬，只说理想中的父子、君臣、朋友是该如此如此的。所以儒家的议论，总要偏向"动机"一方面。"动机"如俗话的"居心"。孟子说的："君子之所以异于人者，以其存心也。君子以仁存心，以礼存心。"存心是行为的动机。《大学》说的诚意，也是动机。儒家只注意行为的动机，不注意行为的效果。推到了极端，便成董仲舒说的"正其谊不谋其利，明其道不计其功"。只说这事应该如此做，不问为什么应该如此做。

墨子的方法，恰与此相反。墨子处处要问一个"为什么"。例如造一所房子，先要问为什么要造房子。知道了"为什么"，方才可知道"怎样做"。知道房子的用处是"冬避寒焉,夏避暑焉,室以为男女之别",方才可以知道怎样布置构造始能避风雨寒暑,始能分别男女内外。人生的一切行为,都是如此。如今人讲教育,上官下属都说应该兴教育。于是大家都去开学堂,招学生。大家都以为兴教育就是办学堂,办学堂就是兴教育,从不去问为什么该兴教育。因为不研究教育是为什么的,所以办学和视学的人也无从考研教育的优劣,更无从考究改良教育的方法。我去年回到内地,有人来说,我们村里该开一个学堂。我问他为什么我们村里该办学堂呢?他说,某村某村都有学堂了,所以我们这里也该开一个。这就是墨子说的"是犹曰,何故为室。曰,室以为室也"的理论。

墨子以为无论何种事物、制度、学说、观念,都有一个"为什么"。换言之,事事物物都有一个用处。知道那事物的用处,方才可以知道他的是非善恶。为什么呢?因为事事物物既是为应用的,若不能应用,便失了那事那物的原意了,便应该改良了。例如墨子讲"兼爱",便说:

用而不可,虽我亦将非之。且焉有善而不可用者?(《兼爱下》)

这是说,能应"用"的,便是"善"的,"善"的便是能应"用"的。譬如我说这笔"好",为什么"好"呢?因为能中写,所以"好"。又如我说这会场"好",为什么"好"呢?因为他能最合开会讲演的用,所以"好"。这便是墨子的"应用主义"。

应用主义又可叫作"实利主义"。儒家说:"义也者,宜也。"宜即是"应该"。凡是应该如此做的,便是"义"。墨子说:"义,利也。"(《经上》篇,参看《非攻下》首段。)便进一层说,说凡事如此做去便可有利的即是"义的"。因为如此做才有利,所以"应该"如此做。义所以为"宜",正因其为"利"。

墨子的应用主义,所以容易被人误会,都因为人把这"利"字"用"字解错了。这"利"字并不是"财利"的利,这"用"也不是"财用"的用。墨子的"用"和"利"都只指人生行为而言。如今且让他自己下应用主义的界说:

子墨子曰:"言足以迁行者常之。不足以举行者勿常。不足以举行而常之,是荡口也。"(《贵义》)

子墨子曰:"言足以复行者常之。不足以举行者勿常。不足以举行而常之,是荡口也。"(《耕柱》)

这两条同一意思,迁字和举字同意。《说文》说:"迁,登也。"《诗经》有"迁于乔木",《易》有"君子以见善则迁",皆是"升高"、"进步"之意,和"举"字"抬高"的意思正相同。(后人不解"举"字之义,故把"举行"两字连读,作一个动词解。于是又误改上一"举"字为"复"字。)六个"行"字,都该读去声,是名词,不是动词。六个"常"字,都与"尚"字通用。(俞樾解《老子》"道可道非常道"一章说如此。)"常"是"尊尚"的意思。

这两章的意思，是说无论什么理论，什么学说，须要能改良人生的行为，始可推尚。若不能增进人生的行为，便不值得推尚了。

墨子又说：

今瞽者曰："钜者，白也。（俞云，钜当作皑。皑者皓之叚字。）黔者，黑也。"虽明目者无以易之。兼白黑，使瞽取焉，不能知也。故我曰，"瞽不知白黑"者，非以其名也，以其取也。

今天下之君子之名仁也，虽禹汤无以易之。兼仁与不仁，而使天下之君子取焉，不能知也。故我曰，天下之君子不知仁者，非以其名也，亦以其取也。（《贵义》）

这话说得何等痛快。大凡天下人没有不会说几句仁义道德的话的，正如瞎子虽不曾见过白黑，也会说白黑的界说。须是到了实际上应用的时候，才知道口头的界说是没有用的。高谈仁义道德的人，也是如此。甚至有许多道学先生一味高谈王霸义利之辨，却实在不能认得韭菜和麦的分别。有时分别义利，辨入毫芒，及事到临头，不是随波逐流，便是手足无措。所以墨子说单知道几个好听的名词，或几句虚空的界说，算不得真"知识"。真"知识"在于能把这些观念来应用。

这就是墨子哲学的根本方法。后来王阳明的"知行合一"说，与此说多相似之点。阳明说："未有知而不行者。知而不行，只是未知。"很像上文所说"故我曰，天下之君子不知仁者，非以其名也,亦以其取也"之意。但阳明与墨子有绝不同之处。阳明偏向"良知"一方面,故说:"尔那一点良知,是尔自家的准则。尔意念着处,他是便知是,非便知非。"墨子却不然,他的是非的"准则",不是心内的良知,乃是心外的实用。简单说来,墨子是主张"义外"说的,阳明是主张"义内"说的(义外义内说,见《孟子·告子》)。阳明的"知行合一"说,只是要人实行良知所命令。墨子的"知行合一"说,只是要把所知的能否实行,来定所知的真假,把所知的能否应用,来定所知的价值。这是两人的根本区别。

墨子的根本方法,应用之处甚多,说得最畅快的,莫如《非攻上》篇。我且把这一篇妙文,抄来做我的"墨子哲学方法论"的结论罢。

今有一人,入人园圃,窃其桃李。众闻则非之,上为政者得则罚之。此何也?以亏人自利也。至攘人犬豕鸡豚者,其不义又甚入人园圃窃桃李。是何故也?以亏人愈多,其不仁兹甚,罪益厚。至入人栏厩,取人牛马者,其不仁义又甚攘人犬豕鸡豚。此何故也?以其亏人愈多。苟亏人愈多,其不仁兹甚,罪益厚。至杀不辜人也,扡其衣裘,取戈剑者,其不义又甚入人栏厩取人马牛。此何故也?以其亏人愈多,苟亏人愈多,其不仁兹甚矣,罪益厚。当此天下之君子皆知而非之,谓之"不义"。今至大为(不义)攻国,则弗知非,从而誉之,谓之"义"。此可谓知义与不义之别乎?杀一人,谓之不义,必有一死罪矣。若以此说往,杀十人,十重不义,必有十死罪矣。杀百人，百重不义，必有百死罪矣。当此，天下之君子皆知而非之，谓之"不义"。今至大为不义攻国，则弗知非，从而誉之，谓之"义"。情不知其不义也，故书其言以遗后世。若知其不义也，夫奚说书其不义以遗后世哉？今有人于此，少见黑曰黑，多见黑曰白，则以此人不知白黑之辩矣。少尝苦曰苦，多尝苦曰甘，则必以此人为不知甘苦之辩矣。今小为非则知而非之，大为非攻国，则不知非，从而誉之，谓之义。此可谓知义与不义之辩乎？是以知天下之君子辩义与不义之乱也。

（原载《太平洋》第1卷第11、12号，1919年4、7月）

学大合

第五篇
佛学与佛教
佛家文化三讲

1937—1946

1937—1946

1893—1964

汤用彤：论中国佛教无"十宗"

中国佛教史料中，有所谓"十宗"、"十三宗"，本出于传闻，并非真相。本文主旨在指出其虚妄，讨论其由致。然由于相关汉文的书籍浩繁，草此文时，虽逾两月，并得青年同志相助，但限于体力，只能查阅，未行细读，因之论据当有漏略，论断可能有误。纠谬补正，亟希望于读者。

一、略述佛教"宗"之形成

本文所说的"宗"，仅与中国及日本佛教宗派有关。"宗"字之意义甚多，基本上有尊崇的意思，所信仰之主义，所主张之学说，可谓之宗。（故在因明中，推理之结论亦称为"宗"。）印度佛教在西汉末传入中国，而在东汉末至晋，般若空宗的经典陆续译出，因此种大乘佛学与为中国统治阶级服务的玄学相合而大为流行。但是印度佛教所谈的"空"，中国知识分子则有各种不同的理解，因而有各种不同的学说（主义）。遂有所谓"六家七宗"。所说的"家"就是"宗"，像"儒家"、"道家"之"家"。因此所谓的"本无宗"就是"本无家"，"心无宗"就是"心无家"。在当时清谈的时代，这些理论都是通过谈论表达出来的，有时也用笔写，因此"本无宗"可称为"本无之谈"或"论"，"心无宗"可称为"心无之义"，因为这些意见是各自所主张的，所以名为"宗"。从佛教的眼光说，这些意见应该是不违背般若经典。东晋僧叡在《喻疑论》中赞美他的老师道安曰："附文求旨，义不远宗，言不乖实，起之于亡师。"此处所说的"文"，是般若之文，"宗"就是"空宗"（或"虚宗"），就是玄学家所尊崇的根本的学说。六家七宗是在清谈中产生，有时也发生较激烈的争论，如东晋时本无家竺法汰驳斥道恒之心无义是也。但究竟乃个人间之争辩，非宗派间之攻击也。

中国佛教之宗派，应说是大起于隋唐，是经过南北朝经论讲习之风而后形成的。兹先述讲习之情形，再论宗派之开始。

（一）"宗"——经师、论师。

南北朝时，佛教因帝王士大夫的大力提倡，译出经典益多，有大乘，有小乘。大乘空宗有般若三论、《维摩》、《法华》，大乘有宗有《华严》、《涅槃》；小乘既有沙婆多（一切有）的诸论，又有《成实论》之空理。出经既多，译人复有传授，因而特别在南朝讲习经论之风大盛。（即诵经、唱导也是功德，故《高僧传》十科中列有诵经、经师、唱导三科。）在东晋佛学还尚"清通简要"，主张"得意忘筌"，是以道生《注法华》只有二卷，到了齐梁时代，僧人务期兼通众经，盛行讲说，法云的《法华义疏》现存八卷，刘虬的《法华注》著录十卷。从前僧人以能清谈玄理见长，现在以能讲经知名，于是国内有很多知名的经师、论师。现在姑举当时的两三僧人为代表说明讲习情况。下文系摘录慧皎《高僧传》卷八（《大正藏》卷五十）原文，括弧内的字系引者加改的。

释慧基初随慧义法师，宋文帝为设会出家，舆驾亲幸，公卿必集。（慧义曾在鸠摩罗什的门下，并有功于文帝之父刘裕，故其弟子出家，也由皇帝出面。）基学兼昏晓，解洞群经。游历讲肆，备访众师，善《小品》《法华》《思益》《维摩》《金刚波若》《胜鬘》等经，皆思探玄赜（原误作颐），提章比句。及慧义亡后，资生杂物，近盈百万，基法应获半，唯取粗故衣钵。（老和尚财物很多，死后弟子虽依法可得一半，但只拿了衣钵，可见此时衣钵非传法之象征。）遍历三吴，讲宣经教，学徒至者千有余人。后周颙（名士）莅剡，请基讲说。刘瓛（经学家）、张融（名士）并申以师礼，崇其义训。司徒文宣王（萧子良）致书殷勤，访以《法华》宗旨，基乃著《法华义疏》，凡有三卷。及制门训义序三十三科，并略申方便旨趣，会通空有二言，及注《遗教》等。（这些著作均与《法华》有关。）乃敕为僧主，掌任十城，益东土僧正之始也。基弟子德行、慧旭、道恢（三名与目录不合，德字应作僧），并学业优深，次第敷讲，各领门徒继轨前辙（他的弟子也讲经，并领门徒）。……

据此，当时佛教势力扩展，经论之讲习甚盛，僧人广访众师听讲，而本人亦渐以讲经知名，并各自有所专精，得统治阶级各方面支持。慧基在社会活动，因其对于《法华经》独步一时，但是也不过是"提章比句"，并非自有创造。因此他的弟子亦不过四处听听，也自己讲讲，并不一定是继续发挥他的老师的学说。慧基的弟子慧集就是如此。《僧传》卷八《慧集传略》曰：

释慧集年十八出家，随慧基法师受业，学勤昏晓，未尝懈息，遍历众师，融冶异说，三藏方等并皆综达，广访《大毗婆沙》及《杂心》《犍度》等，以相辩校，故于《毗昙》一部擅步当时。每一开讲，负帙千人，沙门僧旻、法云并名高一代，亦执卷请益。今上（指梁武帝萧衍）深相赏接。著《毗昙大义疏》十余万言，盛行于世。

据此慧集和他的老师慧基的情形全同，只是老师专精《法华》，而弟子则以《毗昙》知名而已。而且由此可见，当时所谓义学僧人，只擅长讲经，并未开创新说，可以继承也。

因为当时的风气如此，故僧人讲经次数之多，实可惊人，而讲经既多，于是章句甚繁，而有集注产生。《僧传》同卷《宝亮传》说："亮继讲众经，盛于京邑，讲《大涅槃》凡八十四遍，《成实论》十四遍，《胜鬘》四十二遍，《维摩》二十遍，其大小品十遍，《法华》《十地》《优婆塞戒》《无量寿》《首楞严》《遗教》《弥勒下生》等亦皆近十遍，黑白弟子三千余人。开章命句，锋辩纵横。"宝亮讲经次数之多，或有夸大，但足见刘宋后僧人的风气。同时梁武帝亦自讲经，又敕撰《涅槃集注》，有七十一卷，所集注疏十九种。这都标志着佛教经学之形成也。

南朝佛教讲说既风行，因此有所谓涅槃师、成实师或成论人、毗昙师或数人等名称。虽然讲涅槃者所宗为《涅槃经》，讲成实者所宗为《成实论》，讲毗昙者所宗之经为《杂心论》等。但实际上隋唐以前中国佛教的撰述中，涅槃宗、成实宗、毗昙宗实极罕见。兹据所知，引书三条如下：

1.《续僧传》卷十隋《靖嵩传》云，嵩在北齐时因"唯有小乘，未遑详阅，遂从道猷、法诞二大论主，面受成、杂两宗"。此处谓成实宗、杂心宗显然指着这两部论所说的理论而已。

2. 日本僧人安澄于公元801年至806年撰的《中论疏记》卷一述旧地论师所说的四宗略曰：

一、因缘宗，后人诏毘昙宗，二、假名宗，后人诏成实宗（下略）。

又按窥基（632—682年）的《法苑义林》叙四宗有曰：

夫论宗者，所崇所尊所主名为宗。古大德总立四宗，一、立性宗，《杂心》等是，二、破性宗，《成实》等是（下略）。

合上抄两段观之，安澄所谓的毘昙宗，即窥基之"《杂心》等"论也，安澄之成实宗，即窥基之"《成实》等"论也。又失名之《摄大乘义章》卷四数言"成实论宗"（《大正藏》卷八十五，页一〇三七），可知成实宗即是"成实论宗"之省文也。又安澄书中引有宗法师成实义章，聪法师疏、成实论大义记、基师阿毘昙章，这些当即安澄所指之"后人"名为成实宗、毘昙宗也，亦即成实师、毘昙师之说也。

3. 按中国隋唐章疏论述当时的学说时如言"《成论》云"或"《成实论》云"、"《杂心》云"或"《毘昙》云"则系引用译出的经论的学说，但是叙述中国经师、论师的理论时则通常称曰"成实师云"或"成论师云"、"毘昙师云"、"涅槃师云"或"某某人云"等。吉藏的著作中常见这样的记载，例如《中观论疏》卷十六中有一段关于相续的文章，先说"成实师释相续有二家：一接续，二补续。接续有三释"，接着说了开善、庄严、琰师三家之说。并言补续"是光宅用"云云。由此可知，开善寺的智藏，庄严寺的僧旻，光宅寺的法云（以上所谓梁朝的三大法师）以及招提的慧琰等均是所谓"成实师"也。又吉藏《二谛义》卷下关于相即义有曰："光宅无别释，此师《法华》盛行，《成论》永绝也。"此处所说的是关于法云的《法华经义疏》和《成实论义疏》，而据上面两条看来，在吉藏的时候，尚得见南朝成论的诸疏，但是法云的《成论》已不通行。

　　就上面三条来看，齐梁时佛教经论讲习甚盛，注疏因之甚多。当时常讲的经论如《成实》、《毘昙》、《涅槃》各有许多名师的不同的说法，而"成实师"、"毘昙师"、"涅槃师"极常见，至于"成实宗"等则甚罕见。而在《续僧传》的《靖嵩传》及安澄的《中论疏记》中均指着《成实论》的哲学体系，并不构成一个成实的宗派也。

　　吉藏通常言及"毘昙师"、"杂心师"，但亦曾用"毘昙宗"之名。《三论玄义》卷上有曰："依毘昙宗三乘则同见四谛，然后得道。就成实义，但会一灭，方乃成圣。"很显然此文的毘昙宗即毘昙理论，而成实义的"义"字尽可改为"宗"字也。"涅槃宗"最早见于《涅槃经集解》卷六，其文引南齐道慧曰"佛开涅槃宗"。其次唐朝元康之《肇论疏》有曰"依涅槃宗，而说涅槃也"。此两处显然都是指着《涅槃经》的宗义。

附带说一下，在南陈北齐时，《地论》、《摄论》、《俱舍论》先后译出，并颇流行。在中国撰述中，遂常引用此诸论，并有"地论师"、"摄论师"或"摄大乘师"（见湛然《维摩疏记》卷三）等名称。但"地论宗"、"摄论宗"、"俱舍宗"，则亦甚罕见。《续僧传》卷一《法泰传》先叙法泰等参加真谛的译场，译出中土所无的《摄大乘论》、《俱舍论》等。后说彭城静嵩远来见泰"昼谈恒讲，夜请新宗"。这就是说他们白天谈平常所讲的书，夜晚嵩就请泰讲授新译的《摄论》、《俱舍论》的宗义。又卷十一《辩义传》说"沙门道岳命宗《俱舍》"，此不过说道岳研求《俱舍》多年，成为《俱舍论》的大家（看卷十三《道岳传》可知），犹之乎同卷《法护传》谓"彭城嵩以《摄论》命家"也。至于"俱舍宗"一词，在中国人的撰述中则只见于《宋僧传》卷四《法宝传》，其义显然是谓《俱舍论》的理论也。

（二）"宗"——教派之发生。

综上所说，"宗"本谓宗旨、宗义，因此，一人所主张的学说，一部经论的理论系统，均可称曰"宗"。从晋代之所谓"六家七宗"至齐梁周颙之"三宗"都是讲的宗教学说上的派别，这是"宗"的第一个意义。

"宗"的第二个意义就是教派，它是有创始，有传授，有信徒，有教义，有教规的一个宗教集团。

两晋以来盛行的学派的"宗"和到隋唐时教派竞起的"宗"，两者的区分尚待研究。它们有相同之点，也有相异之点，主要的分别，似可说学派之"宗"是就义理而言，教派之"宗"是就人众而言，它们是一个历史的发展。在南北朝初期佛教势力已经扩大，佛经讲习盛行，陈至唐初，教派乃渐渐萌芽。现在且略述两点说明教派之酝酿。

第一，在南北朝初期，固然常闻名师讲说经论，听者成千，而尚未见有师徒成一集团。《宋书·天竺传》云："都下为之语曰，斗场禅师窟，东安谈义林"。这不过说当时斗场寺坐禅的人多，东安寺谈理的人多，并不是它们各持理论，自成团体。又如梁朝三大法师，俱以《成实》名家，但是法云的"《法华》盛行，《成论》永绝"（见上引吉藏语）。至于开善智藏亦谓"以《涅槃》腾誉"（见《法华玄义释签》）。智藏著名的弟子为龙光僧绰，吉藏常引绰之涅槃。绰与其弟子舒亦善《成论》（见《续僧传》之《慧暅传》）。因此，所谓成论师并非专宗《成论》，而且开善寺也并非《成论》或者涅槃的中心也。至于一寺因一师专讲一经而成为中心，则首见于隋初。开皇时文帝（杨坚）敕立众主（立五众，如《续僧传·慧迁传》，又立二十五众主，如《三宝记》十二之僧粲、僧琨、慧影），其名目有摩诃衍匠（《僧粲传》），有讲律众主（洪遵），十地众主（慧迁），涅槃（童真、法聪、善胄），大论（宝袭）众主。又开皇二年（公元582年）建都龙首，有敕于广恩坊给地，立延法师众，四年又令改"延众"为延兴寺（见《续僧传》卷八《昙延传》）。"延众"者乃昙延法师所主之集团，昙延最精《涅槃》。唐释道宣于公元664年撰《三宝感通录》卷下亦记此事，并曰"门人现在"，并记其弟子道逊死时正讲《涅槃》，据此，昙延的团体活动了约八十年（公元582—664年）。道宣在《续僧传》并论曰"风靡之化，昙延复远"（卷十五末），可知昙延当时已为有影响、有多年历史之集团之主矣。

第二，佛学既重经论之讲说，一方面同一经论讲者极多，义理自有分歧，有演变。《续僧传》（卷十五末）论及成实论师先曰"梁氏三师，互指为谬"，此言云、旻、藏所说亦不同也。后曰"琰嚼腾光于五湖"，此言慧琰、庄严寺智嚼（亦作𤛆）发展了成实新宗义也。（《续僧传·智脱传》谓嚼"《成论》之美名实腾涌"，《智聚传》谓嚼之"新实一宗，鹰扬万代"，参看《智琰传》,《慧乘传》。）另一方面，印度的经论、义理本有差异，流行中国遂生争执。例如三论、成实俱为罗什所译。三论大乘空宗敌视有部，成论小乘经部亦斥破毘昙，罗什尊崇大空，兼破小有，故两译之，其弟子僧导著《成实》、《三论义疏》，但经过多年研讲，梁陈之际，南方的三论、《成实》两方学僧竟成对立。理论上《成实论》既"兼总大小"（见《广弘明集》卷二十,《成实论义疏》萧纲序），三论是纯粹的大空，自必龃龉。而在《陈书·傅𪟝传》有文曰"成实、三论何事致乖"，显然的，这不仅是理论上之不同，而且已成为宗派的争执。吉藏亦曾自称三论大宗（见《大乘玄论》），夫三论师摄山僧朗以后四世相传，自谓得大乘之正意，呵斥《成实》。（拙著《汉魏两晋南北朝佛教史》753—760页已论之。）而兴皇法朗、隋吉藏相继斥"中假师"（法朗同学长干辩等），唐初法相宗道伦《瑜伽论记》（金陵板卷八十二、八十三）曾驳"三论学"，此皆三论已成为教派之标志。

约在同时，北方《地论》兴盛，因八识、九识传说不同，净染二心，佛性当现二常，均有争论，南北两道，由是而分，后又来《摄论》，与北道合流。在此经论讲说盛行之后，义理纷乱之时，玄奘法师遂西行取经，企图求得印度的原文。法相一宗由是而兴。而为着结束混乱，需有新的总结，《大乘起信论》于是出世，这是中国自己的一大创作。这些均已表示佛教由经论讲习进入教派之建立。

隋唐教派风起，因每派各有自己的理论和教义，故通称为"宗"，如"法相宗"、"华严宗"，又可称为"教"，如"三阶教"、"天台教"，各立自己的办法达到解脱，故称"门"或"法门"，如"禅门"、"净土门"。"禅宗"在最初之时，为楞伽师，此可说明教派之兴，系继经论讲习之后。隋唐所谓"宗"（*教派*），遂有新的气象。

魏晋以来中国佛学，南方盛行义理，北方较重行为，隋代统一以后，南北学术交流，因此提倡定慧双修。天台、华严之创始者不仅重义学，并且是禅师，而且有些宗派专主修行，如净土之念佛，密宗之真言，而禅宗顿门、不立文字，竟是搁置经典，三阶教主普法，一切经典同样看待，此皆经论师所不能许也。

如上所言，经论研求既久，诸师意见可生分歧，理论可有发展。隋唐诸宗的学说不仅非确守经说，且有创新，如天台宗之十如是，华严宗之十玄门，并非印度的原说。

齐梁佛学固亦重师承，隋唐教派则更重道统，自谓得正法，受真传，而着重传授之历史。禅宗本来起于东山法门，或大鉴慧能，而必追述至达摩、迦叶；天台教义智颛所创，而必上溯至慧文、慧思，遂大搞"定祖"争道统之事。禅宗的西方二十八祖，中土六祖，争执甚烈；天台九祖，至宋初还须由帝王确认。而在祖传以后，仍分支派，所谓"衣钵"、"血脉"、"传灯"、"法嗣"，皆因重道统观念也。因各宗特重道统，故一则各宗互相攻击，如窥基的

《法华玄赞》竟否定天台的十如是。天台之《法华五百问》，评法相之《法华玄赞》，而法相又作《慧日论》申自宗（种姓义）。二则在一宗内也有衣钵真传之争，如禅宗之北宗南宗，天台之山家山外。法相亦有基测二家之不同。

隋唐以后，宗派势力既盛，僧人系属于各宗，有时壁垒森严，澄观曾受学于天台湛然，后华严人推为四祖，天台人愤激，至詈之为"叛出"（见《释门正统》）。寺庙财产亦有所属。隋唐的时候，有所谓三阶院，以及中储财物之"无尽藏"皆属于三阶教，江浙一带的寺院多属于天台宗，而且因智𫖮的关系，天台山是属于天台宗派，因澄观的关系，五台山是为华严宗之圣地。抗战时期，我在云南看见佛寺内很多和尚的神主上题"临济宗第几十几代某某之神位"云云，可见该寺久已自称属于禅宗矣。但古代佛教宗派组织，寺庙经济情形还不明了，需要详细研究也。

隋唐之际，宗派蔚起，佛教已从印度经论讲说之风行，进入中国教派之建立，此时之"宗"与过去所谓"宗"是两样不同的事。

二、有哪些宗——史料中之疑问

上文所言，印度佛教来华以后，经典译出渐多，中国信徒对这些经论（主要的是般若）有不同的了解，提出各种主张，这就叫作"宗"。其后经论的研究日趋发达，因此有"涅槃经师"、"成实论师"，以及其他经师、论师。这些经论的理论，有时也称为"宗"。及至陈隋，经论讲习既久，遂生变化。不但有新创的理论，且有新起的集团，于是以后的佛教就有各种教派，也称为"宗"。

现在我们讨论中国佛教的历史中哪些是宗，有几宗。首先必须指出，既然说有学派的"宗"，有教派的"宗"，但前者属佛学史，后者属于佛教史，两方互有关联，而且随时代变迁。因此如不区别其性质，划分其时代，而问"中国佛教有几宗"，实是一个不能草率答复的问题。此段仅陈述主要有关汉文的史料，指出其中的疑问讨论一下。而中国近七十年来之记载系抄袭日本，因先述日本记载于下：

日本记载　日本僧人关于诸宗的记载甚多，但我们尚未整理，姑且先述其重要之点供参考。

中国佛教传至日本以后，7世纪初，圣德太子所撰《三经义疏》尝引用光宅法云谢寺次法师（二人均论人）之说，及僧肇之《维摩注》，可见中国经师论师之学已传入，《三经义疏》未提及《成实论》、三论，而言及五时教。日本古书记太子知经部、萨婆多两家，或者系因其读过《成实》、《俱舍》二论也。7世纪末期乃有古京（南都）六宗，到9世纪有八宗，据圆珍（814—891年）撰《诸家教相同异集》（《大正藏》卷七十四）曰："常途所云，我大日本国总有八宗，其八宗者何？答：南京有六宗，上都有二宗，是为八宗也。南京六宗者：一、华严宗，二、律宗，三、法相宗，四、三论宗，五、成实宗，六、俱舍宗也。上都二宗者：一、天台宗，二、真言宗。"

空海、最澄约于公元805年来华。空海（774—835年）为日本密宗的开宗者。最澄（767—822年）乃日本天台宗之创始人。上文"上都二宗"之立是他们归国后的事。至9世纪，安然（841年生）作《教时诤》（《大正藏》卷七十五），则加禅宗合为九宗矣。

当中国佛教教派初传日本时，其国内的僧人往往对新来的宗派发生疑问。天台宗传日本甚早，但据《元亨释书》卷一，公元807年最澄上奏加无台宗，并当时大乘四家华严、法相、三论、律为五宗，此为日本天台宗成立之始。密宗传入日本后，据圆珍《大日经指归》(《大正藏》卷五十八) 载叡山学徒曾致书中国天台山的广修，维蠲怀疑《大日经》之地位。（其问答见《万字续藏》天台著述部中，问者系圆澄。）至于禅宗、净土宗在其传入时，日本亦曾讨论其是否是宗。

佛教传入日本，系在由梁至唐之世，即恰值佛教由经论讲习甚盛到教派兴起之时，最初传入的学说当是三论、《成实》、《俱舍》，着重点在经论之讲习，师说之传授。其后唐初教派大起，天台、华严、法相、律、真言等新教，亦均东去，为日本统治阶级所承认，将先后所传的宗派等量齐观，并称为八宗。此八宗中，成实、俱舍实极微弱，分别附属于三论、法相，称为"寓宗"，其他三论、天台、华严、法相、律、真言六宗为本宗。相传天长七年（830年）敕诸宗各撰述其宗要，遂有所谓六本宗书（名目见《大正藏》卷七十四，页四至五）。但成实、俱舍并未撰有书，可证其原不盛行也。又据《元亨释书》卷一最澄于延历二十五年奏准，"每年覃渥外加度者十二人，五宗各二、俱舍、成实各一"，可知小乘二宗的人本有限也。八宗流行以后，至宋代日僧来华又多，导至净土宗、临济宗在日本之成立。

佛教历史之日本主要著述家为凝然（1240—1321年），原系华严宗人，号称通诸宗之学，著书有一千一百卷之多。他根据当时日本流行的宗派的情形，结合两国的书籍著作，大谈印度、中国、日本宗派历史，主要有《八宗纲要》(二卷)、《三国佛法传通缘起》(三卷)。

《八宗纲要》系撰于文永五年（1268年），书中主要叙述日本自中国所传入的八宗，如前所云。但是书末附有禅宗、净土宗一节，并谓"日本近代，若加此二宗，即成十宗"。

《三国佛法传通缘起》撰于应长元年（1311年），书中叙述印度、中国、日本三国佛教传通的事绩。于日本佛教仍只载八宗，于中国则依弘传次第举十三宗："一、毘昙宗，二、成实宗，三、律宗，四、三论宗，五、涅槃宗，六、地论宗，七、净土宗，八、禅宗，九、摄论宗，十、天台宗，十一、华严宗，十二、法相宗，十三、真言宗。"此中毘昙宗包括俱舍。

以上所述有些是关于日本佛教之历史，但可供中国佛教宗派史的参证，故并记及。

中国记载 中唐至北宋，中国佛教宗派缺乏明确综合的记载。但首先可提一下判教，当时判教者极多，各宗各据主见，对印度的经论，评其大小权实。虽列许多宗名，但不反映中国情况，因可不重视，但现在述其一种，以供参考。1958年日本出版《敦煌佛教资料》220页载有无题失名残卷二十二行，文首略曰："世间宗见有三种：一者外道宗，二者小乘宗，三大乘宗"，次略述外道、小乘宗及大乘三宗义。按其所说外道即"十六异论"。小乘原有二十部，但"毕竟同一见，执一切法有实体性"，此显主要指毘昙有宗。大乘三宗者，按其文"一胜义皆空宗"，似指三论或天台，"二应理圆实宗"，是法相唯识，"三法性圆融宗"，当指华严也。据本书作者的考证，此文与 8 世纪之法成、昙旷所言有些相同，可能是 9 世纪初作品，此虽亦是一种判教，但开首既说"世间宗见"，则可说是 8 世纪以前中国有上述各宗义，而可注意者则是无《成实》、《俱舍》、《涅槃》等义也。

南宋僧人始撰中国佛教通史，宗鉴著《释门正统》八卷，志磐继之，作《佛祖统纪》五十四卷。二人均以天台宗为正统，并述及余宗，其概略如下：

宗鉴之书系纪传体，列有本纪、世家、载佛教教主及印度、中国的天台祖师的事迹。立有八志，有顺俗志，叙民间净土的崇拜，在弟子志中，除天台"正统"以外，并及其他五宗。另仿《晋书》为"僭伪"（即他五宗）立《载记》。所谓《禅宗相涉载记》、《贤首相涉载记》、《慈恩相涉载记》、《律宗相关载记》、《密教思复载记》。

志磐之书自谓撰写十年，五誊成稿，亦系纪传体，其中有《法运通塞志》十五卷，是中国佛教的编年通史。另有《净土立教志》三卷，《诸宗立教志》一卷，此二志则系述净土教及达摩（禅宗）、贤首（华严）、慈恩（法相）、灌顶（真言）、南山（律），五宗的史实。

宗鉴之书自序作于嘉熙元年（1237 年），志磐之书自序成于咸淳五年（1269 年）。二者均比上述凝然所著为早。及至明朝天启元年（1621 年）释广真（吹万老人）《释教三字经》只述七宗，实沿志磐所说，即天台、净土二教及达摩等五宗也（吾未见此书，但此系据黎锦熙先生编《十宗概要》）。

及至清朝末叶，海禁大开，国人往东洋者甚多，发现日本存有大量中国已佚的佛书，佛教学者一时视为奇珍。日人关于中国宗派的记载，亦从此流传。戊戌以后，梁启超在日本刊行《新民丛报》，忆其中有文列中国佛教十三宗，约在同时，石埭杨文会（仁山）因凝然所著《八宗纲要》重作《十宗略说》，从此凝然所说大为流行。《辞源》十宗条载有十宗，《辞海》佛教条有十三宗。最近岑仲勉《隋唐史》亦称有十宗，但是"成实"在唐初已极衰微，而旧说本非言隋唐有十宗也。

疑问的讨论　观上所述，日本、中国的记载差别很大。主要的问题，是日本记载说中国佛教有三论宗、成实宗、毘昙宗、俱舍宗、涅槃宗、地论宗、摄论宗等。但是在中国记载中，这些名称甚为罕见（而常见者则为成论师、摄论师等）。即偶有之，亦仅指经论的宗义，或研究这些经论的经师、论师。其中只有三论可说已形成教派。而且假使我们称经论或经论师为宗的话，则中国流行之经论亦不只此数。如南齐周颙《抄成实论序》记当时经论流通的情形，有曰《涅槃》、《法华》，虽或时讲，《维摩》、《胜鬘》，颇参余席"（《大正藏》卷五十五，页七八）。中唐梁肃《天台智者大师传论》叙佛去世后事有曰"故《摄论》、《地持》、《成实》、《唯识》之类，分路并作"（《大正藏》卷四十九，页四四〇）。如以流行甚广为宗，则查《续僧传》，隋唐研讲《地持》者极多，而吉藏《百论疏·破空品》开始有曰："大业四年为对长安三种论师，谓摄论、十地、地持三种师，明二无我理……"夫凝然既谓有地论、摄论二宗，何以独无地持宗耶？如以学说特殊为宗，《胜鬘》特主如来藏，则亦应有胜鬘宗矣。而且《俱舍》、《成实》自智恺作《俱舍论序》以来，许多撰述均言《成实》、《俱舍》同属经部，理论虽有差别，但在印度固出于一源也。然在中国"十宗"中成俱分为二宗，在"十三宗"毘昙却包括俱舍为一宗，这类可疑之点，均待研寻。

由此可见，如成实论师。涅槃经师诸学派与天台、华严诸教派相提并论，则中国佛教必不只十宗或十三宗也。按凝然在《三国佛法传通缘起》(《佛教全书》本，页一〇九)，于述震旦十三宗后论曰：

古来诸师随所乐经，各事讲学，互立门辈，弘所习学。若以此为宗，宗承甚多焉。或从天竺传来弘之，或于汉地立宗传之，建立虽多，取广玩习不过十三。如上已列虽十三宗，后代浇漓，渐次废息，所学不多。

据此，凝然自言以经论之讲习为宗，而数目亦不定是十三，但其竟列为十三者，亦无具体说明，不过说"取广玩习"耳。依我的初步意见：

第一，凝然学说之来历，实为有关日本佛教史的问题，尚待研究。然据我所知，在中国齐梁之世经论讲习至为风行，成实论师，南北均多。真谛来华，译经于广州，《俱舍》亦流行于南北。两者传入日本后，日本僧俗掌权者俱认为宗，而成实、俱舍之为寓宗及每年度人规定名额，均系由朝廷下诏规定。日本佛学史，遂将此二宗与华严宗等并列，肯定为中国传入之宗派。而凝然因此认为既然成实与俱舍论师有宗,则涅槃、毘昙等等亦应为宗矣,遂有"十三宗"之说。但是,必须指出凝然之师宗性,曾抄录中国《名僧传》、日本《高僧传》,实未言及十三宗。宗性尝著《俱舍论本义抄》四十八卷之多,并未特别提及所谓"俱舍宗"及其史实。而且与凝然同时的日本著作《元亨释书》只述及日本有三论等七宗,而称成实、俱舍、净土为寓宗。并未提到中国有摄论等宗,亦无十三宗之说。此均不能不令人怀疑凝然之说出于自造也。我们对于日本佛教史,尚须更细致地调查研究,乃能搞清楚这些问题。

第二,关于中国佛教之宗派,我们认为,主要应根据宗鉴、志磐之说,除天台宗外,有禅宗、华严、法相、真言、律宗等五宗。至于三论宗,虽已形成教派,但传世甚短。三阶教隋唐盛行于民间,应可认为教派。至于净土,则只有志磐谓其"立教",但中国各宗均有净土之说,而且弥陀弥勒崇拜实有不同,亦无统一之理论。又慧远结白莲社,只有唐以后之误传,日本僧人且有认净土初祖是昙鸾,并非慧远,而所谓净土七祖历史乃南宋四明石芝宗晓所撰,并无根据(见《祖僧统纪》卷二十六)。因此,净土是否为一教派实有问题,可见中国各种教派情形互异。我们欲窥其全豹,必须广搜史料,从各代笔记小说、寺院碑文,僧人墓志,地方志书等,就各宗的经济情况、社会基础、与政权之关系、在政治上的作用、规章制度、教理历史等加以切实研究。

1961 年冬至日

(原载《哲学研究》第 3 期,1962 年)

1916—2009

任继愈：中国佛教的特点

佛教起源于古天竺，但佛教传入中国以后，即成为中国传统文化的一部分，成为中华民族文化支柱之一。现在分四部分来阐明中国佛教（过去讲中国佛教仅限于汉地佛教，我们所指的"中国佛教"，包括中原地区汉地佛教以及藏传佛教和云南地区的傣族小乘佛教）的特点。

一、中国佛教随着历史前进而前进

佛教传入中国后，与汉代神仙方术相结合，成为汉代道术的一种。桓帝在宫中"立黄老浮屠之祠"，与当时流行的祠祀同样看待。到了魏晋南北朝时期，佛教与玄学配合，使当时士大夫为之倾倒。以后，随着中国社会历史的不断前进，佛教也密切配合不同社会时代的需要，不断充实，改变着它的形式和内容，发展了自己，充实了中国文化、哲学的内容。如果说，中国佛教的特点是什么，它第一个特点是不停顿。（这一点，在我们的《中国佛教史》第一、第二卷中已有比较详细的论述，这里不再重复。）

二、中国佛教的协调性

中华民族是在秦汉开始即形成了多民族的封建专制的大一统的国家。几千年来，中国人认为大一统的形势是正常的，分裂割据是不正常的，形成了中华民族的共同心理。各民族之间长期合作，频繁交往，给民族文化的融合创造了条件。秦汉以前且不说，秦汉以后，中华民族的大融合，约有四次（第一次是晋五胡十六国到南北朝，南北方各民族的大融合；第二次是唐末五代，北方各民族的融合；第三次是宋、西夏、辽、金、元的大融合；第四次是清朝的民族融合），这四次的民族大融合的意义不限于血统上，主要是在文化上。多次融合，形成了中华民族的共同意识——文化共同体。汉族及其他少数民族，都以儒家三纲五常为治国治家的唯一合法思想，纲常名教已被各族所接受。

除了多民族的文化融合以外，还有广大地区性的文化融合。中国地域辽阔，长江流域与黄河流域是中国文化的摇篮，这两大地区的文化都有自己的传统，长期形成各自的特色。在统一的中央政权领导下，南北各地有了经济的、文化的、人才的交流，互相吸收，互相影响，不断地促进着中华民族文化的发展。在总的趋势下，佛教文化、佛教思想也受到这种协调发展的影响，并有所反映。

印度佛教的大小乘，不同的学派，都先后传入后，出现内部矛盾。译者的偏好不同，教派的宗旨各异，中国佛教则以判教的方法去调和佛教内部教义的分歧，认为各种经典都是佛说，只是由于时间、地点、听众理解水平不齐，才有针对性地宣讲不同的道理。

佛教宗派本来门户之见很深，古代印度教派的争论有时以生命为注（失败者，斩首相谢），中国的佛教派别间有争辩，但不像印度那样激烈，有时一个人同时信奉两个宗派。（宗密信华严，同时又是禅宗的大师，此例不鲜。社会上甚至佛教、道教之间的界限更不分明。）

中国佛教与它同时并存的教化思想流派及不同宗教信仰，也随时采取容纳、吸收、协调的态度。这种协调不是表面的敷衍，而是认真的吸收。比如汉地佛教对社会上影响最大的儒家和道教，有争辩，但更多的情况下，采取吸收的手段。儒家的纲常名教是儒家的核心思想，敬君主、敬祖先是儒家悠久传统，佛教对此予以合理的吸收。从牟子《理惑论》开始，千余年来，不断有攻击佛教不忠不孝的说法，中国佛教徒的辩论中总是一再强调，儒以治身，佛以治心，或者说佛与周（公）孔（子）之道殊途同归。《中庸》"万物并育而不相害，道并行而不相悖，小德川流，大德敦化，此天地之所以为大也"。

藏传佛教也是尽量与西藏当地宗教取得协调，吸收了西藏地区的民族宗教（苯教），形成了独特形式的藏传佛教体系，它既不同于印度佛教，也不同于西藏当地的原始宗教，建成了俗称"喇嘛教"的藏佛教。它流行的地区已不限于西藏一域。（它还传播到甘肃、青海、云南、内蒙古，以及尼泊尔、锡金、不丹、苏联远东一带地区。近二十年来，还传播到欧、美、日本各国。）

三、中国佛教的创造性

佛教传入中国两千年间,大致可分为三个阶段,第一阶段为译述介绍阶段,这是从汉代到南北朝,历时约五百年。这一时期佛教的主要代表人物是外国译经僧人,他们是主译者,也是所译经典教派的宣传者。

中华民族有优良文化传统,深厚文化素养,对外来文化经过消化、吸收,继而创造,即使在介绍阶段也有创造。佛教般若学在西晋时期广泛流行,"六家七宗"应时而起。这些流派都是对般若"空"义提出的不同的理解和阐释。僧肇曾指示这些流派对般若性空义的理解都有片面性,这种指摘是有根据的。但是,我们结合当时流行的社会思潮来考查"六家七宗"的出现,是中国佛教学者企图摆脱依傍,提出自己见解的首次尝试。

隋唐时期,中国佛教进入第二阶段,我们称为创造发展阶段,历时约三百年。第一阶段的佛教代表人物几乎都是外国僧人。第二阶段的代表人物几乎全是中国僧人。如果说隋唐以前介绍佛典原著要借重外国僧人,隋唐以后,介绍翻译工作,中国僧人也占了很重要的地位。这一阶段翻译外国典籍的比重减少,中国人自己著作的比重增加。这一时期佛教传播的重心已转移到中国。印度大小乘各流派在中国均有传承,但中国佛教更着重离开佛教词句发挥佛教的微言大义。有些发挥,可以在印度佛教某一流派的著作中找到依据,赋予新义;也有的完全阐发自己的体系。隋唐以后的几个大的佛教宗派,都在印度树立自己的开山远祖,有的自称远绍龙树,有的自称秉承迦叶,有的宗派撰出历历可数的谱系,其实都没有根据。南北朝中期以后,到隋唐,不断出现所谓"伪经"。这些"伪经"反映了当时的时代思潮,有很重要的思想史料价值。

最能代表中国佛教的创造性的,是中国佛教中许多宗派开创人的著作。如智𫖮、慧能、法藏、澄观,以及后来各派涌现的中兴祖师,如宗密、湛然、知礼等人的著作,都以注释或讲解佛典的方式(对佛经阐释的,如《华严》《法华》《涅槃》《维摩》等经,《大智度》《摄大乘》《起信》《唯识》等论)建立各自的佛教理论体系。这些著述都以述为作,直抒胸臆。这些著作(经、论、疏、抄)少的几卷,多的几十卷、几百卷,它们丰富了中国佛教内容,开创了佛教理论研究的新局面。这些佛教论著,从出世的立场反映了当时人们的认识水平,也反映了时代思潮的一个侧面。从世俗立场,从人类认识史、文化史的角度来看,中国佛教史等于中国文化史、中国思想史。

四、中国佛教的"三教合一"

中国佛教历史发展的第三阶段是儒、释、道三教合一阶段。从北宋到鸦片战争,持续时间近一千年。这一阶段的佛教,表面上似不及隋唐佛教的声势煊赫。但佛教的宗教精神与儒教传统文化得到进一步糅合,潜移默化,深入到中国文化的中枢部分,以至改造了儒家世界观,把佛教长期酝酿、发展成熟的心性之学渗透到理学内部,在佛教心性之学的参与下,逐渐形成了中国的儒教。从此,佛教与儒教同命运、共兴衰，佛教得儒教而广，儒教得佛教而深。

隋唐以前，三教鼎立，各以教派正宗相标榜。教派之间势力互有消长，但总的趋势是在协调前进。三教中，儒家为主流，释、道两家为辅佐。

在隋唐中期以前，三教在朝廷召集的讲论会上不免互相攻击；唐朝后期，三教中有识之士认为理论上应互相包融。北宋以后，历元、明、清各朝，直到鸦片战争（1840年），儒、释、道三教融合的格局构成了近千年来中国宗教史、中国思想史的总画面。

隋朝李士谦论三教，说"佛日也，道月也，儒五星也"（《佛祖历代通载》卷中）。隋唐以后，中国的"伪经"都强调中国封建伦理，忠君、孝父母等儒教思想。唐代宗密《原人论》中说："孔、老、释迦皆是至圣，随时应物，设教殊途。内外相资，共利群庶。"五代时僧延寿认为"儒道仙家皆是菩萨，示助扬化，同赞佛乘"（《万善同归集》卷六）。北宋元祐年间四川大足县石篆山石窟造像，将儒、佛、道镌刻于一处。宋僧孤山智圆自称"宗儒述孟轲，好道注《阴符》，虚堂踞高台，往往谈浮屠"（《闲居编》卷四十八《潜夫咏》），主张"修身以儒，治心以释"（《中庸子传》上）。

僧人契嵩著《辅教篇》，有《孝论》凡十二章，"拟儒《孝经》发明佛意"，还说"夫孝，诸教皆尊之，而佛教殊尊也"（《孝论·叙》，见《镡津文集》卷三）。

明僧人袾宏、僧真可、僧德清、智旭，这些著名佛教学者，都主张三教合一。智旭说"儒以孝为百行之本，佛以孝为至道之宗"

（《题圣孝春传》，见《灵峰宗论》卷七），"以真释心行，作真儒事业"（《广孝序》，见《灵峰宗论》卷六）。

宋明理学家没有不"出入于佛老"的。学术界从师承渊源指出，宋儒周敦颐的《太极图》来自道士的《先天图》。张载、二程、南宋朱、陆都深受佛道二教影响，不少学人指出理学家的范畴、概念、讲述方式，如"理一分殊"、"月印万川"多袭自佛教，从形迹来看，班班可考。若从思想发展实质来考察，可以说佛儒交融（道教也有与佛教类似的情况，因为与本题没有直接关系，这里不讲）乃是中国思想史发展的必然归宿，设想它们不交融、不合一，反倒是不符合历史发展的逻辑。

中国佛教史在南北朝时期，先后提出了两个重要问题，引起了全社会的普遍重视。一个是般若性空问题，后来发展为南北朝的"般若学"。另一个是涅槃佛性问题，发展为南北朝的"涅槃学"。前者着重探讨关于本体论方面的根本问题，后者着重探讨心性论方面的根本问题。（应当看到，般若学并不是不关心、不涉及心性论，涅槃学也不是不涉及本体论，只是双方各有所侧重。）

由《涅槃经》引发出佛性问题，受到当时朝野的重视，是与南北朝时期的中国社会有关。此后《十地经论》、《摄大乘论》、《起信论》与《涅槃经》、《维摩经》相表里，扇起了讨论佛性问题的热潮，发生了成佛与作圣如何可能？因此才又引发出人性污染而佛性清净，二者将如何发生关系？污染之性能否构成成佛的障碍？如有障碍，能否排除？如何排除？这些问题直接表现为宗教实践问题，间接反映了当时人们处在中国社会的现实苦难及其企图摆脱的愿望。中国佛教不触及社会改造而强化宗教内心修养，即后来宋儒所致力的"身心性命"之学。宇宙生成说秦汉已初具规模，本体论完成于魏晋玄学。唯有成圣、作佛的心理修养，理与心的关系，儒家现成的思想资料不多。《大学》、《中庸》略涉及这方面的问题，尚缺乏细致的论证。佛教经历了隋唐的创造阶段，特别在心性之学有不少独到的见解。这些见解恰恰是儒教需要引进的。比如宋儒讲人性论，提出了"义理之性"与"气质之性"这两个重要范畴。此后的儒教继承者对此给以高度的赞扬，认为"有功于圣门，有补于后学"。用义理之性与气质之性以解释恶的起源，及教人弃恶从善的方式，都是从佛教中搬运过来的。可以说，没有中国的佛教，就没有宋、元、明、清的儒教。义理之性与气质之性的划分，由释门正统转入儒门正统，看来没有受到什么阻力，授予者（佛教一方）与接受者（儒教一方）都认为理所当然（以上只是作为一个例子来讲明儒、佛两教已融为一体，不分彼此），水到渠成。

自从佛教融入儒教，儒佛已建立通家之好。学术界一般认为朱子近道，陆子近禅，王阳明近狂禅，这都是从迹上看。事实上离了佛教，就没有儒教。以反佛自命的张载、二程，都是佛教衣钵的传人，其余理学家更不在话下。

从以上这四个方面可以看出，中国的佛教确实有它的特点。这些特点都与中国传统儒家纲常名教的封建宗法思想有关，也与中国多民族长期大一统的局势有关，与中华民族善于吸收、融合不同类型的外来文化的传统有关。

儒教得到佛教帮助,在世界观方面增加了它的深刻性,从而稳定了自己,也稳定了中国后期封建社会的统治秩序。16世纪,世界已起了变化,欧洲中世纪的堡垒已出现裂痕,自然科学也获得从来未有的生机。唯有中国这个坚固堡垒,大门关得更严了。儒教只重心性修养,而不重视物理的探讨。中国在世界上的地位开始落后,但佛教没有直接责任。这属于另外的范畴,这里不谈。

(原载《任继愈文集》第7册,
国家图书馆出版社2014年版)

1890—1969

陈寅恪：禅宗六祖传法偈之分析

神秀、慧能传法偈，《坛经》诸本及《传灯录》等书所载，其字句虽间有歧异之处，而意旨则皆相符会。兹依敦煌本《坛经》之文，分析说明之。

神秀偈曰：

身是菩提树。心如明镜台。时时勤拂拭。莫使有尘埃。

惠能偈曰：

菩提本无树。明镜亦无台。佛性常清净。何处有尘埃。

又偈曰：

心是菩提树。身为明镜台。明镜本清净。何处染尘埃。

敦煌本《坛经》偈文较通行本即后来所修改者语句拙质，意义重复，尚略存原始形式。至惠能第二偈中"心"、"身"二字应须互易，当是传写之误。诸如此类，皆显而易见，不待赘言。兹所欲讨论者，即古今读此传法偈者众矣，似皆未甚注意二事：

（一）此偈之譬喻不适当。

（二）此偈之意义未完备。

请分别言之于下：

一

何谓譬喻不适当？考印度禅学，其观身之法，往往比人身于芭蕉等易于解剥之植物，以说明阴蕴俱空，肉体可厌之意，此类教义为佛藏中所习见者，无取博征。请引一二佛典原文，以见其例：

鸠摩罗什译《摩诃般若波罗蜜经》卷二十四《善达品》第七十九云：

行如芭蕉叶，除去不得坚实。

又玄奘译《大般若波罗蜜多经》卷四百七十二第二分《善达品》第七十七之二（即前经同本异译）云：

如实知如芭蕉树，叶叶析除，实不可得。

又鸠摩罗什等译《禅秘要法经》中云：

先自观身，使皮皮相裹，犹如芭蕉，然后安心。

又沮渠京声译《治禅病秘要经》云：

次观厚皮九十九重，犹如芭蕉（中略）。次复观肉，亦九十九重，如芭蕉叶。中间有虫，细于秋毫。虫各四头四口九十九尾。次当观骨，见骨皎白，如白琉璃。九十八重，四百四脉入其骨间，流注上下，犹如芭蕉。

据此，可知天竺禅学观身取譬之例。至于传法偈中，所谓菩提树者，乃一树之专称，释迦牟尼曾坐其下，而成正觉者。依佛陀耶舍共佛念译《长阿含经》卷一第一分初《大本缘经》所载，先后七佛自毗婆尸至释迦牟尼，皆坐于一定之树下，成最正觉。其关于释迦牟尼之文句，兹移录于下：

我今如来至真坐钵多树下，成最正觉。佛时颂曰：
我今释迦文。坐于钵多树。

玄奘《西域记》卷八摩揭陀国上云：

金刚坐上菩提树者，即毕钵罗之树也。昔佛在世，高数百尺。屡经残伐，高四五丈。佛坐其下，成等正觉，因而谓之菩提树焉。

茎干黄白，枝叶青翠，冬夏不凋，光鲜无变。

据此，可知菩提树为永久坚牢之宝树，决不能取以比譬变灭无常之肉身，致反乎重心神而轻肉体之教义。此所谓譬喻不适当者也。

二

何谓意义未完备？细绎偈文，其意在身心对举。言身则如树，分析皆空。心则如镜，光明普照。今偈文关于心之一方面，既已将譬喻及其本体作用叙说详尽，词显而意赅。身之一方面，仅言及譬喻。无论其取譬不伦，即使比拟适当，亦缺少继续之下文，是仅得文意之一半。此所谓意义不完备者也。

然则此偈文义何以致如是之乖舛及不具足乎？应之曰：此盖袭用前人之旧文，集合为一偈，而作者艺术未精，空疏不学，遂令传心之语，成为半通之文。请略考禅家故事，以资说明。

此偈中关于心之部分，其比喻及其体用之说明，佛藏之文相与类似者不少。兹仅举其直接关系此偈者一事，即神秀弟子净觉所著《楞伽师资记》中宋朝三藏求那跋陀之"安心法"。

其原文云：

亦如磨镜。镜上面尘落尽，心自明净。

案：此即宗密《禅源诸诠集都序》卷二叙禅宗之息妄修心宗，所谓

故须依师言教，背境观心，息灭妄念，念尽即觉悟，无所不知。如镜昏尘，须时时拂拭，尘尽明现，即无所不照者是也。

凡教义之传播衍绎，必有其渐次变易之迹象，故可依据之，以推测其渊源之所从出，及其成立之所以然。考《续高僧传》卷二十五《习禅六·昙伦传》（江北刻经处本）云：

释昙伦姓孙氏。汴州浚仪人。十三出家。住修福寺。依端禅师。然端学次第观，便诫伦曰："汝系心鼻端！可得静也。"伦曰："若见有心，可系鼻端。本来不见心相，不知何所系也。"（中略）异时（端禅师）告曰："令汝学坐，先净昏情。犹如剥葱，一一重重剥却，然后得净。"伦曰："若见有葱，可有剥削。本来无葱，何所剥也。"

据《续高僧传》，昙伦卒于武德末年，年八十余。则其生年必在魏末世。故以时代先后论，神秀、慧能之偈必从此脱胎，可无疑义。芭蕉为南方繁茂之植物，而北地不恒见。端禅师因易以北地日常服食之葱，可谓能近取譬者也。若复易以"冷夏不凋，光鲜无变"之菩提宝树，则比于不伦，失其本旨矣。盖昙伦学禅故事，原

谓本来无葱,故无可剥。本来无心,故无可系。身心并举,比拟既切,语意亦完。今神秀、慧能之偈仅得关于心者之一半。其关于身之一半,以文法及文意言,俱不可通。然古今传诵,以为绝妙好词,更无有疑之者,岂不异哉!予因分析偈文内容,证以禅门旧载,为之说明。在参究禅那之人得知今日所传唐世曹溪顿派,匪独其教义宗风溯源于先代,即文词故实亦莫不掇拾前修之绪余,而此半通半不通之偈文是其一例也。

(原载《清华学报》第7卷第2期,1932年6月)

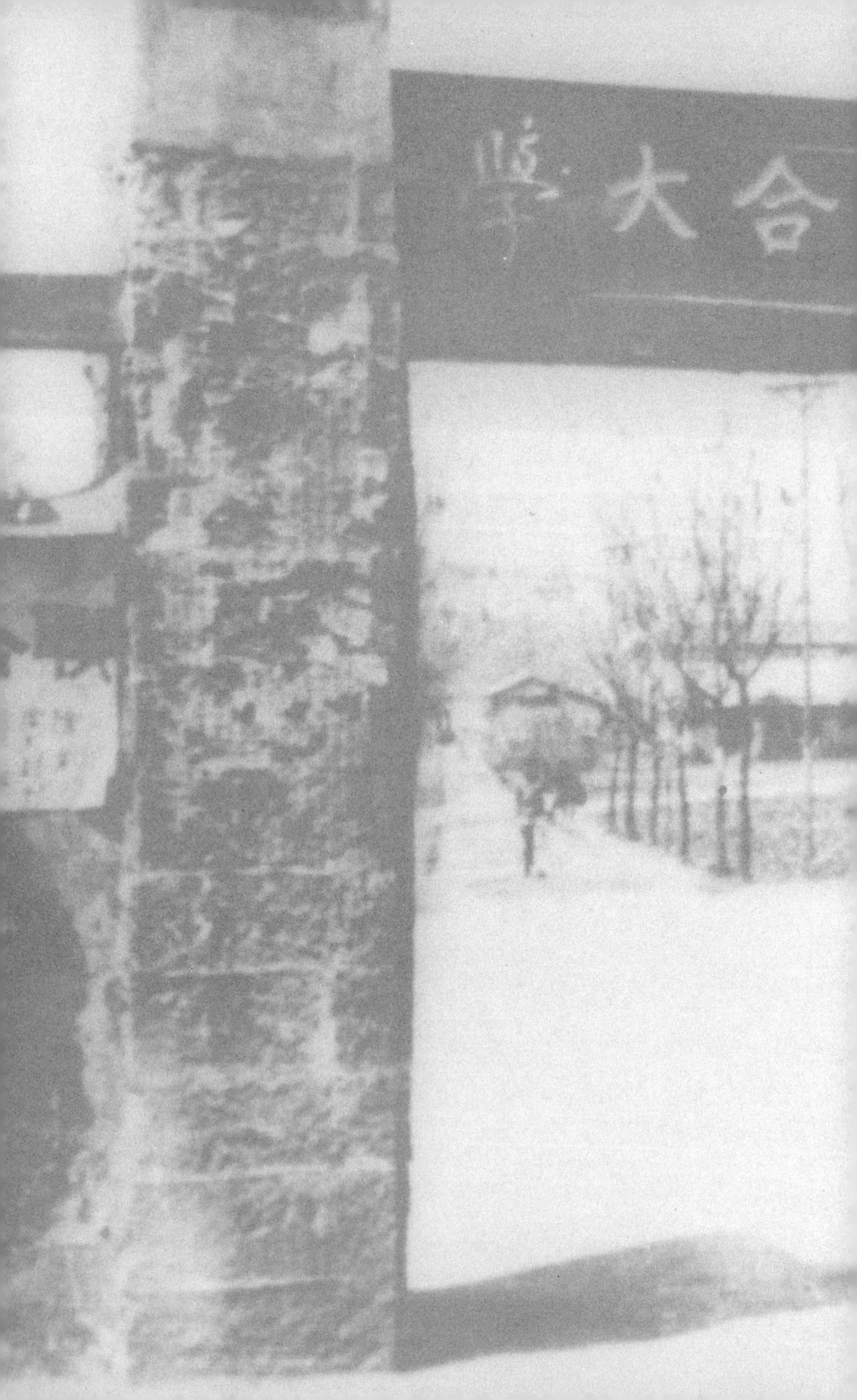
合大學

第六篇 古典新说
中国古代文化常识四讲

1937—1946

1895—1990

钱穆：中国思想通俗讲话补篇

中国文言与白话，即所谓语言与文字，有分别。亦可谓雅俗之分。此为中国传统文化中一特别之处，为其他民族所无。

但文言即从白话来，白话中亦保有很多的文言，两者间有可分有不可分。

近代国人盛倡白话通俗，对文言古雅则深加鄙弃，把本该相通的两项，过分分别了，其流害即今可见，此下更难具体详说。

本书所收四篇讲演，乃就通俗白话中选出四辞，发明其由来。乃系从极深古典中，寓有极为文雅之精旨妙义，而竟成为通俗之白话。此亦中国传统文化之最为特优极出处。当时限于时间规定，仅讲述此四题。其他可资发挥者，随拾皆是。今值此书重印，姑续申述数则如下。读者因此推思，则五千年传统文化，亦可谓即在我们当前之日常口语中，甚深而极浅，甚古而极新，活泼泼地呈现。从当前新处去悟，却仍在旧处生根。俯仰今古，有不知其手之舞之足之蹈之之乐矣。

一、自然

"自然"二字，乃道家语，谓其自己如此，即是天然这样。这是中国道家诵述最所贵重的。又称之为"真"。儒家则称之曰"诚"。不虚伪，不造作，人生该重。儒家所言之性命，便是此义。

"人为"则成一"伪"字，便无意义价值可言。但西方人则最重人为，科学即是一例。今吾国人乃称西方科学为自然科学，不知西方科学是要战胜自然，克服自然的，与中国人尊重自然、因仍自然者大不同。

即如电灯、自来水，那都是不自然的。自然中有电有水，西方人运用来作电灯、自来水，那是反自然的。中国古人，在庭院中掘一井，用来汲水，较之出至门外河流中取水，方便多了。有人又发明了桔槔，可把井中水上提，省力多了。但庄周书中加以反对，说运使机械，则易起机心。机心生，则人道失真，一切便不自然了。

今日国人误用此"自然"二字，称西方科学为自然科学，于是遂误会中国科学亦源起于道家。其实道家前之墨家，岂不早已有了极深的科学造诣与运用了吗？今谓中国科学起于道家，即与中国学术思想史便有了大相违背处。流弊所及，便难详言了。

二、自由

"自由"二字，亦中国人所常用，与自然二字相承而来。乃谓一切由他自己，便就是自然如此了。因中国人重自然，故亦重自由。儒家所讲一切大道理，其实都即是天命之性，每一人自然如此的，亦即是由他自己的，所以又说自由自在。由他自己，则他自己存在，故说自由自在了。

近代国人争尚自由，乃百年来事。然百年来之中国社会情景，则日失其自在。不自在，又乌得有自由。此一端，可证近代国人所争尚之自由，乃与中国传统自由自在之自由大异其趣了。此因近代自由乃竟向外面人群中求，而中国传统之自由，则每从人群中退隐一旁，向自己内里求。各自之自由，即各人内在之心性。今人言自由，则指对外之行为与事业言。孔子曰："道之不行，我知之矣。"是对外不自由，孔子亦自知之。又曰："七十而从心所欲不逾矩。"则其对自己内在之一心，固已获得其极端圆满之自由矣。故孔子为中国之至圣先师，逝世已两千五百年，而其当生之存心为人，则至今尚宛然如在。

故中国人言自由主在内，在心性之修养。不贵在外，为权力之争取。今人则一意向外，只要外面有一罅缝可钻，即认为乃一己自由所在，肆其性情，尽力争取，求变求新，无所不用其极。而各人之本来面目，则全已失去，渺不复存。亦不知在此上作计较。如此则仅知有外在之自由，即不再知有内在之人格。人格失去，复何自由可言。

西方人无不向外争自由，而亦终至失去其己身之存在。如希腊、罗马，乃及现代国家，无不皆然。而中国则自由自在，五千年来，依然一中国。故中国俗语，"自由自在"两语连用，含义深长，实堪玩味。

今纵谓人生可分内外，但内在者总是主，外在者仅是客。失去其内在，则一切外在当无意义价值可言。则又何必尽向外面去争取呢？

中国人又言"自得"。《中庸》言："素富贵行乎富贵，素贫贱行乎贫贱，素患难行乎患难，素夷狄行乎夷狄。君子素位而行，无入而不自得。"把人处境分作贫贱、富贵、患难、夷狄四项，实即上述所谓人生之外面。每一境必有一处置，处置当，即可有得。得之由己，亦得于己，故谓自得。然则人各可自由自得，非他人与环境之可限。

又有"自作"、"自取"，不是好字眼。"自取其咎"，"自作自受"，都是要不得事。又如说"自讨没趣"，与"自求多福"大不同。"求"贵求之己，"讨"则讨于人。乞之其邻而与之，虽非自取，亦要不得。至如"杀身成仁"，"舍生取义"，此等"成"，此等"取"，则属自由自在之自得。不在外面，不在别人，此即素患难行乎患难之大节操，大自由。

亦有"自谴自责"，"自认己失"，"自悔自改"，此皆其人之能自新处。人能自新其德，则"苟日新，日日新，又日新"，此又是一大自由。自由、自在、自得，不关他人。

今人则外面受形势之引诱，又受权力之制裁，故其自由最多亦仅能在外面权力与法律之制裁下，获取其身外者。而其主要内心方面，则已失去，渺不可得。尚何争取之足云。

三、人物

"人物"二字，亦成为中国之通俗白话了。但人是人，物是物，为何连称人物，这里又有甚深妙义，可惜今人不加深求。

其实"物"字乃是一模样，可作其他之模范代表。"物"字"模"字，声相近，义亦通。如"勿"字"莫"字，亦声相近义相通。"物"字一旁从"勿"，乃一面旗，旗上画一牛，正如西方人之所谓图腾。图腾即是其一群人之代表。有一人，可与其他人团体中一些人有分别，又可作自己团体中其他人之代表，则可称之为"人物"。如孔子，与一般中国人有不同，而又可作一般中国人之代表，孔子遂成为中国一大人物。

中国人又称"人格"。其实此"格"字，即如物字，亦模样义。与人相互分别，而又可在相别中作代表，作一模样，那即是其人格了。俗语又称"性格"、"品格"，与西方法律上之人格义大不同。

中国"四书"《大学》篇中连用"格物"二字。物是一名词，而"格"字则借为一动词用。我们做人该知有一榜样，真认识这一榜样，则其他自迎刃而解。故曰："致知在格物。"又曰："物格而知至。"我们能知孔子是我们中国人一榜样，那岂不知道了做人道理了吗？做一孝子，必该先知一榜样。做一忠臣，亦该先知一榜样。做一圣贤，仍该先知一榜样。孔子之"学而时习之"，这一"习"字，便似格物之"格"字了。孔子十有五而志于学，三十而立，立便是完成了格的初步。

朱子注《大学》说："物犹事也。"孝、弟、忠、信都属事，都该知有一榜样。即是都有一格。能合格了，便是通了做人的道理。

今人学业成绩，定六十分为及格。明得此格字，便可明得人物之物字。可见中国道理应从中国之语言文字上悟入。

学业成绩有优等与劣等，有及格与不及格。而今人又盛呼平等。若人尽平等，则与中国俗语人格之义大相违背。故中国人又称"人品"，称"品格"。若人果平等，则何品格可言？

四、心血

（一）

中国人"心血"二字连言。论其深义，亦可谓"致广大而尽精微，极高明而道中庸。"人人所易知，亦人人所难通。

西方人言身体生理，特以脑为全身之主宰，亦主一身与其四围之交通。

中国人言"心"，则超脑而上之。

脑仍是身体中一器官，心则融乎全身，又超乎身外。心为身君，乃一抽象名词，而非具体可指。

"血"则贯注全身，而为一身生命之根本。如脑部受伤，不见不闻，无知觉、无记忆，但其人之生命仍可存在。血脉流通一停止，其生命即告死亡。

西方人重主宰，重权力，则脑之地位为高。

中国人重存在，重根本，则血其最要。

又且血只在身内，不涉身外，中国人认为此乃生命之本。脑则仅是生命中一个体，而心则通于全生命而为其主。

兼心血而言，则一本相通，而又无个体之分别，此实中国人生大道理所在。

（二）

中国人又言"血统"。中国为一氏族社会，氏族即血统所成。

余尝论中国有政统与道统，而道统尤重。

中国五千年文化传统，有政统乱于上而道统犹存于下。

如秦灭六国，非由秦人统一中国，乃由中国人自臻于统一。秦二世而亡，而中国人之统一则仍继续。此乃中国人建立了中国，非由中国来产生出中国人。

故中国而夷狄则夷狄之，夷狄而中国则中国之。若中国人不遵中国人道理，则亦可认为非中国人。

故道统必尤尊于政统。中国人则该是一中国人，此乃道统血统之统一。"心血"两字连用，可显其义。

（三）

故读中国史，政治统一之治安时代，固当注意，而政治分裂或变乱时代，亦值同样注意，或当更加注意。

如魏晋南北朝，如五代，如辽、金、元及清代，中国可谓已失其常，而中国人则仍为一中国人，依然未变未失，血统道统犹然。中国人之心血，能历五千年而长存。

论及最近七十年之中华民国史，则又政治变乱分裂，已无一政统之存在。

而社会则日益扩展，其在海外者，有台湾人，香港人，新加坡人，其他散入亚洲各地乃及美、欧、非、澳各洲，至少亦得五千万人。

论其血，则同属中国人血统。

论其心，则亦全不忘其同为一中国人。

然而流亡离散，则亦无可讳言。

如求其能团结一致，则非认识做一中国人之共同标准不可，主要在从道统上求，当从历史求之。

（四）

中国人又言"心胸"、"心腹"。大陆乃中国人之心腹，历史则当为中国人之心胸。

中国人又言"人心"、"道心"。道心则有统。所谓道统，亦即中国人之文化传统。非兼中国人之心与血言，则此统不可得。

中国人又言"心情"、"性情"，又言"血心"、"血性"，但绝不言"血情"，可证俗语极涵深义。

人之有心，乃始有情。人之有情，乃始得称为人。

血则贯注于全身，仅属肉体中物，与情不同。情可交于身外，故必言心。

今人以"无情"、"薄情"称为冷血，"多情"、"深情"称为热血。其实血不关情，冷血热血两语，实指心言，亦可谓俗不伤雅。唯单称情感或感情，感必由心，而非仅由血，此亦可知。

（五）

故为一合格之中国人，理想之中国人，则必有"血"有"情"。

而血与情则统于心。心则统于道。如是之谓"通天人、合内外"。

俗又言"血仇","血债",亦指其深入人心。又言"一针见血",正贵其见到深处活处。

故必"心血"兼言,乃见人生之落实,与其深到。头脑则仅是一器官,一机械。

今世则贵电脑与机器人,无情无血,则高出人生,乃为近代人生所想望而莫及矣。世运如此,乃何可言。

五、味道

中国俗语又常"情味"兼言,有情始有道,又言"味道"。《中庸》云:"人莫不饮食,鲜能知味。"饮食亦人生一道。孔子之饭疏食饮水,颜子之一箪食,一瓢饮,其中皆有道,故亦皆有味。常人饮以解渴,食以解饥,不知其中有道,故《中庸》说其不知味。

俗言又称"滋味"。滋有滋润、滋生、滋长、滋养义。人生必有长有养,有余不尽。其功在饮食,即为长养。若专以饮食为求味,此即不知味,不知道。唯孔子颜渊能知饮食之道,斯乃有味有乐可言。其乐深长,又称乐味无穷。

俗语又称"趣味",或称"兴味"。今人又常称"兴趣"。兴趣皆须有味,始能有余,长存而无穷,耐人回味。今人每求尽兴尽趣,尽则不堪回味,那又失之。

中国俗语中此一"味"字,真是大堪深味,亦可寻味无穷矣。

能知其人其事之有味无味，此真中国人一番大道理，亦可称是一项大哲学。

中国人又称"五味"。咸乃常味，酸与辣多刺激，甜味则多得人爱好，苦味饮膳少用。忠言逆耳利于行，良药苦口利于病。苦劝苦谏，苦口婆心，亦见用心之苦。一片苦心，苦学苦读，苦修苦练，苦下功夫，苦行苦守，苦干苦撑，苦熬苦咽，坚苦卓绝，吃得苦中苦，方为人上人，人生中乃有此一道苦味，苦尽甘来。对人赞美道谢，则连称辛苦。辛苦亦人生大道，此一道，乃为其他民族所不知。

佛法东来，大慈大悲，救苦救难，人海乃如苦海之无边，佛法亦普度而无边，则亦大异于中国人生之有此一苦味之存在矣。

俗语又称"吃苦头"。可见苦自有头，乐则无穷。但又必"甘苦"兼言，"苦乐"兼言。执其两端用其中于民。今日国人则唯知求乐，不懂吃苦。只认正面，不认反面。只许进，不许退。只要新，不要旧。只向外，不向内。只说西，不说东。只执一端，不执两端。一切东西就会不成东西，一切味道也就会没有味道，这又何苦呢？

中国人又称"品味"。如品茶品酒，茶酒皆有味，故可品。不入味，则不登品。凡物皆然，故称物品。斯知物亦各有其味矣。人之一身，及其面部，以及其所居之室，皆可加以装饰品。则凡所装饰，皆可玩味。就其人日常亲接之物，亦可见其人之品味矣。

中国人又称"体味"。不仅口舌，还须心赏，始得此味。胃肠不消化，则口舌无味，可证物品物味皆从人之品味中来。即观其人所品味，可知其自身本体之品味。

今人乃言批评。批评亦一种分等分品之义。如狱官批判罪人，即依法分判其人之有罪无罪，以及罪之大小。今人言批评，则必批评他人之短处失处。实则其所批评，亦凭其己见。凡其所见，则都在他人之短处失处，斯亦可见其人生之无品而乏味矣。

中国人又连言"情味"，味淡乃见情深。故君子之交淡若水，小人之交甘如醴。今人则唯有浓味乃谓情深。最近有一学校教师，求爱于其一女同事，不得，乃杀之。法官判其罪，谓其情深，仅得徒刑。又有人连杀其亲生之父母，法官谓其有神经病，亦不判死刑。今世之民主政治，仅重法治，人生唯知有法律，宜可谓乃无情味可言。

中国人又称"韵味"。韵者，声之余。中国人贵有余，亦贵余味。但又贵知足，又称够味。足指当下言，余指往后言。如歌唱，既须够味，又得有余味，须能回味无穷，回味不尽，不要不足。此是中国人生理想中一妙境，一佳味。故中国人言尽心尽力，实则心力永远用不尽。今人则求尽欢尽兴，尽了则不欢，没兴了。生之尽，则死亡随之。故人生必求有后，乃得有余而不尽。就其个人生命言，则生而至足，乃为一完人。完人者，乃完其天命之性。天命之性则虽死而不尽。如孔子，乃使后世人追味无穷。亦可谓人莫不有生，苟不知其生之有性，则亦鲜知其味矣。

中国人又称"有鲜味"。北方陆地，人喜食羊。南方多水，人喜食鱼。合此"羊"字"鱼"字，成一鲜字。然鱼与羊，人所共嗜，未能餐餐皆备，于是鲜字又引申为鲜少义。但"美"字"养"字"善"字，则皆从羊，不从鱼。此或造字始于北方，此不详论。今日国人则尽慕西化，必以牛肉为最佳食品。然四千年来之语言文字，则不能尽改。而生为中国人，又不能不讲中国话，不能不识中国字。纵觉中国语言文字之乏味，而终亦无奈何。此当亦为今日中国人生中一苦味，又当如何期其苦尽之甘来，则亦无可深言。

又中国人常连言"笑骂"。谚云："笑骂由人笑骂，好官我自为之。"笑本代表喜，骂则代表怒，哭代表哀，歌代表乐。故曰喜怒无端，笑骂无常。今喜字加了女旁，则嬉笑非喜笑，嬉皮笑脸非喜脸。一笑置之非喜意。笑里藏刀又非好笑。使人欲笑不得，而又有苦笑。中国一"苦"字中，有多少人性味存在，则诚欲索解人不得矣。

又按人生面部耳听、目视、鼻嗅、口食，外接声、色、气、味四项。俗称"味道"，唯"味"乃有"道"，其他声、色、气三项，皆不言"道"。疑目视耳听，其与声色相接，显分内外。鼻嗅之气，或可直进胸腔，但气自气，体自体，非各有变。唯口食，则所食皆化而为己有。故唯味，乃可继之曰道。至于气，俗亦称气味，下连一味字，却不如味之可连一道字。但声色则又与气味不同，称声音色彩，更无连用字。则声、色、气三字，岂不明有三别，而皆与味不同，其别亦自可见矣。孟子曰："食色性也。"此色字则又与声色之色有辨。

六、方法

（一）

　　今人好言"方法"。实则中国人言方法，则犹言规矩。孟子说："规矩，方圆之至也。"非方则不成矩，是亦不足为法矣。唯儒家好言"方"，《易经·坤卦》言："直方大。"人生在直，若有弯曲，仍须直，如是则成一曲。故两直相遇，乃成一方。方形有四角，乃成四曲四直。故有大方之家，又有一曲之士。其形成方，始可为法。一曲亦可自守，故仍得称为士。

　　天道圆，地道方。中国儒家好言人道，即人文，近于地道之方。而庄老道家言天道，即自然，近于圆。佛教东来，亦好言圆。但佛家既言圆通，又言方便。方又兼平义，故又称平方，又称方正。故方亦兼平正义。便则本是便僻，乃邪而不正义。人生中乃有许多不便处，如大便小便，均须避开人，去私处。便既须择一私处，亦称方便。因方在偏隅处，而其偏隅则共有四处，故称四方，亦称方便。

　　人行之道亦可分"正道"、"偏道"，"偏道"即"便道"。又分"大道"、"小道"。君子行不由径，径则只是一小道、便道。如留客吃饭，谦言便饭，即非正式宴请。如便衣，亦非正式出客之礼服。托便人带信，此非正式派遣，容有不便处，遂有洪乔之误。更有便宜，中国人贵信义通商，只可获小利，不当牟大利，小利也得称便宜，即见有不便宜处。故又称贪便宜，也只得贪小便宜，不得贪大便宜。今人则称便利，亦自有不便不利处。总之"便"即含有不正处。

中国人又称"方术"。术只是一条路，但此非大道通路。中国传统学术，共分经、史、子、集四部分，道路各有分别，但综合会通则共成一大道。如医生为一病人开药方，亦必各有分别，非可人人通用。只是对症下药，只某些人可用，故称"药方"。如是而言，方略方策，这一些策略，亦只寓特殊性，非即普遍大同性。俗又言"方针"，亦只针对一端一方而言。如称"方向"，则东西南北共四方，所向只其一方。子贡方人，孔子曰："夫我则不暇。"孔子只言人生大道，那些有关他人的小处，孔子就不去加以批评了。

方指空间言，亦可指时间言。如云"方今"，"方兴未艾"，方亦只是当前之一时。庄周言："方可方不可，方不可方可。"时间如此，空间亦如此。大方则时时处处皆然，故人人可得以为法。《诗》云："定之方中"，便见有不方中处。方中乃仅指一刻一隅言，过了此刻此隅，便不见有定了。

为人子止于孝，为人父止于慈。子方乃见有孝，父方乃见有慈。所谓止，便兼有变动无止之义。举一隅，贵以三隅反。人道有万方，亦有万法。人生之道于变动中停止，必知此义。

又如"方言"，亦只仅可通行于一方。而大雅则可通行于四方，即其大全处。故大方乃可贵。

但中国人又称"方外"。位有定，而方外则不可定。要之，"方"亦只是一具体字，非一抽象字，此义不可不知。

又中国写字称书法，演剧亦称戏法，凡此等"法"，皆涵规矩法则义，故亦称法规法则。是法亦犹规则，又如言法律。在音乐中亦有五声六律，此律亦即音乐中之规矩法则。今西方人言技巧，乃在科学界之机械变动中。而国人乃以"方法"二字当之，则含义差失太远矣。

（二）

方者，集四隅为一方，有空间静定义。法者，水流和平向下，不溃决，不枯竭，永是如此，兼有时间流动义。故中国人称"方法"，乃一标准模范，处处如是，时时如是。乃如水流之平匀稳定，时常流行。故中国人称方法，实是一种"道义"。今人称方法，乃是一种"手段"或"技巧"。果使手段技巧而能进乎道，乃始成为方法。为学做人皆当有方法，但方法异于技巧。技巧乃手段造作，非道义功夫。其间有大不同，不可不辨。

中国古人称"大方之家"，今犹称"方家"。一曲一隅不成方，其曲其隅必可推而通乃成方。今称专家，则专指一隅。纵其极有技巧，倘不能推而广之，通于他家，则又何得成为方。子在川上曰："逝者如斯夫，不舍昼夜。"水流之去，须时时去，不停不变，乃为法。偶一停止不再流，偶一溃决横流，皆不得成法。

故专尚技巧之方法，必成为变乱世。必尚道义之方法，乃成为治平世。中国广土众民五千年文化大传统，乃有其方法可寻，而非技巧之所得预。史迹具体即可征。

七、平安

中国人最重"平安"。宋儒胡安定，读书泰山栖真观，得家书封面有平安二字，即不开阅，投书观外涧中。此见平安之可贵。既得平安，又何他求。

今先言"安"字。女性居家室中谓安，非闭户不许出，乃其心地自安。居之而安，俗称"安然"。又称"安贫乐道"、"安居乐业"。又称"安分守己"，只此一分，便可安可守。故中国人居家对长上，朝夕请安。西方人则道好。"好"与"安"不同，好在外有条件，安在心可无条件。又称"安定"、"安宁"、"安康"、"安祥"，只此心得安，便定、便宁、便康、便祥。又称"安之若素"，素即平义，今人言平素。《中庸》言："素富贵行乎富贵，素贫贱行乎贫贱，素患难行乎患难，素夷狄行乎夷狄。"素即日常生活，更无其他钩搭牵挂，亦称平居。俗又称平素，不增添，不加夹，故称素。日常如此，亦当安之若素。平素常素亦称平常。能有常，便可安。变则心不安，故须能处变如常。纵使增加了种种花样，亦若平居之素。

素又有空白义，一切绘画皆画在白纸上。饮食不加味料是谓素食。人生亦当居心在平空平白处。今人称平等，"等"谓其相类似。一切相类似，则一空二白，更无差异处。如此始能反己自得，但实际亦仍是平常人，平常事。若定要出类拔萃，定要加进了些甚么，与人不相似，那便不是一平常人，实际亦将无所得。故必有所得，始称平常。

要做得一平人，其心先得平。要做得一常人，其心须先有常。知平知常，便是一切花样都化去了，空白如一张素纸。其心如此，始得安。贫贱、富贵、患难、夷狄，实都无分别，等如无花样，那其心自安。居在家室内，与出在家室外，究竟有什么两样呢？只因此心不安，乃至花样百出。但古今中外，人与人，生与生，论其大体，皆来自天，又究竟有甚么两样呢？贵能视人如天，一视同仁，那就平了安了。

中国道家言人生，先要把人心弄得一空二白。儒家言人生，先要把人心弄得平平安安。俗称"平空"、"平白"，则已会通儒道而一之。中国人又称"平淡"、"平和"。"和"字易懂，"淡"字难懂。君子坦荡荡，小人常戚戚。戚戚即是不淡不和义。但人又有至亲至戚，那能处亲戚亦淡然呢？这里又该有深义。当知人性中有孝、弟、忠、信，能淡然出之，则虽惊天地而泣鬼神，此心亦若平安无事。此处则须学。孔子曰："十室之邑，必有忠信如丘者焉，不如丘之好学也。"但孟子则曰："彼人也，我人也，彼能是，我何为不能是，我何畏彼哉。"主要亦在学，此心即平安。又曰"平易近人"，"君子居易以俟命，小人行险以侥幸"，则平安非难，贵能安居而已。今人则必以不平之心，创为非常之事，则终其生而不得安，亦固其宜。

中国人又称安步当车，平步登天。如何安步？如何平步？此中皆大有讲究。能知人生之一切皆平，一切可安，自能平步安步。毕生平安，就在此一步上。又曰"治安"、"治平"。子在川上曰："逝者如斯夫。"能知水流之治，斯亦知人生之得其平安矣。此"治"字则须求之雅言，而俗语未之及。

《中庸》又言："从容中道。"人能见善则从，见恶则容，斯一从一容,则无不中道矣。人之能从容,即像其平安。今人则不肯从而必违,不肯容而必拒,一违一拒,又何平安之可言。

八、消化

"消化"二字,连成一语,人人能言,老幼皆知。但若分作两字来作解释,则涵义深远,亦可由此以明天人之际,通古今之变矣。

食物进口,投入胃肠,即消散、消耗、消亡,不复有其原形之存在,由是以营养全身,由臭腐化而为神奇,复由神奇化而为臭腐,由大小便中排泄以出。民以食为天,而其消其化,则在人之肠胃。其先为食物,后化为非食物,此非可以明天人之际,通古今之变乎?而即在人人反身而求,当下可得。

然虽人人同有此肠胃,乃人人各不知此肠胃之何以消,何以化。是则消化功能虽在人,仍属天,此之谓"一天人"。内之如当身,外之如不知几何百万年前,自有人类即如此,是谓"合内外"。非一天人而合内外,亦无以明天人之际,与通古今之变。

又有"消息"二字,其义亦同样深远。息者从鼻从心,有生息义,有息养义。即如呼吸,一出一入,一去一来,亦如一种消化,乃为一种消息。然孰知息之必待于消,又孰知消之即成为息。死生存亡,成败得失,吾道则一以贯之矣。

《易传》言:"一阴一阳之谓道。"但《易》卦先《乾》后《坤》。濂溪《太极图说》亦谓:"太极动而生阳,动极而静,静而生阴,一动一静，互为其根。"则言天道必先阳。又曰："主静立人极"，则言人道仍先阴。化与息应属阳，消则属阴。消化、消息，亦皆先阴。又言变化，言休息。《中庸》言："动则变，变则化。"一日三餐即其变，无变又何来有化。休，停止义。然一呼一吸，决不能停止。《大学》言："知止而后能定，定而后能静，静而后能安，安而后能虑，虑而后能得。"则止非真止，静非真静。终始连言，亦先终后始。此犹言消化、消息。

"消"之反面为"积"。荀子最好言积。孟子则言养，曰："我善养吾浩然之气。"养则有化、有息。气亦可言气化、气息，中国儒学传统荀终不如孟。道家庄、老多言消减义，不言增积义。《中庸》、《易传》会通儒道，而消损义则决不下于增益义。今人好言积极，不好言消极，斯与吾文化大统必有所背矣。

今人又以阅读报章新闻谓"打听消息"，此语大有意思。如当前美苏裁止核武谈判，岂非举世一大新闻。然必当知其中何些当消，何些可消，何些可息？此会议已历有年数，本届已属第三次，以前消息如何，约略推想以下消息。中国人言鉴古知今，全部《二十五史》，盛衰兴革，亦即中国民族传统文化之大消息。若必排除旧有，乃可开创新设，此种消息，窃恐难求。

消息在听不在看，此亦有深义。中国人重声音过于颜色，色必附着，声则空灵。故中国人言聪明，聪在前，明在后，不言明聪。光色已有不同，声光仍有不同。语言先后，高下自别。故言痴聋，不言痴盲。痴即如聋，聋即如痴。暮鼓晨钟，乃在震其耳。天将以夫子为木铎，铎声亦入耳，胜于阳光仅照眼。故言销声匿迹，声可消，光与色则不言消。

又如言"不听教诲"，非不听闻，乃不同意，不赞成，是不听乃在心。与心不在则听而不闻大不同。又如云"听人摆布"、"言听计从"，此听皆在心。又如"百闻不如一见"。闻，指听人言。见，乃亲见之。人言不可信，与所谓耳提面命者又不同。若指耳目之官之功用，必先耳后目，继之以口、鼻、舌，其高下轻重又可知。

中国人以口之一官，放于耳目之后，此意尤大可味。物之入口，仅以养身。声入于耳，乃可以听及他人之心性，以养己之心性，养德养神。故人之口与禽兽无大异，人之耳乃与禽兽大不同。孟子曰："人之异于禽兽者几希。"果以五官言，则必先耳后目，而后及于口。此亦自然界生命进化一重要消息。

中国人又言"不消如此"，此语尤有深义。消化、消息皆重消，但不言可消。当消必消，不消如言不需。可见消乃人生所需。又言"不屑"，不屑之教诲其义又重于不消。此皆当明得"消"字义，乃可引伸明得"不消"、"不屑"义。中国人称"不肖子"，此"肖"字亦兼涵有"化"字义。父母之于子女本具教化之责。子女于父母则不然。故父顽母嚚，亦不称不屑。

此皆以俗语上推之雅言，而可探听中国传统文化中一些大好消息。今人必鄙弃雅言，提倡俗语，此一消息恐不甚好。偶举八例，略加阐申，触类旁通，以待读者。

九、中和

《中庸》言："天命之谓性，率性之谓道，修道之谓教。喜怒哀乐之未发谓之中，发而皆中节谓之和，致中和，天地位焉，万物育焉。"

今按：此章率性修道皆指人事言。事见于外，其蕴藏于内者则为情，即喜、怒、哀、乐、爱、恶、欲之七情是也。未发谓之中，谓其当未发时，不偏不倚，正位居中，故能发而中节。倘先有偏倚，或有宿喜，或有藏怒，则先已失中，其发亦未能有适中之和矣。此"中"字当先自有涵养工夫，故"中和"连言。非专指其藏于内，乃指其藏于内而先自有其中。

十、事情

（一）

俗称"事情"，事在心外各不相同，但事在心头不免因事生情。情则可以大略相同。如太阳晨起晚落，此属事。但日起日落，人心对之生情，则对朝阳可与对夕阳同。此人之情亦可与他人同。甚至千百年之前可与千百年之后同。中国诗人之咏朝阳夕阳，大体可证。

故事不同，而情则同。此一同处，中国人俗语称之曰"境"。如言"境遇"、"境界"。中国人言人生，极重此一境，故又称人生之境界。实则人生渡越此境界。如孔门颜渊，一箪食、一瓢饮，在陋巷，人不堪其忧，回也不改其乐。此见同一境，而处境之心情有不同。近人重西化好言境遇。中国人生则在此境遇中求性情。周濂溪教二程兄弟寻孔颜乐处，即指示人生重要意义重在此境遇中。当知乐处即在心情上，不在境遇上。近代人西化，务在外面境遇上求，不知在自己内部心性上求。此则中西文化大相异处。而吾国人今日已不知其辨矣。

今日世界则正在大变中，西方人向外求，到处碰壁，今始反而知改，转向内部求。如美苏核子谈判，即其一例。又商业、经济亦渐向内部求。如英如法，如其他各国，当前经济亦都同向美钞价值求，但心情内外有变，此即其一例。

（二）

行事表于外，必有其存于中者。当求表里一体，非可分割以为二。俗称"事情"，其中亦有甚深涵义。昧者不察，徒见其事，而不审其先自内蕴之情，则事而非事，并有适相违逆者。故《中庸》继此即提出一"诚"字来。诚则已发未发，表里如一。

十一、知识

余幼年读《水浒传》，而不知读金圣叹批注，往往仅见其事，不知其情。真伪莫辨，是非不明。嗣得小学中一顾老师指点，乃知读金圣叹批注，始恍然大悟。士先"器识"，而后文艺。俗又连言"知识"，"知"只是仅知其事，"识"乃识其内里之情。内外一体，始为真识。徒求于外，则乌从而知其体。

俗又称"相貌"，其实貌则一见便知，相则由相互比较，综合归纳而来，实乃一种识，而非止于知。故俗又称"识相"，但不言知相。俗又言"见识"，不言见知。一见而知，是见了便即知，言了见即不必再言知，言了知亦不必再言见。但见即知，却未必有所识。所谓知人知面不知心，能知到其人之内心深处，乃得谓认识其人。故俗又言"认识"，却不言认知，其中皆有深义。俗言识相，亦涵深义。若要再用白话来解释此两字，则诚难之又难矣。

十二、东西

俗又称万物曰"东西"，此承战国诸子阴阳五行家言来。但何以不言南北，而必言东西？因南北仅方位之异，而东西则日出日没，有生命意义寓乎其间。凡物皆有存亡成毁，故言东西，其意更切。

十三、运气

俗又言"命运"、"运气"。无论其为命与气，皆有运转不息义，又有周而复始义，故亦言"天运"。今人言"运动"，则大失其义。此"运动"二字，乃译自西方语，有比较竞争义，而无周而复始义，与中国原有俗语"运"字大不同。

十四、过失

中国人论人生，最重改过迁善。"过"有空间义。凡富贵，皆当适如其分，故曰"安分守己"、"过犹不及"。尽求富，尽求贵，所得愈多，或所失乃更多。故俗语连称"过失"。塞翁失马，焉知非福。失不足虑，过乃可虑。

过之时间义，如过去。人之生命，不能过了便算，当好好保留。大人者，不失其赤子之心。倘过了便放弃，那真是一大过失。过去的不能尽让它过去，未来的亦不能尽要它即来。孔子圣之时，随时顺变，务求恰到好处。此亦是一种无过不及之中节处。

俗称"过失"、"过去"，人生不能无失无去，但可以无过。赤子时期失去了，当长大成人，并成为一大人。但赤子之心则未去未失，当善为保养，故孟子曰："大人者，不失其赤子之心者也。"若并此而失去，则为人生一大过。

求长生，要此生永不过去，此是一过。求涅槃，要此生全不保留，此又是一过。生此世，却一心想要进天堂，此亦是一过。过失过去，失了去了，却有其不失不去处。故贵安贵守，又贵随时而顺变。如是，乃为无过。不失不去，才是可安可守处。

叔孙豹言"不朽"，不如孔子言"后生可畏"，乃为真无过。蘧伯玉"欲寡其过而未能"，此七字须好好参寻。

十五、号令

《论语》："巧言令色鲜矣仁。"此"令"字有俗语讨人喜欢义。凡在上者令其在下者，亦必有使在下者喜欢意，故称令。又如俗语称令尊、令亲、令郎、令爱，令字皆有可亲可尊义。凡在上者令其在下，亦当使在下者对之可亲可尊，故亦称令。

又如屋檐漏水和缓，称"泠"，暴雨急漏则不称泠。又如"零散"、"零落"，此皆如水滴放松，无严密逼切义。凡政府定一政令，下一法令，称为令，亦必和缓放松，不严密、不逼切。

又如发号施令，"号"亦一好字眼。如人有名有号，必佳称，非恶称。又如帝皇年号，皆佳称。清代历朝年号，如顺治、康熙、雍正、乾隆、嘉庆以下皆然。历史上各朝各代年号亦然。故称号召，又称口号。所谓号令，皆当如此。而岂专制帝王强其下以必从者，亦得称为号令？

十六、职业

今俗常称"职业"，其实此两字乃中西文化一大分别所在。中国人重"职"，主对外，尽我为人，有职位、职名、职分诸称。西方人重"业"，主对内，尽人为我，有事业、行业诸称。如父慈子孝，乃言职。中国人言五伦，皆言职。若言业，则无此分别。

西方人言自由、平等、独立，乃言各己之业。若言职，亦无此分别。故父母生子女，必当养育教诲之职。岂得自由为之子？又岂得为子者不孝其父母而与居平等之地位？又岂得各自独立，父为父，子为子，不相关联，不相牵涉？

即今工厂一职工，职位既定，即当守分，又乌得自由平等与独立？为商者在群中亦一职，故中国人必言信义通商。今从西方话，只称"商业"，决不称"商职"，可悟此二字之相异矣。故今俗称

"职业"，以中国传统言，则可谓不辞之至。

今再言"进取"与"保守"，中国人重尽职，故主保守。西方人尚商业，故重进取。又岂得谓进取者全是，而保守则全非乎！

又中国人重职，故言"职事"，不得言事职。西方人重业，故言"事业"，不得言业事。其余类此者尚多，偶举一例，恕不备述。

十七、释"包"

包，从手为抱，乃向内会合。从足为跑，西湖庐山皆有虎跑泉，乃向外分开。奔跑乃分开脚步，会合运使。如言同胞，言双胞胎，乃指其合于内而分于外。从石为砲，亦指其内合而外分。咆哮，乃气足于内而外露。从食为饱，仅指足于内。从衣为袍，则指加于外。水泡亦然。从草则含苞待放。庖厨，米麦牲禽所聚，而分别烹煮，兼容并包，容于内而包于外。但如形容容貌，容亦兼外义。

十八、释"兆"

兆，从手为挑，从足为跳。兆有跃露迹象义，俗称兆头。春光明媚，唯桃最易透露其迹象。桃之夭夭，则以其艳放而早谢。逃则速离速去。不祧之祖，乃其祖先之永不离于祭祀者。亿兆则祖先已远，仅堪记忆，或不可计数。不如夫妇家庭乡党邻里，亲切而寡少。故称兆民，亦涵远义。

十九、释"淑"

窈窕淑女，窕乃幽深封闭，而微露其迹象。叔从宀为寂，从水为淑，非波涛汹涌，而静流细注。女性之美有如此，故称淑女。伯仲叔季，叔当有弟道，数一数二固可，老三老四宜有未当。

二○、释"媛"

媛从爰，如温暖，又如柔缓和缓。温柔温和乃女性美德。如援，能助人。从冷酷中得温暖，从紧张中得柔缓和缓。爰字作"于是"解，亦此义。

一九七九年本拟重印此书，特撰《补篇》一文，内分八题，因故未付印。一九八七年又检拾历年随笔札记十二条附后，合成此文。

（原载钱穆:《中国思想通俗讲话》，九州出版社 2011 年版）

1911—1966

陈梦家：认字的方法

中国文字号称难认，至少有两个原因：一是历史太长，古今文字太多，不易记认；二是现在写的字体与古体不大相同，古体是象形的，字体往往走失"象形"的本相。现在分开来说一说。

中国人使用文字，在全世界要算最老的一个民族了。我们使用文字的年数，至少有三千五百年以上。最奇怪的是，经过了三千五百年，中国文字其实没有大变，有许多字简直没有变。我们知道，商朝人已经有很完备的文字了，它以前的文字现在还没有发现。商人刻在龟甲和牛骨上的字，已识的和待认的各在一千以前，大约当时常用字在一千和二千之间。周朝人刻在铜器上的字，已认的在二千左右，待认的在一千以上，大约当时常用字在二千和三千之间。秦始皇时统一文字，李斯等所编的《仓颉篇》《爱历篇》、《博学篇》（汉间师合为一书）共三千三百多字，当时常用字大约如此。到后汉时许慎编了一本古字典叫作《说文解字》，共九千三百多字，这其中除了常用字外，又有许多书本上的字。

除了日常用字和书本上的古字以外，每个朝代总添了不少新字，这些新字在当时为"俗字"，即时俗所用的字。又因为有新的事物出现，不能不造新字去适应它，因此文字越积越多。民国以后有人编字典的，其总数约在四万以上，恐怕实数尚不止此。我们有限的一生，当然不能专去认这些字，但我们在应用上又不能不求认字的正确。

要把成千成万的字细细去认，实在是难的。困难的第二原因，是古今字体不大相同。我们所谓古体，约略的指先秦的商周古文字，它们多少还保存古文字的象形的特色。所谓象形者，是有些字像事物之形的，如古文字的日和月画成一个圆圆的太阳和一个弯弯的上弦月，使人一望而知其为日月，自从汉代改用方方正正的隶书，"象形"的特色有些被磨灭了。象形的"日"和子曰的"曰"多么相近！象形的"月"和脚臂胫膝等字的偏旁多么相似！然而脚臂胫膝的偏旁本是肉，写成隶书就作月了。古文字改成隶字以后，象形的特色受损，但是文字到了汉又不能不变。因为先秦文字是所谓大小篆，写起来很费时费力，改成隶书好写多了。只能顾到写的方便，也管不着认字的困难了。

要克服认字的困难，大约有三种方法。

第一是查字典。凡有不认的字，或意义不清楚的字，就去查字典。这个方法是有止境的。我们至今没有一部好字典，倘使学生要买一本字典，我不知道是《康熙字典》好，还是《辞源》、《辞海》好，这些字典包含太多的字，有许多字是学生们用不着的。反之，又有许多新编的小字典，所包含的字或者不够，或者解释不全。一本理想的字典应该把每个字的"字形"、"字义"、"字音"、"字法"（即文法）完全写清楚，同时它的编列既要合乎文字的本质，又要便于检查。譬如《康熙字典》是用部首排列的，检查虽然不便，但是他把同类的字放在同一部首之下，对于字形字义是大有助益的。相反的，所谓四角号码小字典根据人造的分类法，虽说便于检查，而根本毁坏了字与字间自然的关系。但是新编的小字典，常常有国音符号标音，它比《康熙字典》的以音近字和反切注音要便利多了，现在的字典，对于字法是不加说明的，我们只可以自己由上下文去理会了。

第二是留心文字的组织。这个方法也可以说是初步的文字学的方法。我们可以由平日所已认识的字中，把文字归纳成几大类或再分成几小类，譬如"我们天天出门到海上去玩"这一句话可以分为：

甲、单字　我，天，出，门，上，去。
乙、复字　们，到，海，玩。

复字中的"们"、"海"、"玩"是如此构成的：

们——人和门合成的，人是意义，门是声音。
海——水和每合成的，水是意义，每是声音。
玩——玉和元合成的，玉是意义，元是声音。

这三个字，在文字学上称为"形声字"，就是说每一个字是由一个"形符"和一个"声符"合成的。"人"、"水"、"玉"是形符，表明这个字的意义是属于人类水类或玉类的。"门"、"每"、"元"是声符，是古代的人用这些字去注音的。这三个字中，又可以分为二小组："们"、"玩"今音和它的声符相近，"海"字今音和它的声符相远。这个问题是属于语音学的声韵学的。

复字是由形符声符合成的，而此形符和声符往往是单字，如"水"、"玉"、"人"、"每"、"门"、"元"都是单字。所以多认识基本的单字，使我们容易认识另外那些复字的义和音。譬如我们已认识"周"、"髟"、"衣"、"鸟"等字，那么我们即使不认得"髯"、"裯"、"雕"三字，大概可知髯是讲头发的（多），裯是讲衣服的（一部分），雕是一种鸟（名）。这三个字都以"周"为声符，所以它们的读音必定和"周"字相近。

第三是文字学的方法。文字学是一种专门学问，是研究中国文字的结构、性质和字形变迁的。文字学研究的结果，可以帮助我们更容易的认识字形，解释字义，读出字音。这门学问虽是专门的，但每一个应用中国文字的人必需了解它，正如同学习英文的人对于字母和文法的了解是必需的：我希望将来能写一部通俗的文字学，为一般中学生和大学生读。我在本刊所写的《梦甲室字话》便是第一次试写。

我们在前一节所分析的单字复字，是一个普通的说法，若根据文字学，则一切文字可归纳为三个基本类型。我们仍用上节所述之例分析三基本类型于下：

（一）象形字　天，出，门，上。
（二）声假字　我，去。
（三）形声字　海，玩，们。

象形字中的"门"，由现在的写法，还可以看到它像两扇门扉。声假字中用"我"为人称代名词，而它本来像一件兵器，因为兵器的"我"的声音和语言中"你"、"我"的我相近，而"你"、"我"的我是无形可像的，所以借用兵器的"我"为人称代名词。文字的演化经过，大约是由象形字而声假字，而形声字。形声字可以说是象形字和声假字的复合，它的形符是象形的，它的声符是假声的。

总结以上所说的，可知认字的方法不外如此三端。我希望今后在教者方面应该先编出一本理想的字典，和一本理想的通俗文字学。在学者方面应该认定查用字典和学习文字学乃认字用字的必要方法，绝不可忽略。在国语或国文课中，教学者应该时时留心文字的组织。

中国文字虽然字数太多，但我们可从中挑选若干常用的单字，按照文字学的方法编列而解释之。初学者若能完全了解这些单字，可以说是对于中国文字有了大体的认识了。譬如我们要认一个"羊"字，先用照相或画出一个有角的羊头，其次将甲骨文、金文、小篆、隶书的"羊"字依时代叙列，则学生可以渐渐推到羊字的本相，不加解释而可了然无疑。这个计划，蓄之胸中有年，现在愿因此文之作先行揭布。

1940 年 10 月 10 日，昆明平政街

（原载《国文月刊》第 1 卷第 5 期，1941 年 1 月）

1909—1969

吴晗：宋元以来老百姓的称呼

旧戏上小生的道白，常有学名什么，官名什么，足见在封建社会里学生上学起学名，一旦作了官又有官名。那么，没上学，没作官以前，平常老百姓叫什么呢？戏文上凡是旅店里的服务员，一律都叫作店小二。至于一般人怎么称呼，因为史书上很少记载老百姓的事情，多年来也只好阙疑了。

求之正史不得，只好读杂书，读了些年杂书，这个疑算是解决了。原来阶级的烙印连老百姓起名字的权利也不曾放过，在古代封建社会里，平民百姓没有功名的，是既没有学名，也没有官名的。怎么称呼呢？用行辈或者父母年龄合算一个数目作为一个符号。何以见得？清俞樾《春在堂随笔》卷五说：

徐诚庵见德清蔡氏家谱有前辈书小字一行云：元制庶人无职者不许取名，而以行第及父母年龄合计为名，此于元史无征。然证以高皇帝（明太祖）所称其兄之名，正是如此，其为元时令甲无疑矣。现在绍兴乡间颇有以数目字为名者，如夫年二十四，妇年二十二，合为四十六，生子即名四六。夫年二十三，妇年二十二，合为四十五，生子或为五九，五九四十五也。

俞樾又引申徐诚庵之说，指出明初常遇春的曾祖四三，祖重五，父六六；汤和曾祖五一，祖六一，父七一，亦以数目字为名。他又引宋洪迈《夷坚志》所载宋时杂事，有兴国军民熊二，鄱阳城民刘十二，南城田夫周三，鄱阳小民隗六，符离人从四，楚州山阳县渔者尹二，解州安邑池西乡民梁小二，临川人董小七，徽州婺源民张四，黄州市民李十六，仆崔三，鄱阳乡民郑小五，金华孝顺镇农民陈二等等。根据这些例子分析，其一，这些人都是平常百姓；其二，地区包括现在的安徽、浙江、江西、山西、湖北等地；其三，称呼都以排行数字计算。因此，下的结论是"疑宋时里巷细民，固无名也"。

其实，宋代平民姓名见于《清明集·户婚门》的很多，如沈亿六秀、徐宗五秀、金百二秀、黎六九秀之类。明太祖的父亲叫五四，名世珍，二哥重六名兴盛，三哥重七名兴祖，明太祖原来也叫重八，名兴宗，见潘柽章《国史考异》引《承休端惠王统宗绳蛰录》，可见明太祖一家原来都以数字命名的。至于世珍、兴宗这一类学名、官名性质的名字，大概都是明太祖爬上统治阶级以后所追起的。

元代安徽地区的平民如此，江苏也是如此。例如张士诚原名九四，黄溥《闲中今古录》说："有人告诉朱元璋，张士诚一辈子宠待文人，却上了文人的当。他原名九四，作了王爷后，要起一个官名，有人替他起名士诚。朱元璋说：'好啊，这名字不错。'那人说：'不然，上大当了'。《孟子》上有：'士，诚小人也。'这句话也可以读作'士诚，小人也。'骂张士诚是小人，给人叫了半辈子小人，到死还不明白，真是可怜。"可见张士诚的名字也是后来起的。

不只是宋、元、明初以及清朝后期的绍兴，甚至到清朝末年以至民国初年，绍兴地方还残留着这个阶级烙印的传统，不信吗？有鲁迅先生的著作为证。他在《社戏》一文中所列举的人名就有八公公、六一公公之类，在另一篇中还有九斤老太呢。

上面讲到宋朝的人名下面有带着秀字的，秀也是宋、元以来的民间称呼，是表示身份地位的。明初南京有沈万三秀，是个大财主，让明太祖看中了，被没收家财，还充军到云南。秀之外又有郎，王应奎《柳南随笔》卷五说："江阴汤廷尉《公余日录》云：明初间里称呼有二等，一曰秀，一曰郎。秀则故家右族，颖出之人，郎则微裔末流，群小之辈。称秀则曰某几秀，称郎则曰某几郎，人自分定，不相逾越。"可见从宋到明，官僚贵族子弟称秀，市井平民则只能称郎，是不能乱叫的。沈万三称秀是因为有钱。另一个例子，送坟地给朱元璋的那个刘大秀则是官僚子弟，光绪《凤阳县志》卷十二："刘继祖父学老，仕元为总管。"继祖排行第一，所以叫作大秀。

这样，也就懂得戏文里演的民间故事，男人叫作什么郎的道理了。也就难怪卖油郎独占花魁这个故事，秦小官卖油，就叫作卖油郎的来由了。还有，明清两代社会上有一句话"不郎不秀"，是骂人不成材，高不成低不就的意思，一直到现代，还有些地区保留这句话，却很少人懂得原来的含意了。

从以上一些杂书，可以看出，宋、元、明以来的平民称呼情况，这类称呼算不算名字呢，不算。也有书可证。明太祖出家时得到过汪、刘两家人的帮助。作了皇帝后他封这两家人作官，还送给这两家青年时代的朋友两个名字，《明太祖文集》卷五赐汪文、刘英敕："今汪姓、刘姓者见勤农于乡里，其人尚未立名，特赐之以名曰文，曰英。"汪文、刘英的年龄假定和明太祖相去不远，公元1344年约年十七八岁，那么，到洪武初年已经四十多岁了，还没有名字。其道理是作了一辈子农民。可见他们原来的无论行辈或者合计父母年龄的数字符号都不能算名字，没有上过学，没有作过官，也就一辈子作个无名之人。这两个人因为和皇帝有交情，作了署令的官，作官应该有官名，像个官样子，圣旨赐名，才破例有了名字。

这也就难怪正史上从来不讲这个事情的道理了。不但"元史无征"，什么史也是无征的道理了。

（原载《人民日报》，1959年2月27日）

1899—1967

潘光旦：明伦新说

中国到处有文庙，而文庙中必有明伦堂。革新以来，各地方的明伦堂既已改充别的用处，例如民众教育馆或民众礼堂之类，而"明伦"两个字所代表的民族理想也就束诸高阁、无人道及。最近的几年里，似乎表面上很有些人想把孔老夫子抬出来，到了八月二十七日，尽管阴阳历不分，我们的一支笔、一张嘴总要忙一阵；发动了六周年的新生活运动也很想把孔门留传下来的一部分的道德观念重新装点起来，使在大众的日常生活里发生一些效果。但是孔门遗教里画龙点睛的明伦观念却似乎始终没有人垂青过。这是很可以诧异的。

其实"伦"字是最有趣的一个字，比"忠、孝、仁、爱、信、义、和、平"一类的字要有趣得多。第一，它比这一类的字要具体而不抽象，从下文的讨论里，我们可以知"伦"字所指的东西是很清楚的，一点也不含糊，但"仁"指什么、"义"指什么、"忠"指什么、"孝"指什么……各家的说法就很不一样，甚至于孔老夫子自己对徒弟们的说法往往看人打发，不一其辞。第二，"伦"字比所谓"八德"一类的字要来得概括，它实际上可以网罗它们以及其他许多代表德行的字；我们若真能"明伦"，我们对这一类的德行也就自然认识，并且可以认识得更清楚。

"伦"字实在有两种意义，而这两种意义的产生似乎有些先后。第一义，也是比较先出的一义，是类别，是条理。这从字源上可以看出来。凡是从"仑"字的字，如伦、论、沦、纶，多少都有类别、条理的意思，而到了从手的"抡"字，更进而有挑选的意思，而这些字又都是可以互相假借的。"伦"字所指的显而易见是人中间的类别与条理的现象。《礼记》说："拟人必于其伦。"《孟子》说："圣人人伦之至也。"而在另一处又说："圣人之于民亦类也，出于其类，拔乎其萃。"可见所谓"人伦之至"的伦所指也不外类别的一义。

"伦"字的第二义，或许也是比较后起的一义，是关系。因为人与人之间有种种分别，虽同是人类，而有老少、男女、贤不肖等等的歧异，可以归成若干小类，而彼此不能没有往来，于是便产生了关系的观念。所谓君臣、父子、夫妇、兄弟（或长幼）与朋友的五伦的伦显然属于这第二义。君臣的关系称大伦，似初见《论语》（《微子》）；父子的关系称伦，初见《礼记·祭统》；夫妇的关系称大伦，初见《孟子》；兄弟的关系称天伦，则初见《春秋穀梁传》。至于五伦之说究始于何时，似乎很是一个问题。《王制》上说过"七教"，《礼运》上说过"十义"，《中庸》上说过"五达道"，《左传》上说过"六顺"，指的都是后世所称的伦常关系。而《礼记·祭统》上"十伦"之说，虽用到"伦"字，其中鬼神、爵赏、政事三伦所指却不像关系，甚至于不是人与人的关系。五伦或五常之说，我们普通总推到孟子身上，但孟子似乎始终没有用过"五伦"两个字，他只说道："契为司徒，教以人伦……"接着又列举了君臣等五种关系罢了。总之，以"伦"字当关系看待，就逻辑论，应是比较后起的,而五伦的成说更是后来的发展。

"明伦"两字联缀在一起,亦初见《孟子》。孟子讨论到三代学校的功用,说:"所以明人伦也,人伦明于上,小民亲于下。"后人的注把人伦解释做人事,我们在这里不妨认为所谓人事应该包括人的差别与人的关系在内,若把此种差别与关系撇开不论,也就没有多少人事可言了。

"伦"字的两种意义都是很有价值的。类别或差等的伦是具体而静的,要靠理智来辨认;关系的伦是抽象而动的,要靠情绪来体会与行为来表示。动的关系无疑的要用静的认识来做依据。长幼的关系以年龄与阅历不同的认识做依据,男女的关系以两性的分化与相须相成的认识做依据,君臣的关系或领袖与随从的关系则以德行厚薄、才能大小的认识做依据。社会生活的健全靠分子之间关系的正常与各如其分,而关系的正常与各如其分则靠认识准确。近代人文科学所讲求的又何尝不是这种准确的认识与各如其分的关系的两大问题呢?差等的认识大部分是生物学与心理学范围以内的事,而所谓才能心理学一派尤其是注意到流品不齐的辨别;关系的研究是社会学范围以内的事,而所谓形式社会学一派尤其是关怀到这一部分的社会现象,甚至于认为只有这一部分的社会现象才是道地的社会学的研究的对象与题材。总之,近代人文生物学、心理学与社会学的工作,始终没有能离开"明伦"两字的范围是显而易见的。

回到"伦"字的两种意义在民族文化里的发展,我们可以发见有许多欠缺的地方。这两种意义的产生尽管有些先后,但一经产生之后,我们倒希望它们可以有并行与互相发明的演进。事实却很不如此。第一义的发展到汉代三国而渐盛,至两晋六朝而登峰造极,但一过唐代,便似乎销声匿迹了。班氏《汉书》里别列《古今人表》,把古今人区分为九品,区分得公允与否虽属另一问题,区分的尝试便有它的价值。东汉末,品评时人便已成为一种风气,专家的品评而外,更有地方的品评,而品评用的字眼与词气已成为一种艺术。黄初而后,一直到六朝末叶,"九品中正"的选举制度推行的结果,这"伦"字的第二义可以说是发展到一个顶点了,当时掌选政的人以及所谓"知人"的人都有所谓"藻鉴人伦"的本领。一部《世说新语》和它的注便全部是藻鉴工作的成绩。唐代还有一些这类的流风余韵,但后来便荡然无存了。到了近世,九品只剩得一个名目,在"未入流"的名目里居然还保留着一个流品的"流"字。至于做品鉴工作的人,似乎只限于一些捧名角的戏迷与开花榜的嫖客;而以"藻鉴人伦"的招牌来号召的人,只剩得街头巷尾的一两位相面先生!

到了最近,一半也是因为受了西洋平等哲学的影响,我们不但把"伦"字的第一义忘了,并且根本不愿意提到这第二义与人类差等的种种事实。即就教育与学校的领域来说(而学校,照孟子说,是所以明人伦的),在以前科举时代,考试后的发榜是第一件大事。写榜有专官,写好了,摆在特别预备的香案上,做考官的要祭、要拜,是何等的郑重!到了今日,许多大学是不发榜的,到了学期终了,只是把每门课程的分数公布出去,公布的时候是不拿成绩优劣做先后的;用学号的地方,并且根本不写学生的姓名,公告板上只看见一大串的号码和一大串的分数。这种办法,从学校预算的立场看，也许是相当的经济，但从明伦与为国家选拔真才的立场看，却是极不经济。劣等学生的颜面是多少顾全了，但奖惩的至意是完全取消了，教育而不讲奖惩，便何必办教育？奖惩的原则一去，人才又何由自见？从这一点看，我们即使批评今日的学校是不足以明伦的，也不为过。

"伦"字第一义的沦亡，一半也是因为第二义的畸形发展。不论五伦之说是何时确立的，后世所了解的伦，除了上文所提的三国到六朝的一节以外，似乎始终是关系的伦，而不是流品的伦。宋以来理学家常讲做人的道理不出伦常日用之间，所指无疑的是关系的伦。近年来整理中国思想的许多作家，说到"伦"字，似乎谁都只了解第二义，而忘怀了第一义。西洋学术东来后，有人把道德的专门之学翻作"伦理学"，也显然是完全受了第二义的支配。

后世所了解的"伦"字的第二义不幸又是非常偏狭。《王制》七教里，兄弟与长幼是两教，而朋友之外，还有宾客；《礼运》十义也把兄弟、长幼分开；《祭统》十伦，多贵贱、亲疏、上下三伦。到五伦之说确立，而伦的第二义便受了束缚，再也解放不开。五伦之中，父子、兄弟、夫妇三伦是属于家庭的，这当然是和家族制度的畸形发展有互为因果的关系，君臣一伦一向又看得非常呆板，其实一切领袖与随从的关系何尝不可以看作君臣关系？朋友一伦比较后起，而其弊病也在不足以概括。我和一个不相识的人究属有没有伦的关系？是不是一经相识，两个人便进入朋友一伦？这一类的问题以前没有人问，到了现在大家又觉得不值得问，大多数的态度总以为这一类的古董让它们自生自灭好了。乡僻的地方所供"天地君亲师"的牌位，有改作"天地国亲师"的，虽改得不通，至少还表示着一番推陈出新的苦心与努力，倒是值得佩服的。

第二义的所以能畸形发展，一半也未始不是第一义转晦后的结果。上文提过正常与适如其分的社会关系必须建筑在流品的准确认识之上。广义的流品固然包括年龄、性别一类先天的不同，和身份、地位、贫富、贵贱一类后天的区别，但主要的应该还是比较不容易分别先后天的德行、智力与才能的高下优劣。一个人孝父母，若是单单因为他们是父母，而不一定是贤父母，这孝可以走入愚孝的一途；一个人忠君，若是单单因为他是君，而不一定是贤君，这忠可以走入愚忠一途。二千年的历史上，百千州县的地方志里我们可以找出不知多少愚忠、愚孝的例子来。若问何以会有如许例子，我们的答复就是这些人只明白"伦"字的第二义，而不知道第一义，更不知道第二义应拿第一义做底脚才站得稳。明伦明伦，须兼明二义，并须先明第一义，才不致有流弊。

总结上文，明伦是民族文化里很有价值的一个观念。它原有两个意义，到了今日，第一义变晦了，第二义则嫌太狭。恢复与发挥第一义、补充与修正第二义，是从事人文科学的人应有的任务。

（原载《云南日报》，1940年2月25日）

臨大

第七篇 文明互鉴

中外文化交流与调和三讲

1937—1946

1937—1946

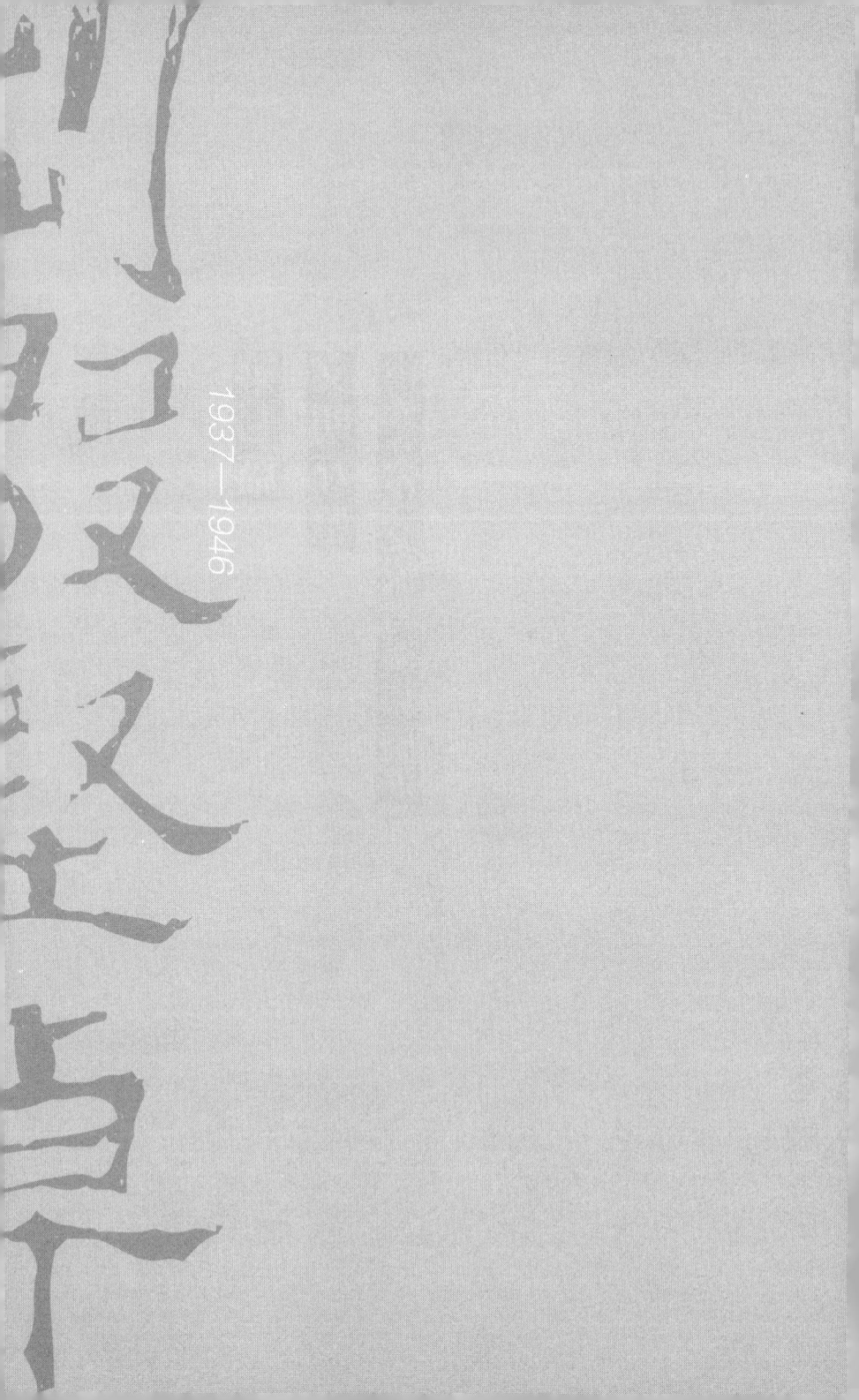

1895—1990

钱穆：中西接触与文化更新

一

中国文化进展，根据上述，可分为三阶段。

第一：是先秦时代。

天下太平世界大同的基本理想，即在此期建立，而同时完成了民族融和与国家凝成的大规模，为后来文化衍进之根据。

第二：是汉、唐时代。

在此期内，民主精神的文治政府，经济平等的自由社会，次第实现，这是安放理想文化共通的大间架，栽培理想文化共通的大园地。

第三：是宋、元、明、清时代。

在此期内，个性伸展在不背融和大全的条件下尽量成熟了。文学、美术、工艺一切如春花怒放般光明畅茂。

若照中国文化的自然趋向，继续向前，没有外力摧残阻抑，他的前程是很鲜明的，他将不会有崇尚权力的独裁与专制的政府；他将不会有资本主义的经济上之畸形发展；他将没有民族界线与国际斗争；他将没有宗教信仰上不相容忍之冲突与现世厌倦；他将是一个现实人生之继续扩大与终极融和。

但在这最近一千年来，其文化自身亦有不少弱征暴露，这在前章里已叙述过。正当他弱征暴露的时候，却遇到了一个纯然新鲜的异文化，欧、美文化，挟持其精力弥满富强逼人的态势突然来临。这一个接触，从明代末年公元16世纪开始，到今已逾四个半世纪了，越到后来，中国越觉得相形见绌。最近一百年内，中国表现得处处不如人。中国愈来愈穷，愈来愈弱，在此资本主义帝国主义侵略狂潮正值高涨的时代，几乎无以自存。

中国一向是一个农业文化的国家，他一切以"安足"为目的，现在他骤然遇见了西欧一个以"富强"为目的之商业文化，相形见绌了。因西方的富强，推翻了我们自己的安足，中国文化要开始在不安足的环境中失败而毁灭。如是中国人当前遇到了两个问题。

第一：如何赶快学到欧、美西方文化的富强力量，好把自己国家和民族的地位支撑住。

第二：如何学到了欧、美西方文化的富强力量，而不把自己传统文化以安足为终极理想的农业文化之精神斫丧或戕伐了。换言之，即是如何再吸收融和西方文化，而使中国传统文化更光大与更充实。

若第一问题不解决，中国的国家民族将根本不存在；若第二问题不解决，则中国国家民族虽得存在，而中国传统文化则仍将失其存在。世界上关心中国文化的人，都将注意到这两个问题。

二

让我们从中西交通的历史上先约略叙述起。

中国在世界上，是比较算得一个文化孤立的国家。但中国实不断与其四邻异族相交通相接触。中国的对西交通，有西北的陆线与西南的海线两条大路。尤其是汉、唐以下，中国那两条路线之交通频繁，是历历有史可征的。而且中国人对外族异文化，常抱一种活泼广大的兴趣，常愿接受而消化之，把外面的新材料，来营养自己的旧传统。中国人常抱着一个"天人合一"的大理想，觉得外面一切异样的新鲜的所见所值，都可融会协调，和凝为一。这是中国文化精神最主要的一个特性。举其最著的例，自然是东汉以下对于印度文明与佛教思想的那种态度，是值得我们赞佩与惊叹的。那时中国自己传统文化，至少已绵历了三千年，在那时虽说政治动摇，社会衰乱，到底并未到文化破产的征象，但那时的中国人，对印度佛教那种热忱追求与虚心接纳的心理，这全是一种纯真理的渴慕，真可说绝无丝毫我见存在的。

此下到唐代，印度思想之流入，虽逐渐枯绝，但中国对其更西方的大食、波斯一带的通商，却大大繁盛起来。那时中国各地，几乎全都有大食、波斯商人的足迹。只广州一埠，在唐代末年，就有大食、波斯商人集麋达十万人之多。那时中国除却佛教外，还有景教、祆教、摩尼教、回教等传入，这些宗教虽在中国并不能如佛教般影响之大，但中国人对于外族宗教态度之开放，是很可注意的。

而且除却宗教信仰以外，其他一切，如衣服、饮食、游戏、礼俗，以及美术、工艺各方面，中国接受西方新花样的，还是不可胜举。因此我们可以说，中国不论在盛时如唐，或衰时如魏晋南北朝，对于外族异文化，不论精神方面如宗教信仰，或物质方面如美术工艺等，中国人的心胸是一样开放而热忱的。因此中国文化，虽则是一种孤立而自成的，但他对外来文化，还是不断接触到。中国人虽对自己传统文化，十分自信与爱护，但对外来文化，又同时宽大肯接纳。

中国人第一次接触到西方文化是印度，第二次是波斯、阿剌伯①，第三次始是欧洲。欧洲文化开始到东方来，那已在晚明时期了。中国人在南洋的文化势力，是几乎与有史时期俱来的。安南占城，秦时即隶象郡，这早在中国疆土以内了。真腊俗称柬埔寨，至隋时始通中国。暹罗亦到隋时始通，缅甸则汉通西南夷时，已见于中国典籍了，那时称之为掸。爪哇在公元132年东汉阳嘉时通中国，苏门答腊之三佛齐在南朝时代来贡，婆罗洲在公元669年唐初来贡，只爪哇一处，自公元2世纪迄15世纪，前后贡使，见于中国史乘的已有三十余次。

大抵秦、汉到南朝，中国对南洋交通，早已极活跃了，唐、宋时代尤其旺盛，而更活跃的时期则在明代。当明成祖时，郑和奉使海外，修造二千料大海舶，明史称修四十四丈，广十八丈，据近人考订，应该是长十六丈多，阔二丈多的船，共六十二艘，随行将士二万七千八百余人。自此先后奉使达七次之多，所历占城、爪哇、真腊、暹罗、满剌加、苏门答腊、锡兰等凡三十余国。其第三次出使，越过印度南境而抵波斯湾。其第四、第五次，并横跨印度洋而达非洲东岸，那时尚在葡萄牙人甘马发现好望角之前数十年。可见中国虽是一个传统大陆农业文化的国家，他对海上活动，亦未尝没有相当的兴趣与能力。但因中国在上的政府，既无帝国主义向外侵

---

① 即阿拉伯。——编者注

略的野心，倘使有，亦常为下面和平民众所反对。在下的民众，又没有畸形的资本势力之推动，倘使有，亦常为上面的主持经济平衡主义的政府所抑制。因此中国的海上事业，在下只是些和平民众小规模的商贩活动，在上只是政府藉以表示中国文化远播之一种光荣礼节而已。而那些南方热带的海岛居民，他们的生活习惯到底与中国大陆农业相差过远，因此中国文化急切也不获在这些处生根结实。因此自秦以下直迄明代，几乎两千年的时期里，中国与南洋的交通，虽永远展开，但中国既不以武力占领之，而文化传播亦未达十分满意之程度，只是彼此间常保一种亲善的睦谊而止。但一到西洋势力东渐，那些南洋岛民的命运，便急剧恶化，而中国恰亦走上衰运，自然倭寇肆扰，对海事常抱戒心。当公元1623年利玛窦初到中国之岁，那时明代万历盛运已过，政治社会一切动摇，此下恰恰二十年，便就亡国。满洲入主，那时一辈士大夫，还有什么心绪，能注意到西方的文化方面去呢？

满清入关以后，中国学术全在不正常状态下发展。那时一批第一流的学者，都抱着亡国之痛，对清政权不肯屈服，他们的行动，毕生都不自由，只有闭户埋头，对中国传统文化，作一番彻底从头检讨的工作，他们自无心于旁骛。第二流以下的因应变局已感不易，更说不上什么贡献。清代自削平中国各地的叛变之后，又继续兴着好几次文字大狱，把中国学者的内心自由精神，痛切膺惩，待到乾隆时代，那时正当西方18世纪30年代之后，直到18世纪之末梢，中国社会亦算勉强地和平而繁荣了，一般学者，全都死心塌地，驱束到古经籍的校勘、训诂方面去，不问世事。而那时的西方，正是近代文化开始上路突飞猛进的时候，只可惜中国人又如此地白白糟蹋蹉跎过了。

嘉庆、道光以下，正当西方 19 世纪开始时期，中国社会终于要昂起头来反抗满洲人私心狭意的部族政权之统治，但那时中西双方国力，便显著的不相平衡了，中国人要开始尝到南洋诸民族所遭逢的恶劣命运了。那时的中国人，内部尚未能摆脱满清部族政权之羁轭，外面又要招架西洋帝国主义与资本主义之压迫与侵略。中国人在此双重影响下，开始觉悟到要从头调整他的全部文化机构，来应付这一个几千年历史上从未遇到的大变局，那真是一件十分吃力的事。自公元 1842 年鸦片战争，直到现在一百年内，中国人便在此情况下挣扎奋斗。我们若看清这三百年来中国人之处境，与其内心情绪之激扰与不安定，则在此时期内，中国人之不能好好接纳西方文化而加以消化，是不足深怪的。

三

而且当利玛窦等初来中国时，他们的一腔热忱，只在传教。但在中国传统文化机构上，宗教早不占重要的地位，耶稣教偏重对外信仰，不能像佛教般偏重自心修悟较近中国人的脾胃。因此明代的中国人，不免要对西方传教士抱几分轻蔑心理，这亦是很自然的。利玛窦等想把他们天文、舆地、历法、算数等知识炫耀于中国人之前，因此来推行他们所信仰的教义。但在中国人看来，他们天文、舆地、历法、算数等知识是值得欣羡的，他们的教义，则是值不得信从的。利玛窦等想把中国人从天算、舆地方面引上宗教去，但中国人则因怀疑他们的宗教信仰而牵连把他们天算、舆地之学也一并冷淡了。这是一件很可惜的事。起初利玛窦等因感在中国传教不易，因之对于中国固有的礼俗，一切采取容忍态度，在中国的基督徒也许祀孔祭祖，这是当时耶稣会一种不得已的策略。但在西方的教会，则始终反对是项策略。而在中国也同样激起了康熙时代，除却利玛窦派之外，一概不得在中国传教的诏令。我们大体上可以说，近三百年来的中西接触，前半时期，是西方教士的时期，他们在中国是没有播下许多好成绩的。

一到18世纪终了，19世纪开始，西方情形大变了，西力东渐的急先锋，显然不是教士而是商人了。那时西方资本主义与帝国主义的力量，正如初生之虎，其锋不可当，但在中国人心里，是一向看不起富强侵略的。中国人经过几次挫折，也都知道自己力量不如人了，但还敌不过他内心中的一股义愤与鄙夷。因此在中国人眼光里，又不免要误会到西方只是些贪利与恃强的勾当，而忽略了在他后面策动的西方文化的真力量与真性质。

在那时的日本，他虽说是中国文化之附庸，但到底熏陶不深，他受西洋势力的压迫，便翻然变计，一心一意慕效富强，学习侵略，在不久的时期内，日本早已现代化了，他也就变成一个富强而能发动侵略的国家了。但在中国则不然。日本人之学西洋，是举国一致，兴趣集中的；在中国则是随伴着一种鄙夷之心，由于不得已而学之的。在中国人看来，误谓西方一切，全是供作资本主义与帝国主义吞噬攫夺用的一种爪牙，以及欺骗引诱人的一种假面具而已。在日本人，则只要这一副爪牙假面具而已足；在中国人，则内心实在讨厌这一些，而又不得不勉强学习他。

中、日两国效法西化之一成一败，是有他双方心理上甚微妙的一种因缘的。我们亦可以说，西力东渐的第二期，他的商人先锋队，在中国所留下的影响，并不比教士们好些，而且是更坏了。

四

话虽如此说，这三百年来的中国人，对此西方异文化的态度，到底还是热忱注意虚心接纳。利玛窦初来，便得中国名儒徐光启与李之藻之笃信与拥护。清代经学家，对于天文、历法、算数、舆地、音韵诸学，他们一样注意到西方的新说而尽量利用。一到晚清末叶，中国士大夫潜心西方理化制造之学的也多了，后来越发扩大，对于西方政法、经济、社会组织、文、史、哲学，其他一切文化方面，在中国全都有人注意研究。一到双方接触渐深，中国人知道西方社会并不尽是些教堂与公司，牧师与商人，也不完全就是一个资本主义与帝国主义之富强侵略，中国人对西方文化的兴趣便突然浓厚。中国人那种追求纯真理的渴忱，又在向西方世界五体投地的倾倒备至了。

在不久以前，中国知识界里颇有一辈人主张把中国传统全部文化机构都彻底放弃了，如此始好使中国切实学得像西方。但这一种见解流行不久，便为中国人民所厌弃。现在的中国人，已经渐渐懂得把全部西方文化分析解剖，再来与中国固有文化相比量。现在的中国人，他们渐渐觉得西方文化所最超出于中国，而为中国固有文化机构里所最感欠缺的，是他们的自然科学一方面。自然科学亦是一种纯粹真理,并非只为资本主义与帝国主义做爪牙。中国人学习科学,并非即是学习富强侵凌。而且这一次世界大战争,中国又身当其冲,中国人深感到自己传统的一套和平哲学与天下太平世界大同的文化理想,实在对人类将来太有价值了。而中国的现状,又是太贫太弱。除非学到西方人的科学方法,中国终将无法自存,而中国那套传统的文化理想,亦将无法广播于世界而为人类造幸福。中国人在此两重观念下,始从内心真诚处发出一种觉悟,这是中国传统文化所负最大使命之觉悟。此下的中国,必需急激的西方化。换辞言之,即是急激的自然科学化。而科学化了的中国,依然还要在中国传统文化的大使命里,尽其责任,这几乎是成为目前中国人的一般见解了。

五

现在有一个新问题急待提出,即是在中国传统文化机构里,为何没有科学的地位呢?中国传统文化机构里倘无科学的地位,中国要学习西方科学是否可能呢?中国学得科学而把新中国科学化了,那时是否将把中国固有文化机构损伤或折毁呢?这些问题是批评中国传统文化以及预期中国新文化前途的人所共同要遇到的,本书作者愿在下面约略申述一些个人的意见。

严格说来,在中国传统文化里,并非没有科学。天文、历法、算数、医药、水利工程、工艺制造各方面,中国发达甚早,其所到达的境界亦甚高,这些不能说他全都非科学。若把东方文物输入西方的重要项目而言:如蚕丝在两汉时代已不断由中国传入罗马,其后到公元550年南朝梁简文帝时,波斯人又将中国蚕种传至东罗马都城君士坦丁。造纸法在中国东汉时已发明,直至唐玄宗时,大食人始在西域获得纸匠,因在撒马尔罕设立纸厂,为大食人造纸之始。大食专利数百年,直到公元12世纪,造纸法始入欧洲。如罗盘早见于南北朝时代之《宋书》,称为周公所作,公元3世纪初年马钧,公元5世纪中叶祖冲之,都造过指南车。此后到公元11世纪中叶北宋沈括的《梦溪笔谈》里又记载到此种制造。欧洲用磁针盘供航海用,始于公元1302年,那已在元成宗大德六年,尚在沈括所记之后二百五十年。这也是由阿剌伯人从中国传入欧洲的。雕版印刷术,中国发明尚在公元9世纪以前,前章已叙述过。到公元11世纪前半期宋仁宗时,毕昇又发明活版印书。至欧洲方面德国创始活字版,已在公元1438年明英宗正统三年,后中国四百年。又如火药,中国古时已有。据《三朝北盟会编》,公元1126年北宋靖康时,已见火炮。南宋虞允文造霹雳炮,以纸包石灰硫黄为之。孝宗时,魏胜造炮车,火药用硝石、硫黄、柳炭,这些都在公元12世纪内。至欧洲德人初造火药,已在公元1350年元顺帝至正十年,那已是14世纪之中叶了。至于发射火药之炮,在欧洲使用,则已在15世纪了。又如清代北京的天文观象台,建造始于公元1276年元代之郭守敬,较之欧洲最早公元1576年丹麦人所建天文台,尚早三百年。而郭守敬所造仪器,还都是模仿宋人的。至若明代宋应星所著的《天工开物》十八卷,书成于公元1637年,中间所载一事一物,何莫非中国人从科学经验中得来的可宝贵的知识。谁又能在近代科学技术与传统工艺技巧之间,分划出一条截然的鸿沟来呢？

所以我们若说，中国传统文化里，没有科学地位，这是一句冤枉话，不合历史情实。平心论之，在公元18世纪以前，中国的物质文明，一般计量，还是在西方之上。只在公元19世纪之开始，西方近代科学突飞猛进，这一百五十年来，西方社会之日异月新是至可惊异的，而中国在此时期里，反而步步落后。我们若专把这一段切线来衡量中国文化，是要陷于短视与偏见之诮的。

六

但在中国传统文化里，虽说未尝没有科学，究竟其地位并不甚高。中国全部文化机构言之，科学占的是不顶重要的部位，这亦是事实。到底科学在中国不好算得很发达，这又为什么呢？现在试再举要论列。第一，中西双方的思想习惯虽有不同。东方人好向内看，而西方人则好向外看。这一层上面已约略说过。因此太抽象的偏于逻辑的思想与理论，在中国不甚发展，中国人常爱在活的直接的亲身经验里去领悟。

科学与宗教，在西方历史上虽像是绝相反对的两件事，但在中国人眼光看来，他们还是同根同源，他们一样是抽象的逻辑的向外推寻。在中国既没有西方人那种宗教理论与兴趣，因此西方人那样的科学兴味在中国也同时减少了。譬如哥白尼的"地动说"，达尔文的"进化论"，在西方是一种惊天动地的大事业，因其与他们的宗教理论宗教信仰恰相反对之故。但在中国，根本便没有西方般上帝创世一套的宗教，虽则在社会上亦有天地开辟等传说，但在整个学术思想上，本来没有地位。佛家思想亦不重这方面。因此中国人听到哥白尼地动说，达尔文进化论等，只觉其是一番证据确凿的新知识，并不觉得他有惊天动地的伟大开辟。因此中国人对于此等科学新说之反应，反而好像是有些平淡与落寞了。这是说的科学思想方面。

再说到科学应用方面。科学发展，多少是伴随着一种向外征服的权力意识而来的，那种意识又并不为中国人所重视。在国际政治上反对帝国侵略，在社会经济上反对资本剥削，科学发明，在此两方面的应用，遂不为中国人所奖励。有时把他冷淡搁置，有时尚要加以压迫摧残，如此则西方般的科学发明自然要中途停顿。即如上述火药、罗盘、雕版印刷三项大发明，只有印刷术一项，在中国社会上始终为人看重。火药则用来做花爆，放在空中，变成一种佳时令节的娱乐品，这早已十足的艺术化了。元、明、清三代，每遇战事，便要感到大炮威力之需要，他们只向西方临时取法。一到战事消弭，大炮的重视也冷淡了，再不关心了。如此则中国的军用火器，便永远停滞，落人之后，不再进步了。又如罗盘，一般社会用来定方向，测日晷，建屋筑墓，应用到鬼神迷信方面去了。中国虽很早便有相当的造船术，相当的航海技能，但中国人没有一种远渡重洋发展资本势力的野心，因此罗盘应用也不能像西方般发挥尽致。

在西方的名言说："知识即是权力"，中国人决不如此想。尤其是近代的科学知识，这真是人类最高最大的权力表现，但中国人心目中不重视权力，故而西方般的科学发明又少了许多鼓励与鞭策。

七

现在再进一步言，自然科学在中国文化进程里不很发达的第二原因。

似乎每一种文化，只要他在进展，他自然要用力向他缺陷处努力克服与弥补。上面说过，中国文化是先在一个广大规模上逐步充实其内容，而西方文化则常由一较小较狭的中心点向外伸扩，此亦由于双方自然环境所影响。因为西方的地势，本自分裂破碎，不易融凝合一，因此在西方世界里常见其相互冲突与不稳定。西方人的心里，因此常爱寻求一个超现实的、抽象的、为一般共通的、一种绝对的概念来作弥补。这一概念，如古代希腊悲剧里的"命运观"，哲学上的"理性观"，罗马人的"法律观"，耶稣教的"上帝观"，近世科学界对于自然界之"秩序观"与"机械观"，皆可谓其同根共源，都根源于一种超现实的、概括的、抽象的、逻辑的、理性的、和谐之要求。此种"和谐"却全是外力的，西方人即以此种外力和谐之想象，来弥补克服他们内在世界之缺陷。但到底他们的文学、艺术、哲学、宗教、法律、科学诸部门，依然还是相互分割，各有疆界，亦如西方的自然环境般不易调协，到底不免要各自独立，相互对抗。

中国文化则自始即在一个广大和协的环境下产生成长，因此中国方面的缺憾并不在一种共通与秩序，这一方面早已为中国文化所具有了。中国方面的缺陷，则在此种共通与秩序之下的一种"变通与解放"。因此中国人的命运观，并不注重在自然界必然的秩序上，而转反注意到必然秩序里面一些偶然的例外。中国人的法律观，亦不注重在那种铁面无私的刻板固定的法律条文上，而转反注意到斟情酌理的，在法律条文以外的变例。中国人的上帝观念，亦没有像西方般对于理性之坚执。西方人的上帝是逻辑的；中国的上帝则比较是情感的，可谓接近于经验的。

中国人的兴趣，对于绝对的、抽象的、逻辑的、一般的理性方面比较淡；而对于活的、直接而具体的、经验的个别情感方面则比较浓。这亦是中国文化系统上一种必然应有的弥缝。因为中国世界早已是一个共通的世界了，中国社会早已是一种和谐而有秩序的社会了，若再如西方般专走抽象与逻辑的路，将使中国文化更偏到一般性的与概括性的方面去，如此则将室塞了各自内部的个性伸展。

中国哲学上有一句话，叫作"理一分殊"，中国人认为"理一"是不成问题了，应该侧重的转在"分殊"方面。如此科学思想便不易发展。科学思想的精髓，正在抽象理性的深信与坚执，正应侧重在其"理一"方面，而不在侧重其"分殊"方面。西方科学家因刻意寻求"理一"，此正西方文化之所缺，故不惜隔绝事实，从任何实体中抽离，来完成他的试验与理论。中国人不爱如此做，中国人常视其现状为融和圆通的，实际上中国人生活正已在理性之中，因此却反要从理性外寻求解放。但虽如此，在中国人观念里，像西方般的宗教、法律、文学、哲学、科学、艺术诸部门，仍然是融和调协的。他们在实际上只是一体，此即所谓"理一"，他们相互间不需要亦不允许界限与分别。这是中国文化不求和谐而早已和谐处。

若用西方眼光来看中国，不仅中国没有科学，即哲学、宗教等，亦都像没有完全长成。中国思想好像一片模糊，尚未走上条理分明的境界。但我们若从中国方面回看西欧，则此等壁垒森严，彼此分别隔绝的情形，亦不过一种不近情理的冷硬而无生趣的强为分割而已。双方的学术思想界，正如双方自然环境般，一边只见破碎分离，一边只见完整凝一，这是中西的大分别所在。

八

我们再从第三方面言，我们尽管可以说中国科学不发达，却不能说中国人没有科学才能。倘使中国人真的没有科学才能，则他们在历史上，也不会有如许般的发现和发明。不过中国人科学才能之表现，也有和西方人不同处。

中国人对物常不喜从外面作分析，而长于把捉"物性"直入其内里。这因中国人常爱把物界和人类同一看待，常把自然界看成一有生机的完整体，因此好谈"物之性"，而不喜欢谈"物质构造"。同时中国人观察的眼光是极灵敏的，他既透过物体外层之构造，而向内深入直接捆捉住物性，因此中国人一样能利用物界。只在西方人看来，好像是知其然而不知其所以然，还未到理性分析的境界。中国人也常说"可以神遇，而不可以目视；可以意会，而不可以言传"便是说的这个道理。中国人在他"神遇"、"意会"的一番灵感之后，他也有本领把外物来作试验和证明。

中国人对于试验和证明的手腕和心思，又是非常精细而极活泼的，否则中国人的灵感，将永远在神秘中，不能有许多实际的发明和制造。但因中国人观念中不重分析，因此也没有理论上的说明，一切发现遂只变成像是技术般的在社会传布，缺乏了学理的解释与再探讨，如此则像是使后起的人仅能心领神会，不易继续模仿前进。这亦像是造成了中国科学界一极大的缺憾。

九

以上所说，都是中国传统文化里不能像似西方般的科学发展之原因。但中国文化其本身内里亦自有其一套特殊性的科学，只不能如西方般的科学同等发展。最多亦只是不易在自己手里发生出如西方般的近代科学来，却不能说他连接受西方科学的可能亦没有。则何以近百年来，西方科学思想与科学方法大量输入，而中国方面还是迟迟不进，老见落后赶不上去呢？这里面亦有其他的原因，最主要的，由于最近当前的中国人，只依照着西方人的"功利"眼光去看他们的科学，而没有把"纯真理"的眼光来看。日本人也同样以功利眼光看科学，但日本人中心歆羡功利，因此学成了。中国人心里则实在菲薄功利，只逼于事势，不得不勉强学习，因此学不深入。又一原因则中国政治、社会全部变动，非到得一相当安定的局面，西方科学也无从生根滋长。此后的中国，国内国外的和平秩序恢复了，对科学的观念也正确了，我想科学在中国，一定还有极高速度的发展。

十

让我们再谈到最后一问题，科学在中国一如在西方般发展以后，是否将损害或拆毁中国原来的文化传统呢？这一问题颇是重要，但据本书作者之意见，中国固有文化传统，将决不以近代西科学之传入发达而受损。因为中国传统文化,一向是高兴接受外来新原素而仍可无害其原有的旧组织的。这不仅在中国国民性之宽大,实亦由于中国传统文化特有的"中和"性格,使其可以多方面的吸收与融和。

姑让我们具体而浅近的说一些。即以儒家思想与耶稣教义论之,在儒家思想的系统下,尽可接受耶教教理。耶教最高教理在信仰"上帝创世",儒家思想之主要中心则为"性善论"。在人性皆善的理论上,加上一个人类由上帝创造的学说,是无伤大体的。因为人类傥由上帝创造,亦未必便见人性皆恶。但反过来,在耶教教理方面,却不能轻易接受儒家思想,因为你若真相信人性皆善,则不得不接受如孟子所说"人皆可以为尧舜",及禅宗所谓"自性自佛"的话,从此发展引伸,便要对耶教一切仰赖上帝的宗教理论,加以无形的打击了。循此而下,耶稣教势非亦变成一变相的儒家不止。因此儒家思想可以容忍耶稣教,耶稣教却不能容忍儒家思想。在晚明及清初,中国人可以接纳利玛窦,但西方教会则必须排斥利玛窦,便为此故。这里面并非全为中西双方民族性之不同,而双方教义性质之不同,实更为重要。

再以儒家思想与佛教教理言之,儒家思想之终极目标为"修身、齐家、治国、平天下",佛家的终极目标为"入无余涅槃而灭度之"。在儒家思想的系统下,尽可容受此种"无余涅槃"之观念,无论大乘教义的或小乘教义的。宋、明新儒家便常有此种理论,这无异于成了"生而不有,为而不恃,功成而弗居"的境界。因此儒家尽可谈佛参禅,在儒家的功业上,再加以佛家的胸襟是不相妨的，依然不害其为儒。但佛家却不能轻易接受儒理，若佛家亦来讲修身、齐家、治国、平天下，则必蓄发回俗，不成其为佛，而转变为儒了。我们若明得此理，便知中国社会上有所谓"三教合流"乃至对于一切宗教之容忍，是不足为奇的了。

"科学"与"宗教"，在西方是显相敌对的。信了科学便不能再信宗教，因此双方水火，互相排斥。但在中国固有文化的机构下，是既可容受宗教，亦同样可以容受科学的。就思想系统而说，西方近代科学界之新理论，他们所针对的是他们的宗教教理，并非针对着中国思想。在中国思想里加进西方科学成分，只是有益无损。《中庸》上说：

能尽己性，则能尽人之性，能尽人之性，则能尽物之性。能尽物之性，则可以赞天地之化育。

承认有"天地之化育"是宗教精神，要求"尽物之性"是科学精神，而归本在"尽己之性"与"尽人之性"两项下面，则是儒家精神了。儒家承认有天地之化育，但必需用"己"和"人"去赞助他。宋儒说"为天地立心"便是此旨，如此则便非纯宗教的了。儒家亦要尽物之性，但必着重在尽人性上下手，则便非偏科学的了。因此西方人的科学与宗教之相互敌对，一到儒家的思想范围里，便须失其壁垒。宗教与科学，在中国传统文化的意义下，都可有他们的地位，只不是互相敌对，也不是各霸一方，他们将融和一气而以儒家思想为中心。

近代西方科学的趋势，已有些"尽物性而损及人性"的倾向了。《中庸》上所谓"尽人之性而后可以尽物之性"一句话，我们可从两方面分别讲述。先从浅一层向外方面言之，民主精神的"文治政府"，经济平衡的"自由社会"，是尽人性的共通大骨干，必先在这种政府和社会的控制下来发展科学，才是合于"尽人性而后可以尽物性"的意义。像西方科学界这样为人无控制的利用，在中国人观念下是不甚同情的。近百年来的中国政治和中国社会一切失却轨道，无怪中国人对于西方科学的兴趣，要老是趑趄彷徨了。

《左传》上曾说过："正德、利用、厚生。"中国人一向重视现实人生，"利用"、"厚生"自然要讲究，但中国人观念里认为非先"正德"，则利用、厚生到底不可能。西方科学似乎仅注意在利用上，倘使专从利用的目标走去，是走不到正德的境界的，不能正德亦将不能厚生。"正德"便是"尽人性"，"利用"便是"尽物性"。

十一

再从深一层向内方面言之，中国人向来主张"天人合一"与"心物合一"，这在上面已说过。因此中国人的对物观念，常和对人观念般，认为他们中间也有融和一致的共通相似点。常认为"物性"与"人性"，一样是一种"天地之性"，应该不相违异。因此中国人的对物态度，与其说是"科学的"，毋宁说是"艺术的"。其实在中国人观念下，根本便不情愿把科学、艺术、宗教、哲学一样样分开，使之各立门户，不相闻问。中国人常愿将此种种差别同样的融和一气，不加区分。因此中国人常说：

技而进乎道。

又说：

形而上者谓之道，形而下者谓之器。

"技"与"器"应该属艺术还该属科学，是分辨不清的。"道"应该属宗教还该属哲学，一样分辨不清。"形上"、"形下"，一气贯注，才是中国人的理想。我们若把西方通行语说之，"他须是一个宗教与哲学家，他才可做一理想的艺术家与科学家"。"与"字义，不同"或"字。

《易经》里面把中国古代一切关于人事方面之制造与发明，即艺术与科学，统统归之圣人的功绩。圣人略犹如西方之哲学家。而圣人所以能制造发明这些东西，则全由于他能"法则天象"，所谓"天垂象，圣人则之"，此即宗教。正为"天"、"人"、"物"三者中间，有一个共通一贯的道理。也可说是一种共同相似的倾向。天、人、物三者间，因有这一种共通的道理和倾向，所以才能形成这一个共同生息的宇宙。这一种道理或倾向，儒家称之为"性"。物之性太杂碎，天之性太渺茫，莫切于先了解人之性。要了解人之性，自然莫切于从己之性推去。因为己亦是一人，人亦是一物。合却"天、地、人、物"，才是造化神明之大全。这是中国思想整个的一套。在此一套思想里，尽可有科学家的地位。

上面说过，中国人的科学天才，是偏长于"对有机完整的全体,作一种直透内部心物共鸣的体察"。这是宗教、哲学、艺术、科学同根共源之点。若使科学在中国获得长足进展,一定在这一方面有他惊人的异彩。本节所用"宗教"、"哲学"等名词,皆就西方术语用之。在西方文化系统上,"宗教"与"科学"为两大壁垒,而"哲学"则依违两可于其间。在中国根本无哲学,在西方人眼光下,中国仅有一种"伦理学"而已。中国亦无严格的宗教,中国宗教亦已伦理化了。故中国即以伦理学,或称"人生哲学",便可包括了西方的宗教与哲学。而西方哲学中之宇宙论、形上学、知识论等,中国亦只在伦理学中。西方学术重区分;中国则重融通。故西方科学必另自区分为一大类,中国科学则仍必融通于此一大全体之内。西方科学家观察外物,全从一种区分精神;中国有科学家,亦仍必以完整的全体的情味来体会外物。此虽非绝对如此,然双方畸轻畸重之间,则必有如此的趋势无疑。

十二

上文所说的科学,乃专指"自然科学"而言。我们若再进一步深细言之,则自然科学之外还该有"人文科学"。近代的西方,自然科学突飞猛进,而人文科学落后赶不上,两者间脱了节,遂致形成近代西方文化上种种的病态。

但人文科学毕竟与自然科学对象不同,质性相异,我们不能用同一的心习,或同一的方法来驾驭来探究。若就"性质"言,自然科学是重在"抽象"方面的;而人文科学则重在"具体"方面。若就"方法"言,自然科学是"推概"的;而人文科学则是"综括"的。

让我们粗略地把各项学科依次作一序列。数学与几何学，是最抽象最推概的，他是自然科学之柱石，若无数学，即不能有自然科学。但物理、化学，较之数学与几何学，已不能全重抽象，全用推概的方法了。天文学、气象学乃至地质学等，更具体了；既属具体，则便须综括，不能推概。如二加二等于四，三角形内之三角等于两直角，如此之类是最抽象的，可以推一概万的。力学中之杠杆，以及化学中之氢二氧为水之类，便渐由形式而落到实体，渐从推概中稍带有综括的意味了。若至天文、气象、地质，你决不能专据一隅而推概万方，你只有在各地方的具体事象中综括出一通则来。以上都说的物质科学。若依次轮到生命科学，如生物学，虽亦属于自然科学之一边，然因其有了生命，便不能不有相互间之变异。既有变异，便不能推概，更须综括。若由生物学转到人类学，再转到社会学、历史、文化学之各部门，那距离自然科学更远了，其相互生命间，各有个性，变异更大，更不能抽象地推概。

人文科学是有生命的，有个性的，有变异的，只有具体的综括，始可得一近是的真理。若用抽象的推概方法，则无不失败。经济学较政治学可推概些，何以故？因经济学中还多含自然物质的成分，而政治学则人文的意味更偏重了。你说："凡人皆有死，苏格拉底是人，所以苏格拉底亦有死。"这不属人文科学的范围，这依然在自然科学的围墙里面，因此虽像说的是人事，而依然可以推概，可以成一逻辑。但你不能说："凡人皆怕死，苏格拉底是人，所以苏格拉底亦怕死。"这不是一推概的命题，而应该是一综括的命题。你须先问苏格拉底是否怕死，再可确立凡人是否怕死之一辞。因为这是属于人文科学的园地了。人文科学的对象是最富个性最多变异的，因此是最具体、最切实、最宜综括的。不比自然科学的对象，没有个性、无变异、只是些抽象的形式，可以推概。

我们若明白得这点，我们亦可说，西方人的心习，和其惯用的方法，使他在自然科学方面更有成就，更见成绩。中国文化是一向偏重在人文科学的，他注重具体的综括，不注重抽象的推概。唯其注重综括，所以常留着余地，好容新的事象与新的物变之随时参加。中国人一向心习之长处在此，所以能宽廓、能圆融、能吸收、能变通。若我们认为人文科学演进可以利用自然科学，可以驾驭自然科学，则中国传统文化中可以容得进近代西方之科学文明，这是不成问题的；不仅可以容受，应该还能融化能开新。这是我们对于面临的最近中国新文化时期之前途的希望。

十三

现在我们将结束本书，不妨把中国文化演进分成几个阶段的观念在此重新提掇一遍。

第一：是先秦时代，那时中国人把人生大群的共同理想和信念确定下来了，这是中国文化演进的大方针，即中国文化之终极目标所在，在此时期明白提出，以下则遵循此路向而前进。

第二：是汉、唐时期，那时的中国人把政治、社会一切规模与制度亦规划出一个大体的轮廓了。这是人生的共通境界，必先把这一个共通境界安顿妥贴，始说得上各人的个别发展。

第三：是宋、元、明、清时期，那时的中国人，更显著的发展，是在文学与艺术方面。人生的共通境界安定了，个性的自由伸展也开始了。

第四：是我们当前面临着的最近将来的时期，人事上的共通方面与个别方面都已安排照顾到了，下面应该注意到四围的物质环境上来尽量的改善与利用。

概括言之：第一时期，可说像是西方的"宗教与哲学时期"，此处所用宗教与哲学两词之含义已释在前，即对人生之理想与信仰。第二时期，可称"政治与经济时期"，政治采用民主精神的文治政府，经济主张财富平衡的自由社会。第三时期，可称"文学与艺术时期"，文学艺术偏于现实人生，而又能代表一部分共同的宗教性能者。第四时期，可称为"科学与工业时期"，科学在理论方面，必然将发挥圆成第一时期之理想与信仰；科学在实用方面，必然受第二时期政治与经济理论之控制与督导。

但此种区分，并非说中国文化在变异与转换，只是说中国文化在推扩与充实。中国文化依然是这一个大趋向，只逐次推扩到各方面，又充实了各部门。更此以往，乃始为中国人真到达他终极理想的"天下太平与世界大同"的时期。

（原载钱穆：《中国文化史导论》，九州出版社 2011 年版）

1893—1964

汤用彤：文化思想之冲突与调和

自日本发动侵略战争以来，世界全部渐趋混乱，大家所认为最高的西洋文化产生了自杀的现象。人类在惨痛经验之中渐渐地觉悟到这种文化的本身恐怕有问题。这个问题太大，和全世界有关系，我不能加以讨论。中国与西洋交通以来，因为被外族的欺凌，也早已发生了文化的前途到底如何的问题。直到现在，这个问题犹未决定。有人主张用中国文化作本位，有人主张全盘西化。这个问题也太大，我也不能加以讨论。不过关于外来文化思想和本有文化接触时，发生的问题确实有两方面：一方面我们应该不应该接受外来文化，这是价值的评论；一方面我们能不能接受外来文化，这是事实上的问题。关于价值的评论，我们应不应该接受，我已经说过，现在不能加以讨论。关于事实上的问题，我们能不能，问题也非常复杂，我们不是预言家，也不相信预言，现在也不能讨论。不过将来的事虽然现在我们不能预知，过去的事，往往可以作将来的事的榜样。古人说得好，"前事不忘，后事之师"。现在虽不能预测将来，但是过去我们中国也和外来文化思想接触过，其结果是怎么样呢？这也可以供我们参考。而现在科学中的文化人类学，也对于文化移植问题积极的研究，他们所研究的多偏于器物和制度，但是思想上的问题，恐怕也可以用他们的学说。

"文化的移植"，这个名词是什么意义呢？这就是指着一种文化搬到另一国家和民族而使它生长。这中间似包括两个问题。第一个是问外来的文化移植到另一个地方是否可有影响。第二个是问本地文化和外方接触是否能完全变了它的本性，改了它的方向。这个问题当然须先承认一个文化有它的特点，有它的特别性质。根据这个特性发展，这个文化有它一定的方向。现在拿思想作一个例子，第一个问题就是说外来思想是否可以在另一地方发生影响，这问题其实不大成问题。因为一个民族的思想多了一个新的成分，这个已经是一种影响。所以第一个问题不大成问题。第二个问题，就是说一个民族或国家的思想有它的特性，并且有它的方向，假使与外来思想接触，是否可完全改变原有特质和方向，这实在是一个问题。就拿中国文化和印度佛学的接触来说，向来的看法很不相同。照宋明儒家的说法，中国文化思想有不可磨灭的道统。而这个道统是由中国古圣先贤尧、舜、禹、汤、文、武、周公、孔子、孟轲、扬雄一代一代传下来的。中间虽经外来思想所谓佛学捣了一回乱，但宋明儒家仍是继承古国固有的道统。中国原有的文化特质并没有失掉，中国文化的发展自三代以来究竟没有改换它的方向。但是照另一说法，却是与儒者意思相反。他们说中国思想因印度佛学进来完全改变，就是宋明儒家也是阳儒阴释，假使没有外来的佛学，就是宋明儒学也根本无由发生。

关于文化移植问题，文化人类学本有三种不同的学说。第一演化说，是比较早的主张。第二播化说，是后来很为流行的主张。第三是批评派和功能派，都是反对播化说的主张。假使将这三种学说应用到思想上，似乎可以这样说：照第一种学说，人类思想和其他文化上的事件一样，自有其独立之发展演进。照这种说法如推到极端，就可以说思想是民族或国家各个生产出来的，完全和外来的文化思想无关。照第二种学说，则一个民族或国家的文化思想都是自外边输入来的。而且有一部分文化人类学者主张世界文化同出一源（就是埃及）。他们以为世界各地均以一个地方为它的来源，一个民族或国家的文化的主要骨干，是外来的。文化的发展是他定的而非自定的。假使照这样的说而说到极端，则一种文化思想推它的本源总根本受外方影响，而外方思想总可完全改变本来的特性与方向。本来外来文化之有影响是无问题的。但是推得太大太深，因此发生了疑问。所以才有第三派的主张出现。批评派的人或者功能派的人以为外来文化与本地文化接触，其结果是双方的，而决不是片面的。外来文化思想和本地文化虽然不相同，但是必须两方面有符合的地方。所以第一，外来文化可以对于本地文化发生影响，但必须适应本地的文化环境。第二因外来文化也要适应本地的文化，所以也须适者生存。外来文化思想也受本地文化的影响而常常有改变，然后能发生大的作用。外来文化为什么发生变化，当然因为本地文化思想有本地的性质和特点，不是随便可以放弃的。

　　因为一个地方的文化思想往往有一种保守或顽固性质，虽受外力压迫而不退让，所以文化移植的时候不免发生冲突。又因为外来文化必须适应新的环境,所以一方面本地文化思想受外来影响而发生变化;另一方面因外来文化思想须适应本地的环境,所以本地文化虽然发生变化,还不至于全部放弃其固有特性,完全消灭本来的精神。所以关于文化的移植我们赞成上面说的第三个学说。就是主张外来和本地文化的接触,其结果是双方的。照以上所说,因为本来文化有顽固性,所以发生冲突。因为外来文化也须和固有文化适合,故必须两方调和。所以文化思想的移植,必须经过冲突和调和两个过程。经过以后,外来思想乃在本地生了根,而可发挥很大的作用。

照上面所说的,一国的文化思想固然受外来影响而发生变化。但是外来文化思想的本身也经过改变,乃能发生作用。所以本地文化思想虽然改变,但也不致于完全根本改变。譬于说中国葡萄是西域移植来的,但是中国的葡萄究竟不是西域的葡萄。棉花是印度移植来的,但是中国的棉花究竟不是印度的棉花。因为他们适合地方,乃能生在中国。也因为他们须适应新环境,他们也就变成中国的了。同样的道理,可以推知外来思想必须有改变,适合本国思想,乃能发生作用。不然则不能为本地所接受,而不能生存。所以本地文化虽然受外边影响而可改变,但是外来思想也须改变,和本地适应,乃能发生作用。所以印度佛教到中国来,经过很大的改变,成为中国的佛教,乃得中国人广泛的接受。举两个例来证明罢。第一我们知道中国灵魂和地狱的观念不是完全从印度来的。但佛经里面讲的鬼魂极多,讲的地狱的组织非常复杂。我们通常相信中国的有鬼论必受了佛经的影响。不过从学理上讲，"无我"是佛教的基本学说。"我"就是指着灵魂，就是通常之所谓鬼。"无我"就是否认灵魂之存在。我们看见佛经讲轮回，以为必定有一个鬼在世间轮回。但没有鬼而轮回，正是佛学的特点，正是释迦牟尼的一大发明。又通常佛教信徒念阿弥陀佛。不过"念佛"本指着坐禅之一种，并不是口里念佛（口唱佛名）。又佛经中有"十念相续"的话，以为是口里念佛名十次。不过"十念"的念字乃指着最短的时间，和念佛坐禅以及口里念佛亦不相同。中国把念字的三个意义混合，失掉了印度本来的意义。这是很简单却很重要的两个例子，可以证明外来文化思想到另一个地方是要改变它的性质与内容的。

　　外来文化思想在另一地方发生作用，须经过冲突和调和的过程。"调和"固然是表明外来文化思想将要被吸收，就是"冲突"也是他将被吸收的预备步骤。因为粗浅的说，"调和"是因为两方文化思想相同或相合，"冲突"是因为两方文化思想的不同或不合。两方总须有点相同，乃能调和。但是两方不同的地方，假使不明了他们中间相同的地方，也不能显明地暴露出来，而且不知道有不同而去调和是很粗浅的表面的囫囵的。这样的调和的基础不稳固，必不能长久。但是假使知道不同而去调和，才能深入，才不浮泛，这样才能叫外来文化，在另一文化中发生深厚的根据，才能长久发生作用。所以外来思想之输入，常可以经过三个阶段：（一）因为看见表面的相同而调和。（二）因为看见不同而冲突。

（三）因再发见真实的相合而调和。这三段虽是时间的先后次序，但是指着社会一般人说的。因为聪明的智者往往于外来文化思想之初来，就能知道两方同异合不合之点，而作一综合。在第一阶段内，外来文化思想并未深入。在第二阶段内，外来文化思想比较深入，社会上对于这个外来分子看作一严重的事件。在第三阶段内，外来文化思想已被吸收，加入本有文化血脉中了。不过在最后阶段内，不但本有文化发生变化，就是外来文化也发生变化。到这时候，外来的已被同化。比方佛教已经失却本来面目，而成功为中国佛教了。在这个过程中与中国相同相合的能继续发展，而和中国不合不同的则往往昙花一现，不能长久。比方说中国佛教宗派有天台宗、华严宗、法相宗等等。天台、华严二宗是中国自己的创造，故势力较大。法相宗是印度道地货色，虽然有伟大的玄奘法师在上，也不能流行很长久。照这样说，一个国家民族的文化思想实在有他的特性，外来文化思想必须有所改变，合乎另一文化性质，乃能发生作用。

《史记》里有几句话，说："居今之世，志古之道，所以自镜也。未必尽同。"过去的事不能全部拿来作将来的事的榜样。上面所说的，并不断定将来和过去必定一样。不过仅仅推论已往历史的原委，以供大家的参考而已。

（原载《学术季刊》文哲号第1卷第2期，1943年1月）

1905—1942

张荫麟：论中西文化的差异

文化是一发展的历程，它的个性表现在它的全部"发生史"里。所以比较两个文化，应当就是比较两个文化的发生史。仅一时代、一阶段的枝节的比较，是不能显出两文化的根本差异的。假如在两方面所摘取的时代不相照应，譬如以中国的先秦与西方的中古相比，或以西方的中古与中国的近代相比，而以为所得的结果，就是中西文化的根本异同，那更会差以毫厘，谬以千里了。

寻求中西文化的根本差异，就是寻求贯彻于两方的历史中的若干特性。唯有这种特性才能满意地解释两方目前之显著的、外表的而为以前所无的差异。若仅注意两方在近今一时代之空前的差异，而认为两方的根本差异即在于此，一若他们在近今一时代之空前的差异是突然而来，前无所承的，在稍有历史眼光的人看来，那真是咄咄怪事了！

近代中西在文化上空前的大差异，如实验科学、生产革命、世界市场、议会政治等等之有无，决不是偶然而有、突然而生的。无论在价值意识上，在社会组织上，或在"社会生存"上，至少自周秦、希腊以来，两方都有贯彻古今的根本差异。虽然这些差异在不同的时代，有强有弱，有显有隐。这三方面的差异互相纠结，互相助长，以造成现今的局面。

这三方面的发生史上的差异，下文以次述之。

一

凡人类"正德、利用、厚生"的活动，或作为"正德、利用、厚生"的手段的活动，可称为实际的活动。凡智力的、想象的或感觉的活动，本身非"正德、利用、厚生"之事，而以本身为目的，不被视作达到任何目的之手段者，可称为纯粹的活动。凡实际的活动所追求的价值，可称为实践的价值。凡纯粹的活动所追求的价值，可称为观见的价值。过去中西文化的一个根本差异是：中国人对实际的活动的兴趣，远在其对纯粹的活动的兴趣之上。在中国人的价值意识里，实践的价值压倒了观见的价值。实践的价值几乎就是价值的全部，观见的价值简直是卑卑不足道的。反之，西方人对纯粹的活动，至少与对实际的活动有同等的兴趣。在西方人的价值意识里，观见的价值若不是高出乎实践的价值之上，至少也与实践的价值有同等的地位。这一点中西文化的差异，以前也有人局部地见到。例如在抗战前数年时，柳诒徵先生于《中国文化西被之商榷》一文里曾说：

> 吾国文化惟在人伦道德，其他皆此中心之附属物。训诂，训诂此也；考据，考据此也；金石所载，载此也；词章所言，言此也。亘古亘今，书籍碑板，汗牛充栋，要其大端，不能悖是。

又说：

> 由此而观吾国之文学，其根本无往不同。无论李、杜、元、白、韩、柳、欧、苏，辛稼轩、姜白石、关汉卿、王实甫、施耐庵、吴敬梓，其作品之精神面目虽无一人相似，然其所以为文学之中心者，君臣、父子、夫妇、兄弟、朋友之伦理也。

柳先生认为中国人把道德的价值，放在其他一切价值之上，同时也即认为西方人没有把道德的价值放在其他一切价值之上，这是不错的。不过我以为这还不能详尽地、普遍地说明中西人在价值意识上的差异。在上文所提出的价值的二分法当中，所谓实践的价值，包括道德的价值，而不限于道德的价值。唯有从这二分法去看中西人在价值意识上的畸轻畸重，才能赅括无遗地把他们这方面的差异放在明显的对照。

说中国人比较地重视道德价值，稍读儒家的代表著作的人都可以首肯。但说中国人也比较地重视其他实践的价值，如利用、厚生等类行为所具有的，许多人会发生怀疑。近二、三百年来，西方人在利用、厚生的事业上惊心炫目的成就，使得许多中国人，在自惭形秽之下，认定西方文明本质上是功利（此指社会的功利，非个人的功利，下同）主义的文明。而中国人在这类事业的落后，是由于中国人一向不重功利，这是大错特错的。正唯西方人不把实际的活动放在纯粹的活动之上，所以西方人能有更大的功利的成就；正唯中国人让纯粹的活动被迫压在实际的活动之下，所以中国人不能有更大的功利的成就。这个似是自相矛盾而实非矛盾的道理（用近时流行的话，可称为辩证法的真理），下文将有解说。

《左传》里说，古有三不朽：太上立德，其次立功，其次立言。这是中国人的价值意识的宣言。历来中国代表的正统思想家，对这宣言没有不接受的。许多人都能从这宣言认取道德价值在中国人的价值意识中的地位。但我们要更进一步注意：这仅只三种被认为值得永久崇拜的事业，都是实际的活动，而不是纯粹的活动；这三种头等的价值，都是实践的价值，而不是观见的价值。所谓德，不用说了；所谓功，即是惠及于民，或有裨于厚生、利用的事；所谓言，不是什么广见闻、悦观听的言，而是载道的言，是关于人生的教训。所以孟子说："有德者必有言。"

亚理士多德的《尼哥麦其亚伦理学》，其在西洋思想史中的地位，仿佛我国的《大学》、《中庸》。《伦理学》和《大学》都讲到"至善"。我们试拿两书中所讲的"至善"，作一比较，是极饶兴趣的事。亚理士多德认为至善的活动，是无所为而为的真理的观玩；至善的生活，是无所为而为地观玩真理的生活。《大学》所谓"止于至善"，则是"为人君止于仁，为人臣止于敬，为人子止于孝，为人父止于慈，与国人交止于信"。这差别还不够明显吗？中国人说"好德如好色"，而绝不说"爱智"、"爱天"；西方人说"爱智"、"爱天"，而绝不说"好德如好色"。固然中国人也讲"格物致知"，但那只被当作"正心、诚意、修身、齐家、治国、平天下"

的手段，而不被当作究竟的目的。而且这里所谓"知"，无论照程朱的解释或照王阳明的解释，都是指德性之"知"，而不是指经验之"知"。王阳明的解释不用说了，程伊川说："知者，吾所固有，然不致则无从得之。而致知必有道，故曰致知在格物。"又说："闻见之知，非德性之知，物交物则知之，非内也，今之所谓博物多能者是也。德性之知，不假见闻。""致知"所致之"知"，为"吾所固有"，即"由内"，而"不假见闻"，即德性之知也。朱子讲致知，是"窃取程子之意"的，其所谓"致吾之知"当然即是致"吾所固有"之知了。实践价值的侧重在宋明的道学里更变本加厉。在道学家看来，凡与修身、齐家、治国、平天下无明显关系的事，都属于"玩物丧志"之列。"学如元凯方成癖，文至相如始类俳。独立孔门无一事，却师颜氏得心斋！"这是道学家爱诵的名句。为道学家典型的程伊川，有人请他去喝茶看画，他板起面孔回答道："我不喝茶，也不看画！"

我不知道有什么事实可以解释这价值意识上的差异。我们也很难想象，这差异是一孤立的表象，对文化的其他方面，不发生影响。这价值意识上的差异的具体的表现之一，是纯粹科学在西方形成甚早，而在中国受西方影响之前，始终未曾出现。我们有占星术及历法，却没有天文学；我们有测量面积和体积的方法，却没有几何学；我们有名家，却没有系统的论理学；我们有章句之学，却没有文法学。这种差异绝不是近代始然，远在周秦、希腊时代已昭彰可见了。纯粹科学，是应用科学的必要条件。没有发达的纯粹科学,也决不会有高明的实用的发明。凡比较复杂的实用的发明,都是(或包涵有)许多本来无实用的发现或发明的综合或改进。若对于无实用的真理不感兴趣,则有实用的发明便少所取材了。这个道理,一直到现在,我国有些主持文化、学术或教育事业的人,还不能深切体认到。传统的价值意识囿人之深,于此可见了。观见价值的忽略,纯粹科学的缺乏,这是我国历史上缺少一个产业革命时代的主因之一。

有人说:中国的音乐是"抒情诗式的",西洋的音乐是"史诗式的"。不独在中西的音乐上是这样,在中西全部艺术上的成就上也大致是这样,想象方面的比较缺乏"史诗式的"艺术,与智力方面的缺乏纯粹科学是相应的。史诗式的艺术和纯粹科学,同样表示精细的组织,崇闳的结构,表示力量的集中,态度的严肃,表示对纯粹活动的兴趣,和对观见价值的重视。

二

其次,从社会组织上看中西文化之发生史的差异。就家族在社会组织中的地位,以及个人对家族的权利和义务而论,西方自希腊时代已和中国不同。法国史家古朗士说:"以古代法律极严格论,儿子不能与其父之家火分离,亦即服从其父,在其父生时,彼永为不成年者。……雅典早已不行这种子永从其父之法。"(《希腊罗马古代社会研究》汉译本,页六四)又斯巴达在庇罗奔尼斯战役以后,已通行遗嘱法(同上书,页五八)使财产的支配权完全归于个人而不属于家族。基督教更增加个人对家族的解放。在基督教的势力下，宗教的义务，是远超越过家族的要求。教会的凝结力，是以家庭的凝结力为牺牲的。《圣经·新约》里有两段文字，其所表现的伦理观念与中国传统的伦理观念相悖之甚，使得现今通行的汉译本不得不大加修改。其一段记载耶稣说：

假若任何人到我这里来，而不憎恶他的父母、妻子、儿女、兄弟和姊妹，甚至一己的生命，他就不能做我的门徒。

另一段记载耶稣说：

我来并不是使世界安宁的，而是使他纷扰的。因为我来了，将使儿子与他的父亲不和，女儿与他的母亲不和，媳妇与他的婆婆不和。（两段并用韩亦琦君新译）

基督教和佛教都是家族组织的敌人。基督教之流布于欧洲与佛教之流布于中国约略同时。然基督教能抓住西方人的灵魂，而佛教始终未能深入中国人的心坎者，以家庭组织在西方本来远不如在中国之严固，所谓物必先腐然后虫生之也。墨家学说的社会的含义和基督教的大致相同，而墨家学说只是昙花一现，其经典至成了后来考据家聚讼的一大问题，这也是中国历来家庭组织严固的一征。基督教一千数百年的训练，使得牺牲家族的小群，而尽忠于超越家族的大群的要求,成了西方一般人日常呼吸的道德空气。后来基督教的势力虽为别的超家族的大群(国家)所取而代,但那种尽忠于超家族的大群的道德空气是不变的。那种道德空气是近代西方一切超家族的大群,从股份公司到政治机构的一大巩固力,而为中国人过去所比较欠缺的。我不是说过去中国人的社会理想一概是"家族至上"。儒家也教人"忠孝两全",教人"移孝作忠",教人"战阵无勇非孝也",教人虽童子"能执干戈以卫社稷者可无殇"。孔子亦曾因为陈国的人民不能保卫国家,反为敌国奴役,便"过陈不式"。有些人以为过去儒家所教的"忠"只是"食君家之禄者,忠君家之事"的意思,那是绝对错误的。不过中国人到底还有调和忠孝的问题,而西方至少自中世迄今则不大感觉到。在能够"上达"的人看来,"忠孝两全"诚然是最崇高的理想。但在大多数只能"下达"的人看来,既要他们孝,又要他们忠,则不免使他们感觉得"两姑之间难为妇"了。而且对于一般人毕竟家近而国远,孝(此处所谓"孝"就广义言,谓忠于家族)易而忠难,一般人循其自然的趋向,当然弃难趋易了。就过去中国社会组织所表现于一般中国人心中的道德意识而言,确有这种情形。而这种情形在西方至少是比较轻浅的。像《孟子》书中所载"舜为天子,皋陶为士,瞽瞍杀人,则如之何"的疑问,和孟子所提出舜"窃负而逃,遵海滨而处"的回答,是任何能作伦理反省的时代的西方人所不能想象的。许多近代超家族的政治或经济组织,虽然从西方移植过来,但很难走上轨道,甚至使人有"橘逾淮而为枳"之感者,绝对尽忠于超家族的大群的道德空气之缺乏是一大原因。

三

再次，就社会的生存上看，过去中国的文化始终是内陆的农业的文化；而西方文化，自其导源便和洋海结不解的关系。腓尼基、克列特，不用说了。希腊、罗马的繁荣是以海外贸易、海外掠夺和海外殖民做基础的。在中世纪，海外贸易的经营仍保存于东罗马帝国，而移于波斯人和亚拉伯人之手。文艺复兴的时代同时也是西南欧海外贸易复兴和市府复活的时代。从12世纪西南欧的准市府的经济，到现代西方海洋帝国主义的经济，是一继续的发展，是一由量的增加而到质的转变的历程。这历程和希腊、罗马的海外开拓是一线相承的。而海外开拓的传统是中国历史上所没有的。这点差异从两方的文学也可看出。西方之有荷马和桓吉尔的史诗，好比中国之有《诗经》和《楚辞》。荷马和桓吉尔的史诗纯以海外的冒险的生活为题材，他们的英雄都是在风涛中锻炼成的人物。而在《诗经》和《楚辞》中，除了"朝宗于海"，"指西海以为期"一类与航海生活无关的话外，竟找不到一个"海"字。近三四百年来，像克茫士（葡萄牙诗人，以华士哥发现好望角之航行为史诗题材者）、康拉特（英小说家，专写海上生活）之徒在西方指不胜屈，而中国则绝无之。中国唯一与航海有关的小说《镜花缘》，其海外的部分却是取材于《山海经》的。我不是一味讴歌洋海的文化，而诅咒内陆的文化，二者各有其利弊。孔子说："智者乐水，仁者乐山，智者动,仁者静。"我们也可以说洋海的文化乐水,内陆的文化乐山;洋海的文化动,内陆的文化静。而且我们也可以更进一步说,洋海的西方文化恰如智者,尚知;内陆的文化恰如仁者,尚德。洋海的文化动,所以西方的历史比较的波澜壮阔,掀扬社会基础的急剧革命频见叠起。内陆的文化静,所以中国历史比较的平淡舒徐,其中所有社会的大变迁都是潜移默运于不知不觉,而予人以二千多年停滞不进的印象。洋海的文化乐水,所以西方历史上许多庞大的政治建筑都是其兴起也勃焉,其没落也忽焉,恰如潮汐。而中国则数千年来屹立如山。(第一次世界大战后,希特勒汲汲经营陆军,图霸欧陆,而不甚着意海军,以图收复殖民地,他未必不是有见于此理。)这差异固然有其地理环境的因素,但地理环境所助成的文化发生史上的差异,研究比较文化的人不容忽视。海外开拓是产生资本主义的一大原动力,虽然资本主义的发达也增加了海外开拓的需要。一般仅只根据《共产党宣言》去讲唯物史观的人,以为照马克斯的说法,欧洲资本主义的社会是蒸汽机的发明所造成的(所谓生产工具决定生产关系)。其实马克斯晚年在《资本论》里已经放弃这种说法。近今讲马克斯主义的人绝不提到《资本论》里对资本主义起源的更近真的解释,我觉得是很可诧异的。在《资本论》里,马克斯把资本主义分为两个时期:

(1)手工制造时期;

(2)机械制造时期。

照定义,在资本主义的手工制造时期,蒸汽机还没有出现,怎么说蒸汽机的发明，造成资本主义的社会呢？那么资本主义怎样起来的呢？马克斯以他所目击的英国为例。资本主义发生的先决条件是大量无产无业的"普罗列特列亚"聚集都市，以供拥有资财的人的利用。因为海外市场对英国毛织品的需求，使得这种制造事业（起初是由小规模的工场和家庭出品的收集来供应的）在英国特别繁荣，同时羊毛的价格也大涨。于是拥有巨量土地的贵族，纷纷把本来供耕种用的土地收回做牧场，同时把原有永久的佃户驱逐。这大量被剥夺了生产的资藉的农民的聚集都市，和海外市场对英国织造业的继续增长的需求，便是造成最初出现于欧洲的大工厂的动力。以上都是马克斯在《资本论》里的说法。我们更可以补足一句：蒸汽机的发明也是适应着海外市场对英国织造业的继续增长的需要的。（但非纯由于适应此需要。远在此时以前西方已有以蒸汽为发动力之机构，唯视为无用之奇器，陈列于博物院者而已。）所以要明白近代西方生产革命的由来，不可忽略了西方航海事业的传统，要了解中西文化在其他方面的差异，也不可不注意西方航海事业的传统。

(原载《思想与时代》第 11 期，1942 年 6 月)

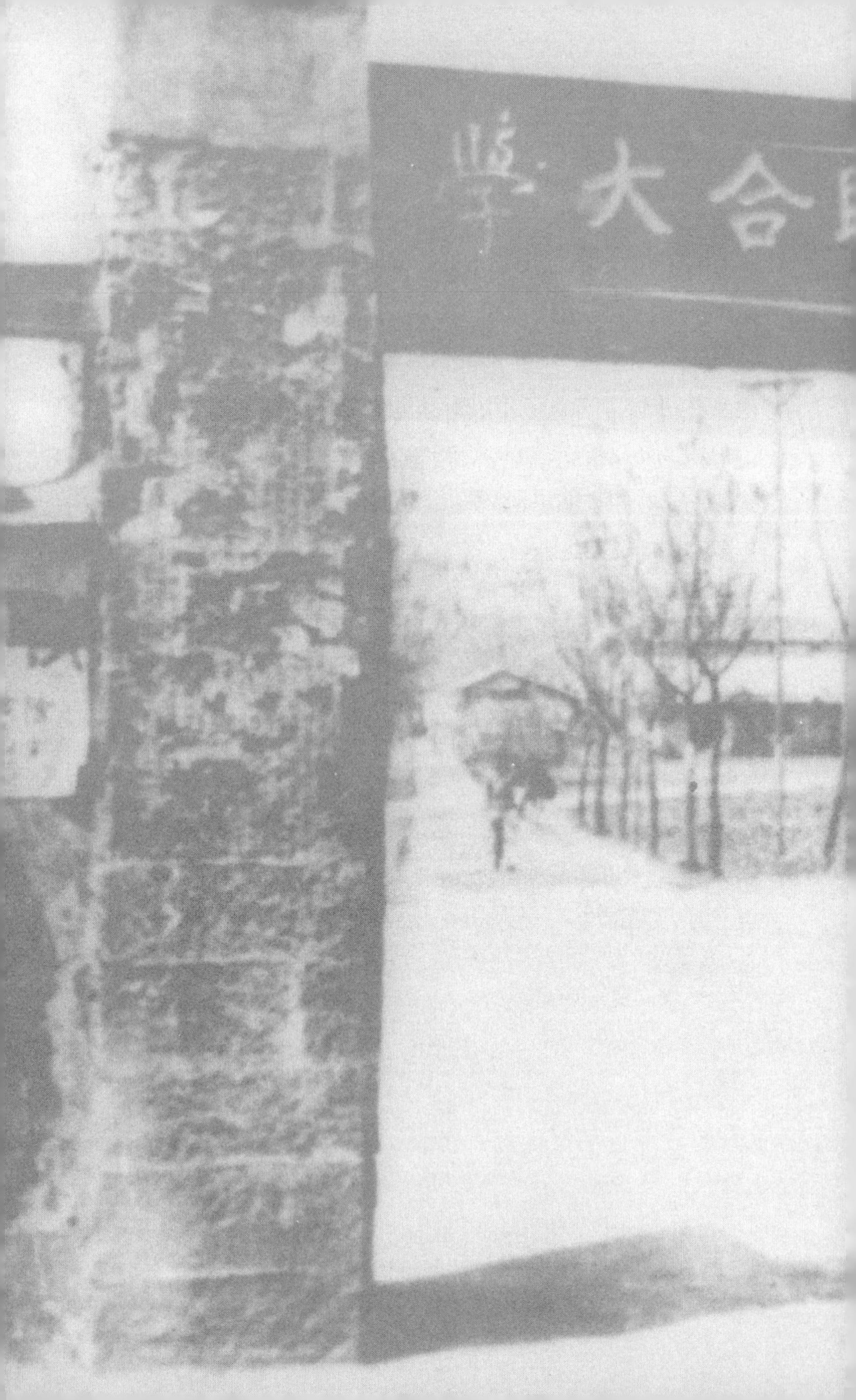
合大學

第八篇 文化与人生
中国人的文化修养三讲

1937—1946

1937—1946

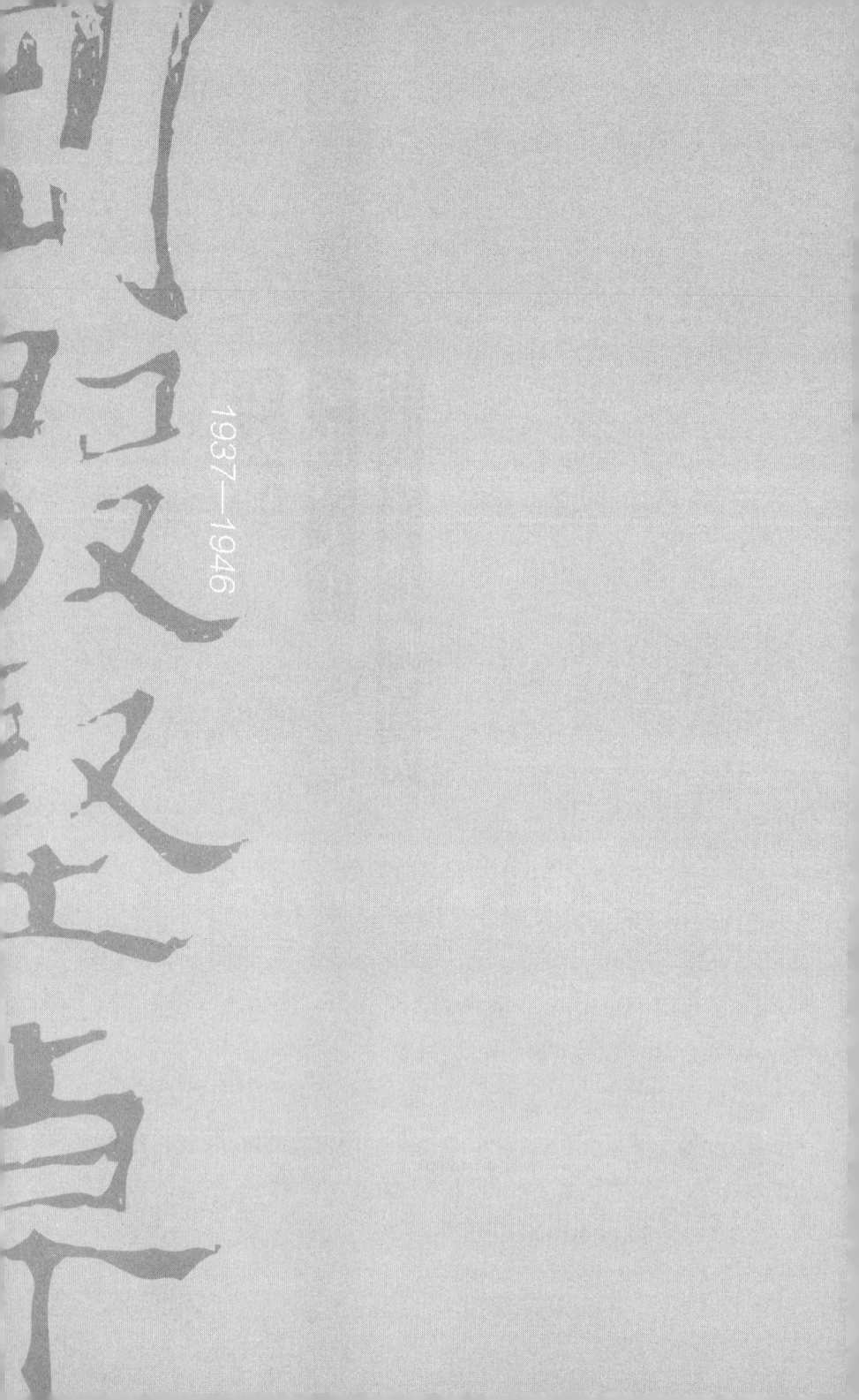

钱穆：中国文化与中国人

1895—1990

一

今天我的讲题定为"中国文化与中国人"。我只能从某一方面对此题讲些话。本来是由中国人创造了中国文化，但也可说中国文化又创造了中国人。总之，中国文化就在中国人身上。因此我们要研究中国文化，应该从历史上来看中国的人。亦就是说：看中国历史上中国人的人生，他们怎样地生活？怎样地做人？

人生应可分两方面看：一外在的，即人生之表现在"外"者。一内在的，即人生之蕴藏在"内"者。表现在外的人生又可分两大项目：一是所创造的"物"。一是所经营的"事"。《易经》上谓之"开物成务"。无此物，创此物，是为"开物"。干此事，成此事，是为"成务"。《易经》把"开物"、"成务"两项都归属于圣人之功绩，可见中国古人对此两项之看重。但此两项则都是人生之表现在外的。

现在人讲文化，主要都从这两方面讲。如旧石器时代、新石器时代、铜器时代、铁器时代等分法，是从"开物"观念上来讲的；又如渔猎社会、畜牧社会、耕稼社会、工商社会等分法，是从"成务"观念上来讲的。但这些多是人类怎样生存在社会乃至在天地间的一些手段，实不能认为即是人生之理想与目的。

人生该有理想，有目的。既已生存在此天地，究应怎样生，怎样做一人？这始属于理想目的方面，此之谓"文化人生"。自然人生只求生存，文化人生则在生存之上有向往，有标准，这就讲到了人生的"内"在面。这一面，中国人向称之为"道"。中国人用这"道"字，就如现在人讲"文化"。不过现在人讲文化，多从外面"开物成务"方面讲，而中国人的传统观念，则定要在文化本身内部讨论其意义与价值，亦可谓文化中之有意义价值者始称"道"，而此项意义与价值，则往往不仅表现在外面，而更要是蕴藏在人生之内部。

如我们讲古代文化，定会提到埃及金字塔。埃及人创造金字塔，亦可谓是"开物"。金字塔之伟大，诚然无可否认。由于此项建筑，我们可以连想到古代埃及人的智慧聪明和当时物质运用的能力。若非这些都有一甚高水准，试问怎会创出那些金字塔？但我们也该进一步问，那些金字塔对于埃及的社会人生究竟价值何在？意义又何在？

古的不提，且论现代。如我们提及太空人，提及把人类送上月球，不是当前一项惊天动地的壮举吗？这也十足可以说明近代人之智慧聪明及其运用物质的能力，到达了那样高的水准。但我们不免又要问，这样一项伟大工作，究竟对于现世界，现人生，实际贡献在哪里？其价值何在？意义又何在？

像古代埃及的金字塔，乃及近代西方的太空人，都属于开物成务方面，都只表现在人生的外部。中国古人讲"正德、利用、厚生"，开物成务是有关利用、厚生的。但在此两项之上，还有"正德"一目标，而且"利用"、"厚生"也不是为着争奇斗胜。不论你我在太空轨迹中能绕多少圈，谁能先送一人上月球，但人生理想，究不为要送人上月球。送人上了月球，依然解决不了当前世界有关人生的种种问题。换言之，此仍非人生理想以及人生的意义价值所在。照中国人讲法，智力财力的表现并不即是"道"。中国人讲的"道"，重在修身、齐家、治国、平天下。修、齐、治、平始是人生理想，人生大道；决不在乎送人上月球，当然也更不是要造几座更大的金字塔。从这一层，可以来阐说中国的传统文化观。

二

我此刻，暂把人类文化分作两类型来讲：一是向外的，我称之为"外倾性"的文化。一是向内的，我称之为"内倾性"的文化。中国文化较之西方似是偏重在内倾方面。如讲文学，西方人常说，在某一文学作品中创造了某一个性，或说创造了某一人物。但此等人物与个性，只存在于他的小说或戏剧中，并不是在此世界真有这一人与此一个性之存在，而且也并不是作者之自己。如莎士比亚剧本里创造了多少特殊个性，乃及特殊人物，然而此等皆属子虚乌有。至于莎士比亚自身，究是哪样一个人，到现在仍不为人所知。我们可以说，只因有了莎士比亚的戏剧，他才成为一莎士比亚。也是说，他乃以他的文学作品而完成为一文学家。因此说，莎士比亚文学作品之意义价值都即表现在其文学里,亦可说即是表现在外。这犹如有了金字塔,才表现出埃及的古文化来。也犹如有了太空人,才表现出近代人的新文化来。

但我们中国则不然。中国文学里,有如《水浒传》中宋江、武松、李逵等人物,《红楼梦》中林黛玉、贾宝玉、王凤姐等人物,这些人物全都由作家创造出来,并非世间真有此人。但这些作品实不为中国人所重视,至少不认为是文学中最上乘的作品。在中国所谓文学最上乘作品,不在作品中创造了人物和个性,乃是由作者本人的人物和个性而创造出他的文学作品来。如《离骚》,由屈原所创造。表现在《离骚》中的人物和个性,便是屈原他自己。陶渊明创造了陶诗,陶诗中所表现的,也是陶渊明自己。杜工部创造了杜诗,杜诗中所表现的,也是杜甫他自己。由此说来,并不是因屈原创造了一部文学,遂成其为屈原。正为他是屈原,所以才创造出他一部文学来。陶渊明、杜甫也如此。在中国是先有了此作者,而后有此作品的。作品的价值即紧系在作者之本人。中国诗人很多,而屈原、陶渊明、杜甫,最受后人崇拜。这不仅是崇拜其作品,尤所崇拜的则在作家自身的人格和个性。若如莎士比亚生在中国,则犹如施耐庵、曹雪芹,除其文学所表现在外的以外,作者自身更无成就,应亦不为中国人重视,不能和屈原、陶渊明、杜甫相比。这正因中国文学精神是"内倾"的。要成一文学家,其精神先向内,不向外。中国人常说"文以载道",这句话的意义,也应从此去阐发。中国文学之最高理想,须此作者本身就是一个"道"。文以载道,即是"文以传人",即是作品与作者之"合一",这始是中国第一等理想的文学与文学家。

再讲到艺术,中国艺术也同样富于内倾性。如绘画,西方人主要在求这幅画能和他所欲画的对象近似而逼真,其精神仍是向外,外倾的。中国人绘画则不然。画山不一定要像这座山,画树不一定要像这棵树。乃是要在他画中这座山,这棵树,能像他画家自己的意境和胸襟。或者作画送人,却要这幅画能像他所欲送的人之意境和胸襟。所以在作画之前,尽管对一山今天这样看,明天那样看,但总感这山不能完全像我自己的意境。待慢慢看熟了,把我自己对此山所发生的各种意象拼合起来,才是我心里所希望所欲画出的这座山。在山里又添上一棵树,这树也并不是在山中真由写生得来,仍是他意境中一棵树,而把来加在这山中,使此画更近我意境。所以中国画所要求的,重在近似于画家之本人,更甚于其近似于所画的对象。学西洋画,精神必然一路向外;但要做一中国画家,却要把精神先向内。

把文学与艺术结合,就是中国的戏剧。西方人演剧,必有"时间"、"空间"的特殊规定,因而有一番特殊的布景,剧中人亦必有他一套特殊的个性。总言之,表现在这一幕剧中的,则只有在这一时间、这一空间、这一种特殊的条件下,又因有这样一个或几个特殊的人,而始有这样一件特殊的事。此事在此世,则可一而不可二。只碰到这一次,不能碰到第二次。他们编剧人的意象结构惨淡经营的都着重在外面。中国戏剧里,便没有时间、空间限制,也没有特殊布景，所要表现的，不是在外面某些特殊条件下之某一人或某几人的特性上。中国戏剧所要表现的，毋宁可说是重在人的"共性"方面，这又即是中国人之所谓"道"。单独一人之特殊性格行径，可一而不可二者，不就成为道。人有共性，大家能如此，所谓"易地则皆然"者始是"道"。道是超时空而自由独立的。如演《苏三起解》，近人把来放进电影里演，装上布景，剧中意味就变了。中国戏台是空荡荡的，台下观众所集中注意的只是台上苏三那一个人。若配上布景，则情味全别。如见苏三一人真在路上跑，愈逼真，便愈走失了中国戏剧所涵有的真情味。试问一人在路上跑，哪有中国舞台上那种亦歌亦舞的情景？当知中国戏剧用意只要描写出苏三这个人，而苏三也可不必有她特殊的个性，只要表演出一项共同个性为每一观众所欣赏者即得。

　　深一层言之，中国戏剧也不重在描写人，而只重在描写其人内在之一番心情，这番心情表现在戏剧里的，也可说其即是道。因此中国戏剧里所表现的，多是些忠、孝、节、义可歌可泣的情节。这些人物，虽说是小说人物，或戏剧人物，实际上则全是"教育人物"，都从人类心情之共同要求与人生理想之共同标准里表现出来。这正如中国的诗和散文，也都同样注重在人生要求之"共同点"。中国人画一座山，只是画家心里藏的山，而一画出来，则成为人人心所共想看的山。戏剧里演出一人，也只是作剧家理想中的人。西方的文学艺术，注重向外，都要逼真，好叫你看了像在什么地方真有这么一个人、一座山。而中国文学艺术中那个人那座山，则由我们的理想要求而有。这其间，一向外、一向内，双方不同之处显然可见。所以说中国文化是内倾的，西方文化是外倾的。

三

外倾文化，只是中国《易经》上所谓"开物成务"的文化。在我们东方人看来，这种文化，偏重在物质功利，不脱自然性。中国文化之内倾，主要在从理想上创造人、完成人，要使人生符于理想，有意义、有价值、有道。这样的人则必然要具有一"人格"。中国人谓之"德性"。中国传统文化最看重这些有理想与德性的人。

从字面讲，"文化"两字曾见在中国《易经》里，有曰："人文化成。"现在我们以"人文"与"自然"对称，今且问"人文"二字怎讲？从中国文字之原义说之，"文"是一些花样，像红的绿的拼起来就成了花样，这叫"文"。又如男的女的结为夫妇，这也是一番花样，就叫作"人文"。又如老人、小孩，前代、后代，结合在一起，成为父母子女，这也叫作"人文"。在这些人文里面，就会"化"出许多其他花样来，像化学上两元素溶合便化出另外一些东西般。在中国人则认为从人文里面化出来的应是"道"。故有夫妇之道，父子之道，修身、齐家、治国、平天下之道。道都由"人文化成"，此即中国人传统观念中所看重的文化。

中国《小戴礼》中又见有"文明"二字，说："情深文明。"上面说过，文只是一些色彩或一些花样。花样色彩配合得鲜明，使人看着易生刺激，这就是其"文明"。如夫妇情深，在他们生活中所配合出的花样叫别人看了觉得很鲜明。父子情深，在他们生活中所配合出的花样也叫人看了觉得很鲜明。若使父子、夫妇相互间无真挚情感，无深切关系，那就花样模糊，色彩黯淡，情不深就文不明。

这是中国古书里讲到的"文化"、"文明"这两项字眼的原义。此刻用来翻译近代西方人所讲的"文化"、"文明"，也一样可以看出中国人所讲偏重其内在，而西方人则偏重于外在，双方显然有不同。

人与人间的花样，本极复杂，有种种不同。如大舜，他父母都这样地坏，他一弟又是这样坏，可说是一个最不理想的家庭。然在这最不理想的环境与条件之下，却化出舜的一番大孝之道来。夫妇也一样，中国古诗有"上山采蘼芜，下山逢故夫"一首，那故夫自是不够理想，但那位上山采蘼芜的女子，却化成为永远值得人同情欣赏与怀念的人。可见社会尽复杂，人与人配合的花样尽多，尽无准，但由此化合而成的"人文"，在理想中，却可永远有一"道"。因此中国传统文化理想，必以每一个人之内心"情感"作核心。有此核心，始有"人文化成"与"情深文明"之可能。然而这亦并非如西方人所谓的个人主义。在个人与个人间相平等，各有各的自由与权利，此乃西方人想法。中国社会里的个人，乃与其家庭、社会、国家、天下重重结合相配而始成为此一人。人必在群中始有"道"，必与人相配成伦始见"理"。离开对方与大群，亦就不见有此人。因此"个人"必配合进"对方"与"大群"，而一切道与理，则表显在个人各自的身份上。因此中国传统文化理想中之每一人，可不问其外在环境，与其一切所遭遇之社会条件，而可以无往而不自得。换言之，只要他跑进人群，则必有一个道，而这道则就在他自身。己立而后立人，己达而后达人，尽己之性而后可以尽人之性，尽物之性。自己先求"合道"，始可望人人各合于道。这一理想，照理应该是人人都能达，但实际则能达此境界理想者终不多，此即中国所谓之"圣人"。但照理论，又还是人皆可以为尧舜，人人皆可为圣人的。

中国传统文化理想，既以个人为核心，又以圣人为核心之核心。孟子说"圣人名世"，这是说这一时代出了一个圣人，这圣人就代表了这时代。等如我们讲埃及文化，就拿金字塔作代表。讲中国古代文化，并不见有金字塔，却有许多传说中的圣人像尧舜。中国之有尧舜，也如埃及之有金字塔，各可为其时文化之象征与代表。

在《孟子》书中，又曾举出三个圣人来，说："伊尹圣之任者也，伯夷圣之清者也，柳下惠圣之和者也。"人处社会，总不外此三态度。一是积极向前，负责，领导奋斗，这就如伊尹。一是什么事都不管，躲在一旁，与人不相闻问，只求一身干净，这就如伯夷。还有一种态度，在人群中，既不像伯夷般避在一旁，也不像伊尹般积极尽向前，只是一味随和，但在随和中也不失却他自己，这就如柳下惠。以上所举"任"、"清"、"和"三项，乃是每一人处世处群所离不开的三态度。在此三种态度中，能达到一理想境界的，则都得称圣人。只有孔子，他一人可以兼做伯夷、伊尹、柳下惠三种人格，孟子称孔子为"圣之时"。因孔子能合此三德，随时随宜而活用，故孔子独被尊为"大圣"，为"百世师"。

现在再说伊尹。他所处时代并不理想，那时正是夏、商交替的时代，传说伊尹曾五就桀，五就汤，他一心要尧舜其君，使天下人民共享治平之乐，而他也终于成功了。伯夷当周武王得了天下，天下正庆重得太平之际，但他却不赞成周武王之所为，饿死首阳山，一尘不染，独成其清。柳下惠则在鲁国当一小官，还曾三度受黜，但他满不在乎。他虽随和处群，但也完成了他独特的人格。

在《论语》里，孔子也曾举了三个人。孔子说："殷有三仁焉，微子去之，箕子为之奴，比干谏而死。"孟子云："仁者，人也。"此所谓"三仁"，也即是处群得其道之人，也可说其是"三完人"，即三个人格完整的人。当商、周之际，商纣亡国了，但在朝却有三个完人，也可说他们都是理想的人，也可说他们都是圣人。此三人性格不同，遭遇也不同。我以为比干较近伊尹，大约他是一个负责向前的，不管怎样也要谏，乃至谏而死。微子则有些像伯夷，看来没办法，自己脱身跑了，后来周武王得天下，封他在宋国，他也就在宋国安住了。箕子则有些像柳下惠，他还是留在那里，忍受屈辱，近于像当一奴隶。

此刻我们以《论语》、《孟子》合阐，可说人之处世，大体有此三条路。此三条路则都是大道，而走此三条路的也各可为圣人，为仁者。我刚才提到的三位大文学家，屈原就有些近伊尹，忠君爱国，肯担责任，结果沉湘而死，却与比干相似。陶渊明就如伯夷，又如微子去之。"归去来兮,田园将芜胡不归",他就洁身而去了。杜甫就如箕子,也如柳下惠。给他一小官,他也做,逢什么人可靠,他都靠。流离奔亡,什么环境都处。他不像陶渊明那般清高,也不像屈原那般忠愤积极,然而他同样也是一完人。数唐代人物,决不会不数到杜甫。

但如上所举,这些人,尤其是"清"的"和"的,往往可以说他们多不是一个历史舞台上人物,他们在历史舞台上似乎并不曾表现出什么来。只有"任"的人,必求有表现,但亦有成功、有失败。失败的有些也不成为历史人物了。但无论如何,这些人,都是中国理想文化传统中的大人物,他们承先启后,从文化大传统来讲,各有他们不可磨灭的意义和价值。

四

我往年在美国耶鲁大学讲历史,主张历史必以"人"作中心。有一位史学教授特来和我讨论,他说我的说法固不错,历史诚然应拿人作中心,但人也得有事业表现,才够资格上历史。倘使没有事业表现,则仍不是历史上的人。他这番话,其实仍是主张历史中心在事不在人。我和他意见不同,却也表示出双方文化观念之不同。在西方人看来,一个哲学家,必因其在哲学上有表现;一位宗教家,必因其在宗教上有表现;一位艺术家,则必在艺术上有表现;一位科学家,则必在科学上有表现。在事业表现上有他一份,才在历史记载上也有他一份。若生前无事业表现,这人如何能参加进历史？然而在中国人观念中，往往有并无事业表现而其人实是十分重要的。即如孔子门下，冉有、子路的军事、财政；宰我、子贡的言语、外交；子游、子夏的文学著作，都在外面有表现，但孔门弟子中更高的是颜渊、闵子骞、冉伯牛、仲弓，称为"德行"，列孔门四科之首，而实际却反像无表现。

今且问无表现的人物其意义在哪里？价值又在哪里呢？此一问题深值探讨。儒家思想正侧重在这一边。试读中国历史，无表现的人物所占篇幅也极多。即如司马迁《史记》七十《列传》第一篇便是《伯夷叔齐列传》，此两人并无事业表现。太史公独挑此两人列为传之第一篇，正因他认为这类人在历史上有大意义、大价值与大贡献。又如读陈寿《三国志》，曹操、诸葛亮、孙权、周瑜、司马懿人物甚多，后人却说三国人物必以管宁为首。管宁独无事业表现，他从中国远避去辽东，曹操特地请他回来，他回来了，也没干什么事，何以独被认为三国时代的第一人物呢？中国历史上所载人物，像伯夷、管宁般无所表现的历代都有，而且都极为后人所重视，正因认为他们在历史上各有他们莫大的意义与价值之贡献。我不是说人不应有表现，人是应该有所表现，但人的意义和价值却不尽在其外面的表现上。倘使他没有表现，也会仍不失其意义与价值之所在。那些无表现的人，若必说他们有表现，则也只表现于他们内在的心情与德性上。中国古人说三不朽，立德为上，立功、立言次之，功与言必表现在外，立德则尽可无表现，尽可只表现于其内在之心情与德性上。

历史事变，如水流之波浪，此起彼伏，但仅浮现在水流之上层。而文化大传统则自有一定趋向,这是大流之本身。文化大流之本身就是我们"人",人是大流本身,而沉在下层。人事如波浪,浮在上面。风一吹,波浪作了;风一停,波浪息了。而大流本身则依然。正因中国文化传统看重此本身,所以到今天,中国历史传统仍还没有断。商亡有周;周亡有秦汉;秦汉亡了有唐宋;有元明清以至现在。历史命脉显然只靠"人"。政治可以腐败,财富可以困竭,军队武力可以崩溃不可挽救,最后靠什么来维持国家与民族?就因为有人。从中国历史上看,不论治、乱、兴、亡,不断地有一批批人永远在维持着这"道",这便是中国历史精神。

西方人只看重人在外面的表现,没有注重到它内在的意义与价值。如看埃及、看巴比伦、看希腊、看罗马,乃至看近代欧洲,他们所表现在外的尽辉煌,尽壮阔,但似乎都未免看重了外面而忽略了人本身的内在意义与价值,因此不免太偏重讲物质、讲事业。但物质备人运用,事业由人干济,而人则自有人的内容和意义。

即就语言文字论,西方人在此方面亦重外面分别,而没有把握其在内之共同点。因此他们有少数人(man)、多数人(men),有男人(man)、有女人(woman),却没有一共同的"人"字。又把人分成国别,如中国人(Chinese)、日本人(Japanese)、英国人(English)、美国人(American),如此脱口而出,却忽略了他们同样是个"人"。用中国语言文字说来,如男人、女人、大人、小人、黄人、白人、黑人、红人、中国人、日本人、英国人、美国人、亚洲人,总之一视同仁,都是"人"。这是中国文化中最伟大的第一点,可惜是被人忽略了。

话虽如此，中国人却又在人里面分类、分等级。由西方人讲来，人在法律之下是平等的，但在中国传统文化观念之下，虽同样是人，却尽有其不平等。因此有好人、有坏人；有善人、有恶人；有大人、有小人；有贤人、有圣人。中国人骂人不是人，说"你这样算不得是人"。今且试问，人又怎样不算人？从生物学上讲，五官四肢齐全便是人；从西方法律上讲，人同等有权利和地位，谁也取消不了谁。从西方宗教上讲，人又都是上帝的儿子。但中国人对这个"人"字却另有一套特别定义。人家尽加分别，中国人不加以分别；人家尽不加以分别，中国人独加以分别。此处实寓有甚深意义，值得我们注意和研究。

五

现在我将讲到中国文化中一最伟大所在，仍从历史讲起。如上面讲到商朝末年，以及三国时代，或者像我们今天，这都算是十分衰乱之世，但无论如何，人则总可以成一人。不问任何环境、任何条件，人则都可各自完成为一人，即完成其为一个有意义、有价值、合理想、合标准的人。换言之，人各可为一"君子"，不论在任何环境条件下，都可以为一君子。有人砍了我头，我死了，但我可仍不失为一君子。或有人囚我为奴，但我也得仍为一君子。我或见机而作，脱身远飏，逃避到外国去，也仍得成为一君子。

今天的中国人，一心都想去美国。若我们能抱有中国文化传统，像箕子去韩国，管宁去辽东，朱舜水去日本，多有几个中国人去美国岂不好？所惜的只是目前的中国人一到美国，便不想再做中国人。或者他没有去美国，也早已存心不想做中国人。好像做一中国人，无价值意义可言。这种想法，也无非从外面环境条件作衡量。我并不提倡狭义的国家民族观念，说生在中国土，死为中国鬼，我定该做一中国人。上面讲过，中国人讲"人"字，本来另有意义。在中国传统文化之下，任何人在任何环境、任何条件下，都可堂堂地做个人，本无中国、美国之分别。而且做人，可以每天有进步。若一个人能生活得每天有进步，岂不是一个最快乐的人生吗？而且纵说每天有进步，进步无止境，又是当下即是，即此刻便可是一完人。只在当下，可以完成我最高的理想、最完美的人格，而不必等待到以后，自然也不必等待死后升到上帝的天国，才算是究竟。就在这世间、这家庭、这社会里，我当下便可成一完人。而又可苟日新，日日新，又日新，日新其德，作新民，在其内心自觉上，有日进无已之快乐。一步步地向前，同时即是一步步地完成。这样的人生，岂不是最标准、最理想、最有意义、最有价值吗？孔子说："贤哉回也，吾见其进，未见其止。"颜渊正是一天天在那里往前进，没有见他停下来。颜子同门冉有，他是那时一位大财政家，多艺多能，很了不起。然他内在人格方面却没有能像颜渊般一步步地向前。若仅就表现在外的看，似乎颜渊不如冉有。但从蕴藏在内处的看，则冉有远逊于颜子。这一意见，在中国一向早成定论，更无可疑的。

因此今天我们要来提倡中国文化，莫如各自努力先学做人，做一理想的中国人。若真要如此，必然得研究中国历史，看历史上的中国古人是如何样生活。这一番研究，仍该把我们各人自己的当前"做人"作中心。旋乾转坤，也只在我内心当下这一念。君子无入而不自得，可以苟日新，日日新，又日新，有进无止。而且匹夫匹妇之愚，也同样可以如此修行而获得其完成。中国这一套人生哲学，可以不需任何宗教信仰而当下有其无上的鼓励和满足。只可惜我在这里只能揭示此大纲，不及深阐其义蕴。但这是中国文化传统精义所在，其实是人人易知，不烦详说的。

今试问，如此一套的哲学，若我们真要履行实践，在我们今天这社会上，和我们所要努力的事业上，有什么妨碍呢？我想这显然没有丝毫的妨碍。不论我们要做的是大事或小事，乃至处任何社会，在任何环境与条件之下，上面一套哲学，总之不会给予我们以妨碍，而只给予我们以成功。我们纵使信仰了任何宗教，亦不会与此有冲突。它是一个最真实最积极的人生哲理，而又简单明白，人人可以了解，可以践行。

我们今天总喜欢讲西洋观念，像说"进步"，试问如我上述中国儒家那一套"日新其德"的理论，不也是进步吗？又如说"创造"，那么在我们传统文化里，也曾创造出如我上举伊尹、伯夷、柳下惠、屈原、陶潜、杜甫等数不清的人物了。在今天我也可以日新其德，自求进步，终于创造出一个理想的"我"来。说"自由"，这是最自由的，试问做任何事，有比我自己要做一个"理想我"这一事那样的自由吗？说"平等"，这又是最平等的，人人在此一套理论下，谁也可以自由各自做一个人，而做到最理想的境地。说"博爱"，这道理又可说是最博爱的。人人有份，不好吗？此所谓"苟日新，日日新，又日新，作新民"，从各自的"修身"作起点，而终极境界则达于"天下平",使人人各得其所,还不算是博爱之至吗?

可惜我们这一套哲学,向来西洋人不讲,所以我们也不自信,不肯讲。西方人的贡献,究竟在向外方面多了些。开物成务是向外的,他们的宗教、法律、文艺、哲学等等成就,主要精神都向外。正因其向外,一旦在外面遭逢阻碍挫折,便会感到无法。而中国传统文化则重向内,中国社会可以不要宗教、法律而维持其和平与安定。中国人生哲理可以不论治、乱、兴、衰而仍然各有以自全。在历史上,不断有走上衰运的时期,像是天下黑暗,光明不见了,但还是一样有人,一样有完人。凭这一点,中国文化能维持到今天,中国民族及其国家亦能维持到今天。我们在今天要来认识中国文化,提倡中国文化,则莫如各人都从这方面下工夫。困难吗?实在是丝毫也不困难。

我这十几年来,到台湾,始知有一吴凤;到美国,始知有一丁龙。吴凤如伊尹,丁龙则如柳下惠。吴凤、丁龙都是中国人,是在中国传统文化中陶铸出来的人。他们在历史上似乎没有地位、没有表现,但使我们今天又出一个太史公来写新《史记》,定会有一段篇幅留与吴凤与丁龙。诸位当知,中国社会、中国文化、乃至中国民族与中国历史,就在像吴凤、丁龙那样做人的精神上建立而维持。我们只深信得这一层,可以救自己、可以救别人、可以救国家与民族,中国的文化传统可以长辉永耀在天地间。这是我今天讲这题目主要的大义。

(原载钱穆:《中国历史精神》,九州出版社2011年版)

1902—1992

贺麟：论人的使命

人的使命这个题目是一个现成的旧题目。这是德国继承康德的学说，奠定德意志民族复兴精神基础的哲学家费希特的题目。费希特著有一本通俗的书叫作《人的天职》（也可以译作《人的使命》）。大凡青年都很关心人生问题，所以我特别提出人生应有的使命来讲，也就是希望青年能够早日确定自己终身的使命。

要探讨人生问题，就是要人自己研究自己，反省自己，大凡了解外物易，了解自己最困难。所以人生问题实在是最困难、最不容易研究的问题。也可以说是最重要、最大、最不易得解答的问题。谈此问题大都容易陷于宽泛空洞。

其次，人生问题是与做人有关的问题，也就是多少关于道德修养的问题。这种切身的问题，最好找个人最知己的朋友，最接近的师长，做私人的谈话，方有亲切的指导，不必作公开的讨论。并且这种切身的人生问题，全待自己反省、体察、自求解答，他人顶多只能尽提醒启发之责，此外实无能为力。

再次，在某种意义之下，一个人最好是埋头热烈地去生活，去奋斗，忘记了自己有人生问题，有道德修养问题，那是最快乐没有了。人的精神健康也与身体健康一样，有许多天天讲卫生，随时随地都在用科学方法想保持健康的人，每每容易生病。反之，一个很忙的人，听其自然，不特别讲卫生，也不特别戕贼身体，反而身体健康。同样，许多天天讲人生观，讲修养，道德名词挂在口上说的人，反而每每道德并不好。而许多从来不谈人生，不谈道德的人，生活反较快乐，道德反而很好。（例如科学家的道德并不比道德家、传教士坏，一般人身体的健康并不比医生坏。）所以，我们一方面要对人生问题，特别看重，特别认真，但另一方面又须不要把此问题当成一场空话来讲说。

人的使命或天职，也可以叫作人生的理想。但是使命固是理想的，同时也是现实的，它是我们此时此地即在执行，即须执行的使命。理想是自由的，我可以自由地提出此理想或彼理想；使命是决定的，或几乎可以说是人不能自主、不能不遵从的天命。理想是主观建立的，使命是客观赋予的，是国家给予的，时代给予的，或是上司赋予的。

人的使命，在某种意义下，即是人生的目的。使命是目的的内容，目的即包含在使命之内，也可以说人生的目的即在完成人的使命。使命比目的要具体些，切实些。做人有了做人的使命，人生就有目的、意义与价值。没有具体的、切实的、非执行不可的使命，而高谈人生目的，就嫌空洞不着边际了。

并且使命含有命令式的意味，一个人所奉行的人的使命，就好像军人所奉的军令一样。一个军人违背了军令，就要受军法处分，一个人违背了人的使命，也就要精神上受一种特殊惩罚，有时叫作天讨、天罚。无论如何也免不了要受良心的重大的责备或惩罚。

我们到现在来研究人的使命是否无意义，是否太迟呢？因为人已经活在世上二三十年了，才来讨论人的使命、人的目的，犹如一只船已经开出海口，航行很远了，而坐船的人才来讨论航行的目的与使命，岂非笑话？又如欧洲战争已经打起来了，英德国会才来辩论作战目的和使命，是不是太迟可笑呢？又如日本侵略中国已经快到三年的时候，日本忽有一国会议员，出来大胆地质问政府对华作战的目的与使命，是不是太迟而可笑呢？无怪乎当时日本政府要把这个不知趣的议员赶出国会了。

关于上面的问题可以分三点来答复：

（一）人既已在生活着，则人就已经不自觉地在执行某种人的使命，哲学思想的目的，就在使这种不自觉的使命经过研讨以后，正式成为自觉的使命。

（二）假使一个人永久不去追问人的使命，就好像无舵之舟，漂在海上，只能随波逐流，与世浮沉，那么岂不是生活无意义无价值？进一步说，人没有人的使命，人就没有人格，不能算是真正在做人。

（三）一个人自己没有真正的使命，或有一个不光明正大的使命，而怕人追问，怕人揭穿，不敢反省研讨，公开宣布，就是自欺欺人。这种自欺欺人的办法，以之作战，则战必败，以之做人，则人格必定破产。

这样看来，人与禽兽不同，也许就是因为人有自觉的使命而禽兽没有自觉的使命。好人与坏人不同，就是因为好人有正大的使命，而坏人没有正大的使命。伟人与常人不同，就是因为伟人有伟大的使命，而常人没有伟大的使命。因此，我们可以知道，去寻求一个自觉的正大的人的使命，乃是人特有的功能，理性动物特有的功能。

要知道什么是人的使命，先要知道什么是人。先知道了人的本质，就知什么是人的使命了。

但是如何才能知道人呢？直接的方法，就是从人的本身去了解人。这是注重狭义的人本主义的法子。但是有许多天天交接应酬、与人接触的人，反而不能了解人生。德国一位大诗人席勒说："人类反而把人类掩蔽着了！"所以有时要跳出人类的圈子，才能了解人生。那就是说，要了解人生，就要超出人生。说句笑话，有时要深入无人之境，才能知道什么是人。宇宙间天与物都是超人生、非人生的。如果我们用天人物三界的分法，也许可以看出人的真义，那就是说，欲知人不可以不知物，欲知人不可以不知天。

何以欲知人不可以不知物呢？所谓物，有三种意义：

第一种意义，物是自然。自然与人生是相反的。持自然与人生对比，更足以了解人生，人是自然的一部分，自然是全体，人受大自然一切律令的支配。了解了自然的全体，自可附带了解这部分的人或人生。这就是自然科学所研究的对象。

第二种意义，物是实用之物，如实业经济上之物，是人类理智创造以为己用的工具。由工具的知识，即可进而了解支配此工具的主人翁。这就是社会工程科学所研究的对象。

第三种意义，物是文化之物，文化之物如典章制度、文化产物等，乃是人类精神的表现与创造。由个人的精神创造品，可以了解个人的个性，由一民族的精神创造品，如典章制度、文物等，可以了解一民族的民族性或国民性。此为精神科学所研究的对象。

以上简言之，就是无论从对自然社会或精神科学的研究，均可以帮助我们认识什么是人。

何以欲知人不可以不知天呢？这是《中庸》上就已经提出的。柏拉图也说：Things human cannot be understood without knowledge of the divine（在理解了神圣的事物之前，是不能理解人间的事物的）。实在说来，知物与知天，相反相成，我们要知物，也要知天才行。天也有三义：

第一，天指美化的自然，亦即有精神意义的非科学研究的自然。如《易经》上说："天行健，君子以自强不息。"《论语》上说："天何言哉，四时行焉，百物生焉。"这种由花木山水而悟天道人生，乃是艺术家直觉的知天。

第二，天指天道，就是总天地万物之理，也就是宇宙之所以为宇宙，人生之所以为人生的基本法则，主宰宇宙人生之大经大法。这是哲学的理智的知天。

第三，天指有人格的神，亦即最圆满的理想的人格，也是人人所欲企求的最高模范的人格，最高的价值。这是人类情意所寄托的无上圆满的神，这是道德生活与宗教信仰的天。

说宇宙有所谓天或神，犹如说宇宙间也有一总司令。知天就好像直接向宇宙的总司令交涉、请示。到后来已经知悉总司令的意旨，为天地立心，代天立言，终则与天为一，与神为侣，也就是庄子所谓与造物者游，与天地精神往来的功夫。由知天而希天，由希天而与天为一。不仅是圣人才能希天，人人皆能希天，人人皆在希天。

总结起来，知物与知天的历程，可用下图表示：

$$\left.\begin{array}{l}知物\to 用物\to 征服自然，创造文物\\ 知天\to 希天\to 与天为一，与神为侣\end{array}\right\}尽性或实现自我。$$

自我发现，即发现自己的使命；自我实现，即实现自己的使命。这种知天知物的努力，即人的必然本性，即尽性，亦即发现自我，完成人的使命。

到此，我们可以给人下一界说：

人是以天为体，以物为用的存在。

所以，人之知天知物，人之希天用物，即是人的使命、人的天职。这种使命，乃基于人的本性之必然。知天知物即可得一世界观，知人即得一人生观。由知天知物以知人，这就是蔡元培先生所谓由正确的世界观中去获得正确的人生观。因为人生观必须建筑在世界观上面，对于人的知识是从对于天和物的知识而来的。

以上是一般地讲人的使命，亦即人人的使命。尚须进一步讲什么是在某时某地的特殊个人的特殊使命。换言之，以上只谈到人的使命，尚未谈到我的使命、你的使命，或者每一个人、每一青年的使命。

要了解什么是我个人的使命，须对我的性情、才能、环境、家庭、朋友、社会国家的需要、时代的趋势,都要加以通盘的考量和反省。

个人的使命就是个人在全体人类社会中的使命、位分、生平工作和最大可能的贡献,即为此人所作、所应作、所不能不作、所鞠躬尽瘁、用全副精力以从事的工作。

具体点说,个人的使命,就是个人的终身事业或终身工作。这种终身工作,一方面是自己自由考察、自己选择、自己担负起来的工作。一方面也可以说是时代所赋予的,师友或知己所提醒的使命。在完成此种使命,努力此种终身工作里,一方面实现自我的本性,一方面也就是贡献于社会国家人类的使命。

这种完成个人使命的终身工作,是有决定性的,它决定个人的命运,是个人无所逃避的,它是不能任意规避的命令、责任或任务。它是有公共性的,不是个人的私事,而是公众的事业,是国家时代所赋予的;对于他人,对于社会国家,都是有益无损的。它是有永久性的,因为既是个人唯一的使命,既是个人终身的使命,就不是见异思迁、一曝十寒,随便可以变更放弃的,它是有永久性的工作。有永久性的工作必是可以成功的好的工作。终身的朋友必是好的朋友,终身的工作必是好的有价值的工作。以终身精力去从事一种工作,必不会失败。即使工作太伟大,非一人一生之力所能完成,纵然失败,也必然是促进最后大成功的失败。有了这种终身工作,必有所成就,也有所专长,必不愁没有自立的能够谋衣食的专门技术或学问。

有了这种终生工作,人才可以继续努力,血气虽老,而志气不衰。

有了这种终身工作，人才可以忠于其使命，不会中途变节。凡是中途变节的人，大概都是小有才的小人，只是出卖自己的聪明才智，随波逐流，而无确定的使命、终身工作的人。

有了终身工作，不为自己打算，继续努力，老而不衰，并且即使自己死后，这种工作，必然有人继续努力，发扬光大。自己虽不免一死，而自己的使命与工作，可以不朽的遗传下去，自己就会有不死之感，也就有不畏死的气概。

总结起来，一个人要认真生活，认真做人，就需要有自觉的正大的使命，这样生活才有意义与价值。从知的方面说，要认识什么是人的使命，须从知物、知自然、知天或知天道着手，使人生观建筑在宇宙观上。从行的方面说，要完成人的使命，需要有鞠躬尽瘁、死而后已的终身工作。

有了这种终身工作，就会感到自己生平事业的庄严而有意义：能够长久发展，不随个人的死亡而消灭。

末了，我希望我们青年人各自及早确定自己一生的使命，自己去寻求自己的终身工作。

1941年发表于昆明

（原载《中央周刊》第 37 期，1942 年 10 月）

1902—1962

雷海宗：近代化中的脑与心

　　近百年来我们谈维新，谈变法，谈西化，谈新文化，谈科学救国等等，有意无意间可说都是一种使中国成为一个近代的国家的企图，对于近代化的方案，容或还有许多不同的看法，但对近代化的目标，今日已无人否认。然而我们一向对于近代化中人的因素，似乎只是偏重脑，而忽略心；偏重近代文化的认识，忽略近代人格的造就。传统的心理学，认为人格有三方面：思想，感情，意志。由常识的立场来看，这仍不失为一种便利的人格分析法。思想虽然重要，但一个人格的特殊点，往往在乎情感与意志。受了外物的刺激，情感被冲动，因而发动意志，表现为行为。在这全部的过程中，思想不过是情感与意志的工具而已。我们判断一个人，说他好或坏，善或恶，和气或粗暴，慷慨或吝啬等等，这都是关于情感与意志的评判，与思想并不相涉。我们即或说一个人头脑不清，实际也不专指他的思想混乱而言，乃是说他对于情感的冲动与意志的运用不能善自驾驭，因而行为失常。并且按最时髦的心理学的说法，认为我们的思想大半只是情感与意志的辩护者，我们作一件事，往往只是高兴如此，并没有充足的理由，所举的一切理由都是意志决定之后，甚至事成之后，自圆其说的辩解而已。可见无论按传统的说法，或按最新的学说，人格的要点都不在思想，而在情感与意志。

要中国近代化必须中国人近代化，空由西洋各国搬运许多制度名物的架格，绝不足以谈近代化。例如近些年来，谈民主或立宪的人很多，许多专家能把欧美各国一切的民主理论，宪法发展，政党组织，立法程序，说得清清楚楚，如数家珍。但他们一旦从政，把这一切很快的就忘得干干净净，举止行动无意间又返回到中国传统政治的旧轨。他们即或不从政，在一般日常的生活与行为上，往往也不能发挥民主的或守法的精神，旧日士大夫的许多恶习大半仍不能去掉。此种矛盾的现象，原因何在？就是因为连多数所谓专家也只是脑中充满了一堆专门术语与抽象知识，他们的心，他们人格的最深处，情感与意志，并没有近代化。

又如生活须有规律，精神应该振作，这是每个近代国民都当具备的习惯。这个道理大家都能明白，国中人少数得有机会到欧美去留学或服务的人，也都亲眼见过一个比较规律振作的社会，他们自己或者也会无形间度过几年规律振作的生活。但回国之后，这一切也渐都忘记，饮食起居并无定节，在职服务并不振作。职务机关的刻板工作应付过了之后，剩余的时间大多不能用于自修与晋修，上焉者平白虚度，下焉者则在戏院赌桌消耗了大好的光阴，把大有可为的才学弃置荒废，丝毫不知顾惜。虽然不是所有的人，一闲起来，就手足无措，但如此类型的人物绝非例外。原因也很简单：他们对于规律振作只有抽象的认识，但规律振作的精神一向并未渗入他们的人格深处。

又如自重与互信，是近代复杂社会的必需条件。人人自重，分内的事无需别人督催而自动去作，非分的事不去投机妄作。同时大家都能互相信赖，相信别人都能自重，自己也当然自重。许多国人所崇拜的民主国家，此种精神特别发达，民主精神所以能浸入这些国家的政治社会的，也就是因为多数的国民都能自重互信。否则人人都投机取巧，相互猜忌，各人大半的精力都费在互相的防备与明争暗斗上，各种的努力都相互抵消，更有何近代化或民主可言？这个道理，我们何尝不明白？但明白自明白，却不能见诸实行。学校的团体较小，各分子的程度较齐，应当是发挥自重互信精神的最好环境。撇开一言难尽的中小学不论，专讲最高学府的大学，在有的学府中，考场往往是一个令人痛心的场所。一二十人的小班大致还无问题，百人左右或再大的班上，夹带与各种作弊的现象是时常发生的。一部分人既不能自重，互信的风气何从产生？比较单纯的学校中尚且如此，我们何能希望复杂的社会中能养起自重互信的精神？在真正近代化的国家中，考试作弊虽非绝无，但的确是例外的现象。考试时教师不监堂，是很平常的事；因为学生自重，师生间能够互信，同学间也能互信。美国某校有一名教授，双目失明，但他的班上多年之间向无考试作弊的事发生。这不只是自重的问题，并且也牵涉到侠义的问题，教授失明，是弱者，若在他的班上作弊，就是欺侮弱者，是不侠义的行为，是不自重的极端例证。所以连在其他健目教授的班上或可作弊的人，到这位盲师的班上也绝不肯作弊。一般学生的此种态度，与思想毫无关系，完全是情感与意志的根本问题。

类此的例，可以继续列举，多至无限。但举一反三，大家都可体会。从政的人，各种的专业人员，大学学生，都是政治社会的领导者或候补领导者，对于近代化的理论都有相当清楚的认识，但表现在具体的行为上的，仍多是传统的一切。这并不一定是可令人悲观的现象。文化的惰性，传统的魔力，并非一朝一夕所能打破的。所谓近代精神的种种，中国在春秋战国列国并立互争的时代，大半都有。荀子在《强国》篇讲到秦国的情形说："入其境，观其风俗，其百姓朴，其声乐不流污，其服不挑，甚畏有司而顺，古之民也。及都邑官府，其百吏肃然，莫不恭俭敦敬，忠信而不楛，古之吏也。入其国，观其士大夫，出于其门，入于公门，出于公门，入其家门，无有私事也；不比周，不朋党，偶然莫不明通而公也，古之士大夫也。观其朝廷，其朝闲听决百事不留，恬然如无治者，古之朝也。"我们若把上面这一串"古"字改读为"近代化"。仍照样的通顺！并且此种"近代化"的情形，不会是秦国所独有，列国莫不如此，最多也不过有一些程度上的分别。秦汉大一统以下，中国的社会日趋沉寂，政治日趋消极，战国以上"近代化"的精神已没有维持的绝对必要。二千年来，近代化的各种道理，如诚意正心修身齐家治国平天下，如仁义礼智信，如礼义廉耻，虽仍谈的很热闹，但大半都成了文章资料与口头禅，实际一离开家族的范围，就几乎完全是尔诈我虞敷衍了事的世界。我们在此种僵化的世界度了二千年的生活，今日忽然又被卷入与春秋战国相似的一个新的近代化世界，一统独尊之下的传统办法当然全不适用。但根深蒂固的陈旧风习，一时又不能全部改变，各种使人不满意的现象自然发生。此种缺憾的补救，并无捷径可循。思想与知识，可靠教育来充实。情感与意志，虽也可受教育的影响，但教育的影响究属有限，最少也是很慢的。抽象的知识，可以灌输；人格的转变，须靠潜移默化。灌输可以速成，移化不能性急。大家若能自觉，认识自己情感上与意志上的弱点，这种移化的过程或者可以稍微缩短，十足近代化的中国就可比较早日的实现。

（原载《北平时报》，1947年7月13日）

后　记

西南联大作为近代以来扎根中国大地办教育的一个典范,其历史功绩已载入史册,她所蕴含的精神至今仍熠熠生辉。目前,社会各界关注西南联大者越来越多,有关西南联大的研究渐成"显学"。历史是时代前行最好的坐标,我们走得再远都不能忘记来时的路。多年来,西南联大博物馆坚定当好西南联大精神的守护者、传承者和实践者,持续不断地挖掘、整理和利用西南联大历史资料,在此基础上进行展览展示、宣传教育、研究阐释等诸多工作,传承和弘扬西南联大精神,讲好西南联大教育救国故事。

"西南联大名师课"丛书是西南联大博物馆与东方出版社共同策划、勠力打造的挖掘、整理西南联大历史资料的一项成果。在整套丛书的编纂过程中,西南联大博物馆的李红英、朱俊、铁发宪、祝牧、张沁、王欢、李娅、姚波、马艺萌等老师参加了各册的选编、审校工作,博物馆其他同志也为编纂提供了保障支持,这是本套丛书顺利面世的重要保障。

高山仰止,景行行止。西南联大名家荟萃,大师们的学识博大精深。编纂这套丛书,我们一方面深感意义重大,另一方面也感到责任重大。由于时间仓促、水平有限,本丛书难免存在遗漏或不当之处,尚望联大校友及其亲属、专家学者和读者朋友批评指正。还有少量作者的亲属未联系上,敬请见到本套丛书后发邮件至1071217111@qq.com,与我们取得联系,我们将按照国家相关规定支付稿酬、奉送样书。

编　者